谨以此书纪念

任东来教授（1961—2013）辞世十周年

本书之出版得到"中央高校基本科研业务费专项资金"资助
(supported by "the Fundamental Research Funds for the Central Universities")

联邦制国家的司法转型
屠宰场案与美国宪法的重塑

胡晓进　著

当代中国出版社
Contemporary China Publishing House

图书在版编目（CIP）数据

联邦制国家的司法转型：屠宰场案与美国宪法的重塑 / 胡晓进著. -- 北京：当代中国出版社，2023.11
ISBN 978-7-5154-1298-6

Ⅰ.①联… Ⅱ.①胡… Ⅲ.①宪法—研究—美国 Ⅳ.① D971.21

中国国家版本馆 CIP 数据核字（2023）第 224874 号

出 版 人	王　茵
责任编辑	姜楷杰
责任校对	贾云华
印刷监制	刘艳平
封面设计	鲁　娟
出版发行	当代中国出版社
地　　址	北京市地安门西大街旌勇里 8 号
网　　址	http://www.ddzg.net
邮政编码	100009
编 辑 部	（010）66572264
市 场 部	（010）66572281　66572157
印　　刷	中国电影出版社印刷厂
开　　本	710 毫米 ×1000 毫米　1/16
印　　张	14.75 印张　2 插页　217 千字
版　　次	2023 年 11 月第 1 版
印　　次	2023 年 11 月第 1 次印刷
定　　价	78.00 元

版权所有，翻版必究；如有印装质量问题，请拨打（010）66572159 联系出版部调换。

目　录

绪　言 / 001

第一章　1869年路易斯安那的屠宰场法 / 017
　　第一节　重建时期的路易斯安那 / 018
　　第二节　集中屠宰的动因 / 030
　　第三节　州议会的立法与争议 / 039

第二章　诉讼与妥协 / 047
　　第一节　禁令与纠错令 / 048
　　第二节　议会抗争与妥协 / 065

第三章　联邦最高法院的解释 / 069
　　第一节　联邦最高法院的大法官们 / 070
　　第二节　辩诉状 / 079
　　第三节　多数意见 / 089
　　第四节　菲尔德大法官的异议 / 098
　　第五节　布拉德利与斯韦恩的异议 / 105
　　第六节　反响与评论 / 109
　　第七节　结局 / 115

第四章　屠宰场案的历史影响 / 119
　　第一节　界定公民身份 / 121
　　第二节　第十四条修正案的限制对象 / 127
　　第三节　政治问题的司法化与司法问题的政治性 / 135

第五章　宪法第十四条修正案的司法转型 / 141
　　第一节　第十四条修正案与公民资格的界定 / 142
　　第二节　第十四条修正案与19世纪美国民权问题 / 149
　　第三节　第十四条修正案对《权利法案》的吸纳 / 153

第六章　联邦最高法院与现代美国公司的成长 / 173
　　第一节　早期的特许状公司 / 174
　　第二节　公司身份与法律地位的演变 / 177
　　第三节　从契约到正当程序 / 180
　　第四节　从束手无策到确定比例 / 182
　　第五节　从商务—制造两分原则到合理性原则 / 185

第七章　重建宪法修正案与美国宪法的重塑 / 189
　　第一节　奴隶制的烙印依然存在 / 191
　　第二节　联邦最高法院曲解了重建宪法修正案 / 195
　　第三节　女性对重建宪法修正案深表失望 / 199
　　第四节　重建宪法修正案对美国华人的影响持续至今 / 201
　　第五节　美国民众对重建宪法修正案一直充满期待 / 205

参考文献 / 207

绪　言

屠宰场案是美国联邦最高法院 1872—1873 年判决的一起案件的简称，该案起源于重建时期的路易斯安那州。为改善新奥尔良市的卫生状况，1869 年，路州议会通过专项立法（即屠宰场法），成立一家新的大型屠宰公司（即新月公司），将新奥尔良市区及其周边地区的个体屠户集中到该公司的场地上经营，运输牲口的商人也必须将牲口统一卖给该公司，并缴纳一定的检疫费。个体屠户与牲口商不服这一安排，将官司打到州最高法院，州最高法院支持路州议会的立法。无奈之下，屠户与牲口商以该法违反新近生效的美国宪法第十四条修正案为由，要求联邦最高法院重审此案，联邦最高法院同意受理，但并不同意在重审之前禁止执行路州最高法院的判决。1873 年 4 月，联邦最高法院宣布终审意见，支持路州屠宰场法。屠宰场案是联邦最高法院第一次解释美国宪法第十四条修正案，而第十四条修正案又是美国宪法中最重要的修正案，屠宰场案在美国宪法史上的重要性可见一斑。

一、研究意义

美国宪法第十四条修正案 1866 年由国会制定、1868 年经各州批准生效，与第十三条、第十五条修正案并称"重建修正案"，有"第二次制宪"之谓。第十四条修正案是继《权利法案》（宪法前十条修正案）之后美国宪法的又一次重大改动，其第一款规定：

> 所有在美国出生或归化，并接受其管辖的人，都是联邦和他所居住州的公民；任何一州都不得制定或实施侵犯联邦公民特权与豁

免权（privileges immunities）的法律；不经正当法律程序（due process of law），各州不得剥夺任何人的生命、自由与财产；也不得在本州管辖范围内，拒绝给予任何人法律上的平等保护（equal protection of the laws）。

其中，第一句——"所有在美国出生或归化，并接受其管辖的人，都是联邦和他所居住州的公民"——在美国宪法史上首次明确定义何谓美国公民。值得注意的是，由于美国是先有邦（州）、后有联邦，这里的美国公民有两种类型——联邦公民与州公民，如何确定两种公民之间的关系，成为美国宪法史上的一大难题，也是本书将要论述的重点之一。根据这一句的规定，要成为美国公民，有两种途径：在美国出生或归化美国。美国是一个移民国家，归化早已有之，不是新问题；关键是出生，这一句首次规定了"出生地公民资格"，也就是说，所有在美国出生的人——无论其父母是何种身份，都是美国公民。由于美国早在该修正案生效半个多世纪前就已停止了海外奴隶贸易，所有黑奴基本上都是在美国出生的，这样一来，内战中解放了的黑奴自然就成了美国公民；非但如此，后来的非法移民，一旦在美国生下孩子，他们的子女毫无疑问都是美国公民。当然，这些人还必须是在美国管辖范围之内，驻美的外交人员，享有外交豁免，他们在美国生育的子女不能自动成为美国公民。

第二句——"任何一州都不得制定或实施侵犯联邦公民特权与豁免权的法律"，紧承第一句，但只言"联邦公民"，没提"州公民"。在传统联邦制架构下，州公民的身份与权利，主要由各州自行定义与保护，联邦无权干涉。但是，"联邦公民"概念出现后，情况就不同了，一州的居民往往既是本州公民，同时也是联邦公民。从理论上讲，在此修正案通过之前，州有权赋予或剥夺本州居民（公民）权利，但在此之后，州制定的所有涉及公民权利的法律，都必须符合第十四条修正案的规定，联邦法院可以对此加以审查。本书将要论述的就是联邦法院（包括巡回法院与联邦最高法院）在屠宰场案这起具体案例中对此问题的解释，及其引发的争论与思考。除了"联邦公民"外，第二句还有一个关键词——特权与豁免权。这个词在美国宪法正文的第四条第二款中曾经出现过，其具体规定是:"一州公民应享有他州公民的所有特权与豁免权"。很明显,宪法正文中的特权与豁免权是州公民的权利,与第十四条修正案第一款中联邦公民的特权与豁免权并不完全相同。那么,特权与豁免权是一种什么样的权利,联邦公民的特权与豁免权与州公民的特权与豁免权到底是一种怎样的关系,这也是本书将会涉及的问题。

第三句——"不经正当法律程序,各州不得剥夺任何人的生命、自由与财产"。生命、自由与财产,紧承《独立宣言》"生命、自由与追求幸福"而来,宪法第五条修正案也有类似规定:"不经正当法律程序,国会(联邦)不得剥夺任何人的生命、自由与财产"。然而,第五条修正案禁止国会立法侵犯,限制的是联邦政府的权力;第十四条修正案第一款规定各州不得立法侵犯,限制的是州政府的权力,这是两者的不同之处。但,两条修正案也有十分重要的共通之处——都是为了保护生命、自由与财产。从这个角度看,第十四条修正案的制定者们,似乎有意对州政府施加与联邦政府同样的限制。而且,自由是一种权利,是一个含义极广、富有弹性的概念,如果《权利法案》是联邦政府不得立法侵犯的自由权,那么,各州政府同样不应该侵犯,最初用来约束联邦政府的《权利法案》,也应该可以限制各州政府。这正是第十四条修正案制定与生效以来,美国宪法发展的趋势,也是本书论述的重点。第三句的另一个关键词是"任何人",既包括前两句所指的公民,也包括美国政府管辖范围内的非公民,这种遣词上的变换,含义深远。如果说特权与豁免权是美国公民(联邦公民与州公民)的基本权利,那么,生命、自由与财产则是所有人的基本权利,无论政府出于怎样的理由,都不得立法侵犯。

第四句——"(各州)也不得在本州管辖范围内,拒绝给予任何人法律上的平等保护"。法律上的平等保护有两重含义,一是法律本身必须平等,二是将法律平等地适用于每一个人。这两个要求,看似简单,实则极难做到。从亚里士多德起,西方哲人就在探索如何有效实现平等。亚里士多德将平等分为"数量相等"与"比值相等"。所谓"数量相等",就是某人所得的相同事物,在数目和容量上与他人所得相等。所谓"比值相等",就是根据各人的真价值,按比例分配与之相衡称的事物。他认为按各人的价值进行分配是合乎绝对正义的。①美国的制宪先贤们实际上也这么看。《独立宣言》虽然宣称"造物者创造了平等的个人",宪法正文却认为黑奴是其他人,不配享有作为美国人的权益。第十四条修正案的平等保护条款本是为了纠正这种看法,使获得公民身份的黑人也能受到法律的平等保护。但联邦最高法院却依然遵循亚里士多德的逻辑,为黑人与白人提供不同的待遇,美其名曰"隔离但平等",直到1950年代才开始逐渐废除。此后,为了补偿黑人与其他弱势群体,联邦政府通过新的民权法,开启肯定性行动(Affirmative Action),希望缩小社会差距,却引发了新的不平等。因为这样的肯定性法律,优待黑人等弱势群体,本身就不平等。由此可见,如何实现法律方面的平等保护,依然是一个争论不休的问题。

上面的分析足以说明美国宪法第十四条修正案第一款的重要性,正是由于这一款,原先只能约束联邦的《权利法案》基本上也可以限制各州。可以毫不夸张地说,1870年代以来的美国宪法史,在很大程度上是第十四条修正案的历史。第十四条修正案第一款的每一句,都可以写出一部以上的专著。本书无力探讨第一款的整个历史,只是以联邦最高法院对该款的最初解释——1873年判决的屠宰场案——作为切入点,讲述第十四条修正案第一款的制定过程、联邦最高法院大法官们的不同解释,以及这些解释所引发的政治、法律争议。

二、研究状况

20世纪以来,在论及第十四条修正案历史时,几乎所有的美国学者都会提及屠宰场案,但绝大部分学者都是一带而过,因为该案的法院多数意见对第十四条修正案第一款的解释比较保守,不像20世纪中期的联邦最高法院那样,敢于以司法判决改造社会。屠宰场案与20世纪的宪法与司法潮流不合,导致其遭到了冷遇。但在19世纪后期,屠宰场案绝对是数一数二的"大案"。该案的判决甫一公布,学者型法官托马斯·库利(Thomas Cooley)在负责编辑约瑟夫·斯托里(Joseph Story)《宪法评

---

① 亚里士多德:《政治学》,吴寿彭译,北京:商务印书馆,1983年,第234—235页。

注》（Commentaries on the Constitution）第四版时，就引用了屠宰场案判决，并表示，他赞同法院多数意见对两种公民身份、两种特权与豁免权的区分。次年（1874年），在《论宪法限制》①第三版中，库利继续强调，他支持联邦最高法院的判决。后来出任最高法院大法官的奥利弗·霍姆斯（Oliver Holmes, Jr.），在1873年7月的《美国法律评论》（American Law Review）上提醒人们，"特别注意屠宰场案对于未来州与联邦关系的重要性"。②

19世纪，对屠宰场案研究最为深入的首推弗吉尼亚著名律师威廉·罗亚尔（William Royall）。1878年，罗亚尔在《南方法律评论》（Southern Law Review）上发表研究屠宰场案的长篇论文，③他十分肯定地说，"100个受过教育的人，99个都会认为，第十四条修正案第一款禁止州制定和实施损害公民——无论是联邦还是州公民——特权与豁免权的法律"。在仔细研读第十四条修正案的制定过程后，罗亚尔认为，第十四条修正案是要为1866年民权法提供宪法基础，将《独立宣言》中造物主所赋予的基本权利，置于联邦政府的保护之下；但是，联邦最高法院担心会导致集权，不愿增加联邦权力，故意曲解第十四条修正案。④

20年后，威廉·格思里（William D. Guthrie）出版了美国历史上第一部研究第十四条修正案的专著——《关于美国宪法第十四条修正案的演说》⑤。该书共分五讲，包括第十四条修正案的历史、建构与解释的原则、正当法律程序、法律的平等保护、实践规则。在第一讲中，作者引用了屠宰场案，但不赞同法院的多数意见。格思里将第十四条修正案称为"美国的大宪章"，认为联邦最高法院最终会通过解释该修正案，让《权

---

① 全名 A Treatise on the Constitutional Limitations Which Rest Upon the Legislative Power of the States of the American Union. 在该书的第五版（Boston: Little, Brown & Company, 1883）中，库利仍坚持这种看法。
② Charles Fairman, *Reconstruction and Reunion, 1864-1888*, part one (New York: Macmillan Publishing Co., 1971), pp. 1368–1370.
③ William L. Rogall, "The Fourteenth Amendment: the Slaughter House Cases", *Southern Law Review* (New Series), Vol. 4 (Oct., 1878), pp. 558–584.
④ Ibid., p. 563, p. 576.
⑤ William D. Guthrie, *Lectures on the Fourteenth Article of Amendment to the Constitution of the United States* (Boston: Little, Brown & company, 1898).

利法案》的前八条约束各州,①因为这是修宪者的意愿。

1901年,西弗吉尼亚州最高法院法官亨利·布兰农(Henry Brannon)利用工作之便,以案例为基础,出版了一部长达五百余页的"论文"②,汇聚了1873年以来,与第十四条修正案第一、第五款③相关的联邦最高法院案例。其中自然也包括屠宰场案,但作者对此案的判决并未表达自己的立场。

从第十四条修正案生效的那一天起,关于修宪者的"真实"意图的争论就不绝于书,第一部从学术的角度研究这一问题的专著是霍勒斯·弗拉克(Horace E. Flack)的《第十四条修正案的采用》④。弗拉克认为,修宪者的首要目的是政治性,是为了削弱民主党以及南部的影响,维持共和党控制国会的局面。⑤当然,作者也承认,修宪者希望通过第一款,用《权利法案》的前八条约束各州。

在相当长的一段时间内,弗拉克的观点一直是学界的主流,并得到后来学者的继承与发展。比如,加州大学(伯克利)的盲人宪法学者雅各布斯·坦布鲁克(Jacobs tenBroek)就在《第十四条修正案的反奴隶制根源》⑥一书中强调,共和党立法者是要通过修正案实现他们追求的人权和平等理想。

进入1950年代,联邦最高法院在布朗案(Brown v. Board of Education)中的判决,再次引发了学者们探询第十四条修正案第一款原意(original intention/understanding)的兴趣。1956年,密西西比州立女子学院的约瑟夫·詹姆斯(Joseph B. James)出版《第十四条修正案的形成》⑦一书,仔

---

① Ibid., p. 58.

② Henry Brannon, *A Treatise on the Rights and Privileges Guaranteed by the Fourteenth Amendment to the Constitution of the United States* (Cincinnati: W. H. Anderson & Co., 1901).

③ 联邦政府可以通过适当的立法,实施上述各款的规定。

④ Horace E. Flack, *Adoption of the Fourteenth Amendment* (Baltimore: John Hopkins University Press 1908; Buffalo: W.S. Hein, 2003).

⑤ Ibid., p. 126.

⑥ Jacobs tenBroek, *The Antislavery Origins of the Fourteenth Amendment* (Berkely: University of California Press, 1951); 扩充第二版更名为 *Equal Under Law* (New York: Collier Books, 1965).

⑦ Joseph B. James, *The Framing of the Fourteenth Amendment* (Urbana: University of Illinois Press, 1956).

细分析了当时国会辩论过程中共和党人的内部分歧,认为修宪者的意图并不像现在联邦最高法院说的那样一致、明确。二十余年后,已是卫斯理女子学院(Wesleyan College)教授的詹姆斯推出了该书的续作——《第十四条修正案的批准》[①],认为即使是在该修正案的批准过程中,各州对其动机与意义的理解也不尽相同。

詹姆斯的观点得到了西雅图大学法学院院长詹姆斯·邦德(James E. Bond)的印证。在《自由之路无坦途:重建与宪法第十四条修正案的批准》[②]一书中,邦德结合自己1964年在密西西比的民权工作经验,指出南部与北部对第十四条修正案第一款的理解并不一样;南部的一些州虽然批准了该修正案,但当政者认为,该修正案对州政府并无太大约束力。

无论修宪者的意图如何,修正案制定、生效之后,最终的解释权都掌握在联邦最高法院手中。在屠宰场案中,联邦最高法院第一次面临对第十四条修正案的解释,虽然该修正案生效不到五年、墨迹尚新,但大法官们对该修正案的原初意图却已有了不同理解。也正是大法官们的不同解释,为后来的学者提供了研究思路。在《第十四条修正案与各州:美国宪法第十四条修正案第一款的限制性作用研究》[③]一书中(附录E),查尔斯·华莱士·柯林斯(Charles Wallace Collins)律师列举了到1912年为止,联邦最高法院涉及第十四条修正案第一款的604起判决,认为大法官们本不应该大包大揽,主动增加联邦最高法院的负担,很多案子州最高法院就可以解决。

1970年代,保守力量重返美国舞台,他们祭起了放松规制的大旗,柯林斯的书得以重印(1974年)。美国法学界出现了批评1950年代以来联邦最高法院自由化倾向的潮流,其中最有影响的当数哈佛大学教授拉乌尔·伯杰(Raoul Berger)的《司法统治——第十四条修正案的转型》。

---

① Joseph B. James, *The Ratification of the Fourteenth Amendment* (Macon, Ga.: Mercer University Press, 1984).

② James E. Bond, *No Easy Walk to Freedom: Reconstruction and the Ratification of the Fourteenth Amendment* (Westport, Conn.: Praeger, 1997).

③ Charles Wallace Collins, *The Fourteenth Amendment and the States: a Study of the Operation of the Restraint Clauses of Section One of the Fourteenth Amendment to the Constitution of the United States* (Boston: Little, Brown & company, 1912; New York: Da Capo Press, 1974).

年轻的执业律师迈克尔·肯特·柯蒂斯（Michael Kent Curtis）完全不同意伯杰在书中的观点。在杜克大学法学教授威廉·范·阿尔斯泰（William W. Van Alstyne）的支持下，柯蒂斯出版了《任何州都不得侵犯——第十四条修正案与〈权利法案〉》①一书。伯杰则于1989年出版了《第十四条修正案与〈权利法案〉》，反驳柯蒂斯。

伯杰—柯蒂斯争论涉及的核心问题是，第十四条修正案第一款是否应该吸收（incorporate）《权利法案》，也就是说能否将《权利法案》全国化（nationalization），使其既约束联邦政府，又限制州政府。要回答这个问题，不能仅凭国会记录，还要看联邦最高法院后来的判决。在屠宰场案中，联邦最高法院就已涉及此问题，虽然没有明确肯定，但也并非完全拒绝，只是虚掩大门，为后来者留下了一条可以开辟的道路，所以才有20世纪中期联邦最高法院的大胆判决。在《联邦最高法院与第二〈权利法案〉：第十四条修正案与公众自由的全国化》②一书中，亚利桑那大学的理查德·科特纳（Richard C. Cortner）教授就考察了联邦最高法院一步一步实现《权利法案》全国化的过程，在他看来，其中第一步就是屠宰场案。

正是由于联邦最高法院在屠宰场案中的认可，第十四条修正案才真正完成了从政治原则到司法准则的转变，在《第十四条修正案——从政治原则到司法准则》③一书中，时任纽约大学法律与历史教授的威廉·纳尔逊（William E. Nelson）就用不小的篇幅来阐述屠宰场案的意义与影响。十年后（1998年），在《我们人民：宪法变革的原动力》一书中，耶鲁大学的法律与政治教授布鲁斯·阿克曼（Bruce Ackerman）表达了类似的观点，他认为，屠宰场案表明了联邦最高法院认可第十四条修正案，直到这个时候，美国宪法的第二次变革才真正完成（并不是说宪法一生效，

---

① Michael Kent Curtis, *No State Shall Abridge: the Fourteenth Amendment and the Bill of Rights* (Durham: Duke University Press, 1986).

② Richard C. Cortner, *The Supreme Court and the Second Bill of Rights: the Fourteenth Amendment and the Nationalization of Civil Liberties* (Madison, Wisconsin: The University of Wisconsin Press, 1981).

③ William E. Nelson, *The Fourteenth Amendment: from Political Principle to Judicial Doctrine* (Cambridge: Harvard University Press, 1988).

宪法变革就大功告成）。①

从美国联邦最高法院的角度看，屠宰场案也是其历史上尤为重要的案例。虽然此案在当时没有激起太大的民众反响，但正如联邦最高法院研究的奠基者查尔斯·沃伦（Charles A. Warren）在《美国历史中的最高法院》一书中所言，大法官们将这个案子看作是自司各特案（Scott v. Sanford，1857）以来他们所判决的最重要的案件。②这一看法得到了罗伯特·麦克洛斯基（Robert McCloskey）的同意，在《美国最高法院》这本讲稿中，麦克洛斯基也认为，屠宰场案是美国宪政史上一个伟大的里程碑。③在近期翻译出版的《美国最高法院史》中，著名法律史学者伯纳德·施瓦茨（Bernard Schwartz）也承认，屠宰场案判决强调了联邦最高法院在宪法制度中的基本角色。④

除了这几部单卷本的通史外，在"霍姆斯遗赠联邦最高法院史丛书"的第六卷《重建与重新联合（1864—1888）》⑤中，查尔斯·费尔曼（Charles Fairman）也花费不少笔墨介绍屠宰场案上诉的前后经过。此外，费尔曼还发表了相当多的专题论著，讨论当时联邦最高法院大法官的经历与思想，⑥这些论文也多少涉及屠宰场案。值得注意的是，费尔曼反对将《权利法案》全国化，他认为不能通过第十四条修正案实现《权利法

---

① 布鲁斯·阿克曼：《我们人民：宪法变革的原动力》，孙文恺译，北京：法律出版社，2003年，第264页。

② Charles A. Warren, *The Supreme Court in United States History, Vol. 3, 1856-1918* (Boston: Little, Brown & company, 1922), p. 257, p. 261.

③ 罗伯特·麦克洛斯基：《美国最高法院》，任东来等译，北京：中国政法大学出版社，2005年，第91页。

④ 伯纳德·施瓦茨：《美国最高法院史》，毕洪海、柯翀、石明磊译，北京：中国政法大学出版社，2005年，第172页。

⑤ "The Oliver Wendell Holmes Devise History of the Supreme Court of The United States", Volume VI, Charles Fairman, *Reconstruction and Reunion, 1864-1888*, part one (New York: Macmillan Publishing Co., 1971).

⑥ Charles Fairman, *Mr. Justice Miller and the Supreme Court, 1862-1890* (Cambridge: Harvard University Press, 1939); "Justice Samuel F. Miller and the Barbourville Debating Society", *The Mississippi Valley Historical Review*, Vol. 17, No. 4 (Mar., 1931); "Justice Samuel F. Miller", *Political Science Quarterly*, Vol. 50, No. 1 (Mar., 1935); "Mr. Justice Bradley's Appointment to the Supreme Court and the Legal Tender Cases", *Harvard Law Review*, Vol. 54, No. 6–No. 7. (Apr. & May, 1941).

案》约束各州，这种观点在当时引发了激烈争论，可谓后来伯杰—柯蒂斯争论的前奏。①

上述宪法史、法院史著作的作者们，都给予了屠宰场案足够的重视，甚至单列一节予以介绍，但并没有学者专门研究此案。关于屠宰场案的第一部专著当数罗纳德·拉比（Ronald M. Labbe）与乔纳森·卢里（Jonathan Lurie）于2003年出版的《屠宰场案：监管、重建与第十四条修正案》②，拉比是路易斯安那大学政治学荣休教授，卢里是拉特格斯大学（Rutgers University）的历史与法律教授。在这本二百余页的著作中，两位作者利用大量的一手材料（当时的报纸报道以及市政府、州政府的决议），详细分析了屠宰场法通过的历史背景与具体经过、屠宰场案从区法院初审到联邦最高法院终审的曲折经过，堪称一部法律史杰作。遗憾的是，两位作者写到屠宰场案终审就戛然止笔，并未涉及该案日后的历史命运，更没有讨论由此引发的对第十四条修正案原意的争论，以及该修正案与《权利法案》的关系。

同年（2003年），迈克尔·罗斯（Michael A. Ross）出版了其博士学位论文（1999年北卡罗来纳大学历史系博士毕业）:《梦想破灭的大法官——塞缪尔·米勒与内战时期的联邦最高法院》③，以米勒大法官——屠宰场案联邦最高法院多数意见的执笔人——的人生轨迹为主线，展现了内战前后共和党、联邦最高法院的一系列活动。其中第八章就专论屠宰场案。

---

① Pamela Brandwein, "Dueling Histories: Charles Fairman and William Crosskey Reconstruct 'Original Understanding' ", *Law & Society Review*, Vol. 30, No. 2 (1996), pp. 289-334.

② Ronald M. Labbe & Jonathan Lurie, *The Slaughterhouse Cases: Regulation, Reconstruction, and the Fourteenth Amendment* (Lawrence: University Press of Kansas, 2003).

③ Michael A. Ross, *Justice of Shattered Dreams: Samuel Freeman Miller and the Supreme Court during the Civil War Era* (Baton Rouge: Louisiana State University Press, 2003). 博士论文的原题为 "Justice of Shattered Dreams: Samuel Freeman Miller, the Republican Party, and the Supreme Court" (Ph.D. Dissertation, University of North Carolina, 1999)。

此前，罗斯已就此案以及与此案相关的人、事发表了数篇论文。①

除了已经发表的专著外，也有以屠宰场案为研究对象的未出版论文，1992年，伊娃·多丽丝·亚当斯（Eva Doris Adams）就以《屠宰场案——第十四条修正案的最初解释》②为博士学位论文（从俄亥俄的迈阿密大学历史系博士毕业），该论文紧紧围绕联邦最高法院的终审判决，从联邦制度、公民身份等几个方面梳理了第十四条修正案的基本含义。

在华人学者中，第一个注意到屠宰场案并加以研究的应该是东北师范大学丁则民教授的学生、时任外交学院讲师的游恒。早在1988年，她就发表了探讨第十四条修正案演变过程的专题论文，③认为屠户案（即屠宰场案）是联邦最高法院系统破坏黑人权利的起点。十年后，在《原则与妥协——美国宪法的精神与实践》一书中，对内战后黑人权利有深入研究的王希教授也认为，屠宰场案判决束缚了联邦政府对黑人公民权利的保护，对当时共和党政府在南部实施重建修正案及相关法律有很大的消极影响，事实上将公民权利的管理权交回到各州手中，对激进共和党人原本期望的宪政改革来了个釜底抽薪。不过王希同时承认，"无论如何，这项判决奠定了联邦最高法院此后对一系列相关案件判决的基调。"④

与王希一样，另一位留美中国学者崔之元，也十分强调第十四条修正案第一款的重要性，他认为第十四条修正案第一款蕴涵着三个重大理论问题，其中就包括该修正案与《权利法案》的关系，以及正当法律程序与法律平等保护的关系。在崔之元看来，正当法律程序，需要探询修宪者的动机，必须向后看；法律平等保护要求审查现行法律的合理性，

---

① Michael A. Ross, "Justice Miller's Reconstruction: The *Slaughter-House Cases*, Health Codes, and Civil Rights in New Orleans, 1861–1873", *The Journal of Southern History*, Vol. 64, No. 4 (Nov., 1998); "Justice for Iowa: Samuel Freeman Miller's Appointment to the United States Supreme Court during the Civil War", *The Annals of Iowa*, 60 (Spring 2001); "Obstructing Reconstruction: John Archibald Campbell and the Legal Campaign against Louisiana's Republican Government, 1868–1873", *Civil War History*, Vol. 49, No.3 (2003).

② Eva Doris Adams, "The Slaughterhouse Cases: The First Interpretation of the Fourteenth Amendment" (Ph.D. Dissertation, Miami University, 1992).

③ 游恒：《美国第14条宪法修正案从保护黑人权利到维护公司法人地位的演变始末》，《美国研究参考资料》，1988年第3期。

④ 王希：《原则与妥协：美国宪法的精神与实践》，北京大学出版社，2000年，第325页。

力求改变现状，是向前看的。①因此，法律的平等保护在美国社会中发挥着越来越大的作用。从美国圣路易斯华盛顿大学获得法学博士（J.D.）与法律学博士（J.S.D.）的邱小平，以"法律的平等保护"为题，写出关于美国宪法第十四条修正案的专著，该书汇聚、分析了联邦最高法院关于该修正案第一款的主要判决，其中自然包括屠宰场案，但所费笔墨并不多。邱小平也认为，该案的裁定严重限制了第十四条修正案的解释和适用，②并引述了几位大法官的意见，以及美国学者的评论。尽管该书大量引用判词，但对案例背景缺乏详细交代；由于作者欠缺史学训练，也出现了一些基本的史实错误。③

三、其他材料与前期工作

除了上述专题论著外，本书还找到了几份一手材料，主要是法院的判决书。关于屠宰场案的各级法院判决书六份，分别是：1870年4月路易斯安那州最高法院判决书，共39页；1870年5月联邦巡回上诉法院法官发出的重审纠错令，共7页；1870年6月联邦巡回上诉法院就该案的判决书，共29页；1870年12月联邦最高法院就纠错令法律效力的答复，共47页；1873年4月联邦最高法院就该案的终审判决书，共128页；1884年5月联邦最高法院就路易斯安那州最高法院1879年新宪法与新月公司法律地位问题的判决，共20页。美国其他州类似案件判决书三份，分别是：1867年伊利诺伊州最高法院、加利福尼亚州最高法院分别就芝加哥、旧金山两市屠宰问题的判决，1868年纽约州上诉法院（即该州最高法院）就纽约市屠宰场与公共卫生的判决。④这些判决书的开头部分，均对案件的来龙去脉有极为详细的交代。比如，路州最高法院的判决，就详细分析了内战以来新奥尔良市政府与路州政府在改善该市卫

---

① 崔之元：《关于美国宪法第十四条修正案的三个理论问题》，《美国研究》，1997年第3期。
② 邱小平：《法律的平等保护——美国宪法第十四修正案第一款研究》，北京大学出版社，2005年，第54页。
③ 比如，认为美国革命受法国革命影响，美国革命结合了法国革命的特点。邱小平：《法律的平等保护——美国宪法第十四修正案第一款研究》，第495页。
④ *Chicago v. Rumpff*, 45 Ill. 90 (1867); *Ex parte Shrader*, 33 Cal. 279 (1867); *Metropolitan Board of Health v. Heister*, 37 N.Y. 661 (1868).

生状况上的努力，其中大段引用了一个特设调查委员会的报告，为了解屠宰场法的立法背景提供了极好的材料。伊利诺伊、加利福尼亚、纽约三州法院的判决显示出，屠宰场卫生问题在当时的美国已经引起了广泛关注。

谈到卫生问题，不能不提黄热病，早在内战前，黄热病就已肆虐美国南部——尤其是像新奥尔良这种港口城市。路州通过屠宰场法，集中屠宰，减少黄热病是其重要目的。关于黄热病给新奥尔良造成的灾难，在专门的黄热病史论著以及几本翻译成中文的瘟疫、疾病史著作中均有记载，[①] 专门的新奥尔良史[②]中也有描述。

除改善卫生状况外，路州集中屠宰业的另一个重要目的是，扩大屠宰规模、提升屠宰水平，将新奥尔良建成全国的食品加工中心，为战后重建经济服务。路易斯安那不是畜牧州，其屠宰加工的牛羊主要来自西部的"牧畜王国"。关于这一点，中国学者周钢在其专著《牧畜王国的兴衰——美国西部开放牧区发展研究》[③]也有涉及。

就像重建时期的其他地方一样，这一时期的路易斯安那一直处于急剧的政治变动之中，立法往往成为某一派势力巩固自己权力的手段，等到对手上台后，这些立法就会受到严重冲击，屠宰场法就是其中的典型。在法院的司法诉讼失利后，反对派首先是要求议会将其取消，未果，转而通过修改州宪法，选举另一拨议员，对其进行彻底改造。重建时期路州的政治活动，构成了本书的大背景，以研究路州历史著称的乔·格

---

① Gerald M. Capers, Jr., "Yellow Fever in Memphis in the 1870's," *The Mississippi Valley Historical Review*, Vol. 24, No. 4 (Mar., 1938); Jo Ann Carrigan, "Yellow Fever in New Orleans, 1853: Abstractions and Realities", *The Journal of Southern History*, Vol. 25, No. 3 (Aug., 1959); "Privilege, Prejudice, and the Strangers' Disease in Nineteenth-Century New Orleans", *The Journal of Southern History*, Vol. 36, No. 4 (Nov., 1970); 皮特·布鲁克史密斯：《未来的灾难——瘟疫复活与人类的生存之战》，马永波译，海口：海南出版社，1999年；霍华德·马凯尔：《瘟疫的故事》，罗尘译，上海社会科学院出版社，2003年；弗雷德里克·F·卡特赖特、迈克尔·比迪斯：《疾病改变历史》，陈仲丹、周晓政译，济南：山东画报出版社，2004年。

② Walter G. Cowan, *et al.*, *New Orleans Yesterday and Today: a Guide to the City* (Baton Rouge: Louisiana State University Press, 2001).

③ 周钢：《牧畜王国的兴衰——美国西部开放牧区发展研究》，北京：人民出版社，2006年。

雷·泰勒（Joe Gray Taylor）的《路易斯安那重建（1863—1877）》①，为笔者理解当时错综复杂的政治问题缕清了线索；黑人学者查尔斯·文森特（Charles Vincent）对这一时期黑人立法者的研究，②则详细讲述了州议会的立法过程。

在这一时期路州所有的立法中，最重要的当然是1869年的屠宰场法，该法共12条约2万字，联邦最高法院在1873年终审屠宰场案时，几乎全文引用此法。除了州议会的立法外，重建时期联邦议会也通过了一系列的民权法与重建法，比如1866年民权法、1875年民权法、1867年重建法等，这些法律文本的全文都可以在相关数据库（比如EBSCO）中找到。

在收集前述专著、论文、判决书、立法文本的过程中，笔者也试着对这些材料加以整理、分析，并以论文的形式反映出来。比如，在《法律面前人人平等与法制之下人人平等》一文中，分析了19世纪后半期"隔离但平等"法理悖论；③在《保守理念与美国联邦最高法院——以1889—1937年的联邦最高法院为中心》一文中，提出正当法律程序的两种类型，及其在这一时期的应用；④在《美国联邦最高法院与现代美国公司的成长》一文中，探讨了联邦最高法院如何将"公司"一步步人格化，使其成为受宪法第十四条修正案保护的（法）人；⑤在《每个人的权利——美国宪法第十四条修正案与美国民权的历史演变》一文中，详细讨论了第十四条修正案第一款的公民资格问题，及其与《权利法案》的关系。⑥

---

① Joe Gray Taylor, *Louisiana Reconstructed, 1863-1877* (Baton Rouge: Louisiana State University Press, 1974).

② Charles Vincent, *Black Legislators in Louisiana during Reconstruction* (Baton Rouge: Louisiana State University Press, 1976).

③ 胡晓进、龚新玲：《法律面前人人平等与法制之下人人平等》，《社会科学论坛》，2003年第3期。

④ 胡晓进、任东来：《保守理念与美国联邦最高法院——以1889-1937年的联邦最高法院为中心》，《美国研究》，2003年第2期。

⑤ 胡晓进、任东来：《美国联邦最高法院与现代美国公司的成长》，《南京大学学报（哲学·人文科学·社会科学版）》，2005年第4期。

⑥ 胡晓进：《每个人的权利——美国宪法第十四条修正案与美国民权的历史演变》，《法制现代化研究》第10卷，南京师范大学出版社，2006年。

这些论文，一方面锻炼了笔者的学术写作能力，另一方面使笔者熟悉了19世纪的美国宪政史，为进一步的深入研究奠定了基础。

四、研究方法

本书拟采取的是从个案入手、具体案例分析与抽象理论探讨相结合的方法，从政治与法律两个角度解读美国宪法第十四条修正案第一款的最初历史，争取做到既是一篇政治史也是一部法律史。

之所以采取这种"以案说法"的形式，主要是受导师任东来教授的启发与指点。任教授等的《美国宪政历程：影响美国的25个司法大案》[①]一书，融法制、法理于具体案例中，笔触灵活、生动，展示了美国宪法与联邦最高法院的魅力，为笔者打开了一扇眺望和学习的窗口。

业师之外，现在美国任教的王希教授对本书的写作也多有启发与指教。2003年与2005年两个暑假，笔者在北京参加中国第一、第二届世界史研究生精品课程班，王希教授均是主讲，每次都会讲十余个专题。王希教授是美国重建史专家，又写过《原则与妥协：美国宪法的精神与实践》[②]这样的通史性著作，他的讲座，视野开阔，有理有据，既补充知识，又引人思考。在讲座之余，笔者就历史学博士论文选题问题请教于他，他的建议是，选题应该以点带面、以史带论，时间跨度大、问题头绪多、理论色彩浓的题目，并不适合入门者。

根据两位老师的意见，结合自己的研究兴趣，笔者决定探寻美国宪法第十四条修正案的源头——联邦最高法院对美国宪法第十四条修正案的最初解释及其历史影响，于是选定屠宰场案作为研究对象。

[①] 任东来、陈伟、白雪峰等：《美国宪政历程：影响美国的25个司法大案》，北京：中国法制出版社，2004年。

[②] 王希：《原则与妥协：美国宪法的精神与实践》，北京大学出版社，2000年初版，2005年修订版。

第一章

1869 年路易斯安那的屠宰场法

屠宰场案起源于重建时期路易斯安那的屠宰场法。路州的重建是美国历史上最漫长、最艰难的重建。[①]林肯总统曾寄予厚望，国会也屡屡出手，但终告失败。1869年的屠宰场法正是这一特殊时期的产物，该法虽然解决了新奥尔良等地的一大痼疾，提升了该市的屠宰能力，但由于采取一家公司专营的形式，影响到个体屠户的生计，其资本也主要来自南下的北方"包袱客"[②]，引起本地精英不满。加之其间夹杂的腐败传闻，更是削弱了屠宰场法的合法性。

第一节　重建时期的路易斯安那

路易斯安那是美国最早开始重建的州。1862年春，联邦军队占领新奥尔良后，由林肯任命的军事州长即着手重建路州秩序。林肯对路州的

[①] 威廉·吉勒特（William Gillette）称联邦对路州的干涉为"最长的战斗"（the longest battle），见 William Gillette, *Retreat from Reconstruction, 1869-1879* (Baton Rouge: Louisiana State University Press, 1979), pp. 104-135; 泰勒则称路州重建为"不可能的任务"（an impossible task），见 Otto H. Olsen, ed., *Reconstruction and Redemption in the South* (Baton Rouge: Louisiana State University Press, 1980), pp. 202-230。

[②] carpetbagger，指美国内战后重建时期（1865—1877年）背着毛毡包袱南下投机的北方政客和商人。

重建抱有很大期望，希望路州能为南方其他州的重建树立一个榜样。① 但他的怀柔与等待政策，延宕了路州的重建进程，并没有达到预定目的。林肯之后，国会的高压与激进重建，完全改变了路州的政治秩序，也非长久之策；格兰特总统的偏颇态度，虽然暂时稳定路州政局，但种族、党派与"土客"之间，矛盾交织，最终一发不可收拾，造成社会仇视、政治动荡与流血冲突。1877年妥协之后，联邦军队撤出，路州几乎又回到内战前的状况，只能等待时间的流逝，慢慢抚平创伤。

一、"等待鸡蛋孵出小鸡"——林肯时期的路州重建

内战中，联邦军队的新奥尔良之战成果辉煌。1862年4月25日，在富有战斗经验的戴维·法拉格特（David Farragut）的强大舰队协助下，本杰明·巴特勒（Benjamin Butler）将军统率2.5万大军，攻下了新奥尔良（人口16万）这个美国南方最重要的战略据点和最大的商业中心，接着，控制了新奥尔良周围的其他一些地方。② 巴特勒任命曾任联邦地区检察官的乔治·谢普利（George Shepley）上校（后来成为将军）为新奥尔良市军管市长，全权主管一切民政事务。③

同年6月10日，林肯任命谢普利为路州军事州长。陆军部长埃德温·斯坦顿（Edwin Stanton）给谢普利的指示宽泛而简单：在路易斯安那重建联邦政府的权威，担负保护民众之职，直至该州建立起符合联邦宪法要求的政府。谢普利可以根据情势需要便宜行事；④ 在林肯的授权下，他任命地方官员，成立地方法庭，监督警察工作。当然，这些都是临时性措施。⑤

---

① Edward McPherson, *The Political History of the United States of America, During the Great Rebellion, From November 6, 1860, to July 4, 1864* (Washington, D.C.: Philp & Solomons, 1864), p. 412; Peyton McCrary, *Abraham Lincoln and Reconstruction: the Louisiana Experiment* (Princeton, N.J.: Princeton University Press, 1978), p. 4.

② 刘祚昌：《美国内战史》，北京：人民出版社，1978年，第244—245页。

③ William C. Harris, *With Charity for All: Lincoln and the Restoration of the Union* (Lexington, Ky.: University Press of Kentucky, 1997), p. 72.

④ Ibid., p. 73.

⑤ 刘祚昌：《美国内战史》，第361页。

7月26日，在一封不公开的私人信件中，林肯这样写道："路易斯安那的人民——全都是些明智的人民——清楚地知道我从来也没有意图要去触动他们的社会基础，或侵犯他们的任何权利"；"他们清清楚楚地知道，要避免所有这一切，就只要他们仍按老的条件参加联邦就行了"；"我是个有耐心的人——总愿意按照基督教容人悔改的条件宽恕人，也准备给人以充分的悔改时间。但只要有可能，我必须得挽救这个政府。"①

两天后（7月28日），在写给路州一位联邦派的信中，林肯认为真正的补救方法，"决不是设法磨掉战争的棱角，而在于消除掉进行这场战争的必要性。路易斯安那希望使自己的财产和人身安全得到保障的人们，只需举手之劳便能达到目的。他们只要诚心诚意重新确立国家的权威，建立一个符合宪法规定的州政府就行了。他们知道该怎样去做，在他们这样做的过程中完全可以得到驻军的保护。一旦这个州政府已完全不需要军队的帮助，军队便会立即撤出；然后该州的人民，便可以根据老的宪法规定，愿意怎样管理自己的事便怎样去管理。"②

8月20日，就在林肯寻找时机发表解放奴隶宣言之时，著名废奴主义者霍勒斯·格里利（Horace Greeley）在《纽约论坛报》（New York Tribune）上刊登了标题为《两千万人的祈求》的公开信，强烈要求林肯发表解放奴隶的宣言。这封公开信为林肯提供了解释自己立场的机会，他立刻写了回信，并于8月22日发表在北方几乎所有的报纸上。

> 我想拯救联邦，我要在宪法许可的范围内，寻求拯救它的最简捷的途径……。如果有那么一些人表示，除非同时拯救奴隶制，否则他们就不愿拯救联邦，对他们我不同意。如果有些人主张不能同时摧毁奴隶制，他们便不愿拯救联邦，对他们我也不同意。我在这个斗争中的最高目的是拯救联邦，而不是拯救或消灭奴隶制。如果任何一个奴隶也不用解放就可以拯救联邦，我愿意这样做；如果只

---

① 巴斯勒编：《林肯集：演说、信件、杂文、总统咨文和公告》（1859—1865），黄雨石、幸正坤、邓蜀生等译，邓蜀生校，北京：生活·读书·新知三联书店，1993年，第484—485页。
② 巴斯勒编：《林肯集：演说、信件、杂文、总统咨文和公告》（1859—1865），第488页。

有解放所有的奴隶才能拯救联邦，我也愿意这样做；如果我必须解放一部分奴隶，留下一部分不管，才能拯救联邦，我也愿意这样做。我对于奴隶制度或黑种人所做的事情，是出于我相信那样做将对拯救联邦有利；有些事我之所以克制不去做，也是因为我不相信那样做会有助于拯救联邦。①

9月17日，联邦军队在安提塔姆（Antietam）一役中打退了入侵的敌军，22日，林肯召集内阁会议，宣读宣言草稿。两天后（9月24日清晨），林肯向世人公布了预告性的解放宣言。

> 我，亚伯拉罕·林肯，美利坚合众国总统，兼美利坚合众国陆海军总司令，在此宣告并声明，此后正如此前一样，战争的进行将是为了下面这一目标，即实现恢复合众国与各州以及各该州人民之间的宪法关系，此种关系在各该州内已经或可能暂告中断或受到干扰。
>
> 从公元1863年1月1日起，在合众国的任何一个州或一个州的指明地区内，举凡其居民当时仍在反叛合众国，则该州或地区内充当奴隶的人，都应在那时及以后永远获得自由。
>
> 本行政当局将于上述的1月1日，通过公告指明哪些州或哪些州的哪些地区的居民那时尚在反叛合众国，如果有这种情形的话；在那一天，举凡任何一州或该州居民在合众国国会中，有由这些州的大多数合法选民参加选举所选出的国会议员忠实地代表他们，这种事实，如无强有力的反证，则将被视为该州及其居民没有反叛合众国的确凿证据。②

预告性的解放宣言表明，林肯只是以无条件地解放黑奴相威胁，希望南方叛乱诸州尽早放下武器，与联邦恢复正常关系。从1862年9月22

---

① 巴斯勒编：《林肯集：演说、信件、杂文、总统咨文和公告》（1859—1865），第504—505页。

② 巴斯勒编：《林肯集：演说、信件、杂文、总统咨文和公告》（1859—1865），第520—521页。

日到次年1月1日，整整一百天，林肯希望在这段时间里，南方叛乱诸州能主动放弃抵抗，结束叛乱。届时，对它们也将实行自愿的、逐步的、赔偿性的解放奴隶方式，就像未加入叛乱的蓄奴州一样。而且，林肯也希望这些州能尽快选出既能代表民意又忠于联邦的代表，以期尽早结束国家的不正常状态。

秉着这一理念，在接下来的三个月里，林肯一再敦促路易斯安那等州举行国会议员选举。① 并认为"对此事一天也不能耽搁；尽可能早地确认选举日，以便我们在1月1日之前便能听到选举结果。为所有的选区择定一个选举日，并在尽可能多的地方举行选举。"②

1862年12月31日，林肯在正式的解放宣言上签字。按照一百天前预告宣言公开表述的意图，宣布阿肯色、得克萨斯、路易斯安那（新奥尔良市以及圣·伯纳德等教区除外）等十州处于叛乱状态。③ 就在当月，曾任众议院议长、深得陆军部信任的纳撒尼尔·班克斯（Nathaniel Banks）将军取代巴特勒将军，成为路易斯安那所在的海湾（墨西哥湾）地区的最高军事长官。

1863年，在谢普利军事州长的主持下，有数万居民表示效忠联邦。10月3日，联邦控制的两个地区还举行了国会议员选举，选出了本杰明·弗兰德斯（Benjamin Flanders）、迈克尔·哈恩（Michael Hahn）两位众议员，并于次年2月为众议院所接受。④ 此前，巴特勒统治下的军政府，腐败严重，走私横行，阻碍了民众对联邦的信任，路州的重建工作举步维艰。对此，林肯十分不满，他再三敦促接任的班克斯将军尽快采取行动，选举制宪代表，召开州制宪会议。⑤

---

① 1862年10月14日致巴特勒将军、谢普利州长及其他人的信，11月21日致谢普利州长的信。巴斯勒编：《林肯集：演说、信件、杂文、总统咨文和公告》（1859—1865），第536、545、546—547页。

② 1862年11月21日，林肯致谢普利州长的第二封信。巴斯勒编：《林肯集：演说、信件、杂文、总统咨文和公告》（1859—1865），第546—547页。

③ 巴斯勒编：《林肯集：演说、信件、杂文、总统咨文和公告》（1859—1865），第597—598页。

④ Harris, *With Charity for All*, pp. 78–81.

⑤ 1863年8月5日、11月5日，林肯给班克斯将军的信。巴斯勒编：《林肯集：演说、信件、杂文、总统咨文和公告》（1859—1865），第707、785页。

第一章 1869 年路易斯安那的屠宰场法

1863 年 12 月 8 日，在致国会的咨文中，林肯附上了一份《大赦和重建宣言》(*Proclamation of Amnesty and Reconstruction*)，表示只要宣誓并签署誓词，保证遵守誓言，所有直接或暗中参加叛乱的人，都可得到完全赦免（在邦联政府中担任过一定级别官员的人除外）。在路易斯安那等叛乱十州，只要宣誓的人不少于 1860 年总统选举中投票人数的十分之一，就可以重新组建共和政府。① 林肯在发表他的重建计划之后不久，也不与国会商量，就以国家行政元首的身份，下令在路易斯安那实施他的重建计划。② 与此同时，林肯在给班克斯将军的信中（1863 年 12 月 24 日和次年 1 月 31 日），让其全权主持路易斯安那的重建，并可便宜行事。③

在林肯的授意与授权下，指挥路易斯安那的联邦军队司令班克斯将军安排了州长及制宪会议代表的选举工作。1864 年 2 月 22 日举行了州长选举，参加投票的全是白人，黑人被排除在外。哈恩当选为州长，并于 3 月 4 日宣誓就职。④ 3 月 13 日，林肯在给哈恩的贺信中提议，"可否让一些黑人参加选举——例如那些才智超群的黑人，特别是那些曾在我们的部队中英勇战斗过的黑人。"因为"在今后的考验里，他们也许会有助于在自由的大家庭里保住宝贵的自由"。⑤

3 月 28 日，州制宪会议代表选出，这次又没有让黑人参加投票。4 月 6 日，制宪会议开幕，会期 78 天（7 月 22 日休会）。州制宪会议制定了新的州宪法，把废奴条款写进了宪法，⑥ 但同时通过决议，要求国会赔偿奴隶主因解放奴隶而蒙受的损失。5 月 16 日，制宪会议又通过决议，不允许州议会制定授予黑人选举权的法律。9 月 5 日，选民在投票表决这部新宪法的同时，选举了州议会议员，以及本州派往华盛顿的联邦众

---

① 巴斯勒编：《林肯集：演说、信件、杂文、总统咨文和公告》(1859—1865)，第 811—812 页。
② 刘祚昌：《美国内战史》，第 356 页。
③ 巴斯勒编：《林肯集：演说、信件、杂文、总统咨文和公告》(1859—1865)，第 825、839 页。
④ 刘祚昌：《美国内战史》，第 361 页。
⑤ 巴斯勒编：《林肯集：演说、信件、杂文、总统咨文和公告》(1859—1865)，第 856 页。
⑥ Article 1, Francis Newton Thorpe, *The Federal and State Constitutions, Colonial Charters, and Other Organic Laws of the State, Territories, and Colonies Now or Heretofore Forming the United States of America* (Washington, D.C.: Govt. Print. Off., 1909), Vol. Ⅲ, p. 1429.

议员。10月3日，州议会开幕，选举了两名联邦参议员金·卡特勒（King Cutler）和查尔斯·史密斯（Charles Smith）。林肯的路易斯安那重建方案完全付诸实施。①

对于这次选举与制宪，驻军将领与当地政治领袖的看法并不一致，②也没有赋予黑人任何政治权利，但林肯仍然相信，"路易斯安那的相当大一部分人民已经建立了一个新的州政府，制定了一部极好的新宪法。对穷苦的黑人来说，这部宪法要比我们伊利诺伊的宪法好得多。"③

然而国会并不买账，1864年末至1865年初，要求承认路州新政府的提议在众、参两院几经波折，最终未能通过。路州派往华盛顿的联邦议员无法迈进国会大厦，只好悻悻而归。④

1865年3月3日，哈恩辞去州长一职，由更为保守的副州长詹姆斯·韦尔斯（James Wells）接任。⑤4月9日，南军总司令罗伯特·李（Robert Lee）将军向尤利西斯·格兰特（Ulysses Grant）将军投降，内战结束。两天后（4月11日），林肯发表最后一次公开讲话，阐明重建立场。在讲话中，他否认自己一手包办了路州的重建，并再一次提议，现在就使"那些最聪明的，那些为了我们的事业而当兵的黑人"享有选举权；呼吁人们维护住这个新的州政府，使之更为完善，更快地恢复与联邦政府的正常关系，而不要图一时之快，弃之如敝履。他说："如果现在的新路易斯安那州，同应当建立的那种州政府的关系，有如蛋之如鸡，那么为了尽快得到鸡，我们究竟是应该马上来孵这个鸡蛋，还是应该先把这个蛋打碎再说呢？"⑥他还说，如果路州很快地被接纳到联邦内部来的话，

---

① 刘祚昌：《美国内战史》，第361—362页；Harris, *With Charity for All*, pp. 179-192.
② Harris, *With Charity for All*, p. 194; James G. Hollandsworth, Jr., *An Absolute Massacre: The New Orleans Race Riot of July 30, 1866* (Baton Rouge: Louisiana State University Press, 2001), pp. 10-14.
③ 1864年11月14日，林肯致斯蒂芬·赫尔伯特（Stephen Hurlbut）将军的信。巴斯勒：《林肯集：演说、信件、杂文、总统咨文和公告》（1859—1865），第963页。
④ 刘祚昌：《美国内战史》，第362—363页；William C. Harris, pp. 235-238.
⑤ Harris, *With Charity for All*, p. 246.
⑥ 巴斯勒：《林肯集：演说、信件、杂文、总统咨文和公告》（1859—1865），第1047—1051页。

南方那些忠于联邦的人会得到鼓舞,而黑人本身的状况也会得到改善。①

然而,天不遂人愿,4月15日,怀着对路州重建的殷殷期望,林肯离开了人世。

二、种族冲突与"土客"矛盾——林肯之后的路州重建

在1865年11月6日举行的州选举中,维尔斯当选为州长。新选出的州议会一方面过于照顾有产者的经济利益,另一方面有意忽视了自由黑人的政治权利。②这虽引起了联邦和州内激进派的抗议,但却得到了新总统安德鲁·约翰逊的支持。约翰逊还调整了南方的军事统帅,免去班克斯的职务,路易斯安那等州的联邦军队由菲利普·谢里登(Philip Sheridan)将军统一指挥。

在路州的黑人眼中,1864年州宪法是"寡头政治的宪法",与1852年州宪法"一样偏袒不公""一样恶劣",③要求重新制宪的呼声一直没有停息。1866年夏,路州的激进派积极活动,筹备重开1864年制宪会议,要求赋予一部分黑人选举权、剥夺反叛者的选举权。但民主党身份的副州长阿尔伯特·沃里斯(Albert Voorhies)、州司法部长林奇(B. L. Lynch)和新奥尔良市市长约翰·门罗(John Monroe)等人不同意这么做,他们甚至成功地申请到地方法院的司法禁令,严禁召开任何制宪会议。会议的筹备工作陷入停顿。④

为了弄清联邦军队的态度,沃里斯又致电约翰逊总统请求指示。在回电中,约翰逊表示,他相信当地的联邦驻军不会干涉法院的禁令,但沃里斯没有及时地将约翰逊的意思转达给州长韦尔斯和当地驻军统帅阿布萨隆·贝尔德(Absalom Baird)将军(临时代理谢里登将军的职务)。与此同时,贝尔德也给陆军部长斯坦顿发电报,陈述路州情况,询问联

---

① 刘祚昌:《美国内战史》,第478页。
② Joe Gray Taylor, *Louisiana Reconstructed,1863-1877*, pp. 84-85, pp. 94-100.
③ 新奥尔良《论坛报》(*Tribune*)1867年11月22日社论,乔安妮·格兰特:《美国黑人斗争史》,北京:中国社会科学出版社,1987年,第143—144页。
④ Albert Castel, *The Presidency of Andrew Johnson* (Lawrence: The Regents Press of Kansas, 1979), p. 82. 作者此处表述有误,当时的州司法部长林奇(1865—1867年在任)是共和党人。

邦驻军是否应该干涉，斯坦顿既没有回电，也没有将此电转呈约翰逊总统。① 贝尔德于是认为，身为共和党人的斯坦顿默许联邦军队支持重开制宪会议。

1866 年 7 月 30 日中午，在三四百黑人支持者的拥护下，参加过 1864 年制宪会议的二十余名白人代表在新奥尔良集会。他们遭到了前南方邦联士兵的袭击，闻讯前来的警察非但没有制止冲突，反而加入了这场针对黑人的暴行。② 暴行导致 34 名黑人、3 名白人被杀，在 100 余名伤者中，绝大部分是黑人。③ 贝尔德此前得到的消息是制宪会议要到傍晚 6 点才开，等他集合好联邦军队赶到现场时，这场屠杀黑人的"战斗"已经结束。④

新奥尔良种族骚乱，以及两个月前的孟菲斯骚乱⑤，宣告了约翰逊重建计划的失败，也为国会掌握重建主导权提供了契机。在 1866 年的中期选举中，共和党获得绝对优势，激进重建拉开帷幕。

同年，国会共和党人推翻约翰逊的否决，通过了 1866 年民权法；确立黑人的公民身份，保障黑人权利的宪法第十四条修正案也在讨论之中。1867 年初，新召开的第 40 届国会通过了重建法（Reconstruction Act），提出将南方十州（田纳西不在此列）划分为五个军事区，由联邦军队负责保护本地民众的生命、财产；各州须重新起草宪法，授予男性公民选举

---

① 约翰逊获知此电报后，肯定不会允许重开制宪会议；斯坦顿虽然十分希望联邦军队出面保护，却不能越权直接下令。两难之下，他隐瞒了这封电报。（Hollandsworth, Jr., *An Absolute Massacre*, p. 71.）这封电报以及后来的惨案，引起约翰逊对斯坦顿的极端不满，他决定撤换斯坦顿，却因此招来了国会的弹劾与审判。

② 这些警察多是前邦联分子，一旦重开制宪会议，制定新的激进宪法，他们的职位就岌岌可危了。Hollandsworth, Jr., *An Absolute Massacre*, p. 73.

③ Taylor, *Louisiana Reconstructed, 1863-1877*, p. 110. 对于死伤人数，还有一种说法是至少 48 人死亡，伤 200 余人。Hollandsworth, Jr., *An Absolute Massacre*, p. 3.

④ Hollandsworth, Jr., *An Absolute Massacre*,, p. 95; Albert Castel, pp. 82-83; Eric Foner, *Reconstruction: America's Unfinished Revolution, 1863-1877* (New York: Harper & Row, 1988), pp. 262-263.

⑤ 1866 年 5 月 1 日，一辆黑人驾驶的马车与一辆白人驾驶的马车在孟菲斯（田纳西州）的大街上迎头相撞，警察逮捕了黑人车夫，却让白人车夫扬长而去，引起黑白种族冲突，致使 46 名黑人死亡，5 名黑人妇女被强奸，数百处黑人住所、教堂、学校被毁。Eric Foner, *Reconstruction: America's Unfinished Revolution, 1863-1877*, pp. 261-262.

权,并批准国会通过的宪法第十四条修正案,方能得到联邦政府承认,重回联邦。

但是,路州议会拒绝立法实施1867年重建法。面对这种情况,负责路易斯安那—得克萨斯军事区(第五军事区)的谢里登撤销了新奥尔良市长和路州司法部长的职务,并在1867年5月初任命弗兰德斯为州长,取代维尔斯。

谢里登的做法为约翰逊所不容,他任命温菲尔德·汉考克(Winfield Hancock)将军代替谢里登。在被免职前,谢里登已经启动了路州的选民登记,结果,有7.5万余人赞成制定新宪法、反对者仅4 000人,在重新选出的制宪代表中,黑人、白人数量相等(49人),黑人几乎全是共和党。①

新制宪会议于1867年11月23日召开,次年3月9日闭幕,重点讨论了成年男子的选举权、平等的公共教育、公民权利等问题。1868年宪法可以说是19世纪路州历史上最进步的宪法,它确立了州公民标准,赋予所有人平等的民事与政治权利(Article 2);为所有种族提供平等的、没有隔离的公共教育(Article 13);允许任何在该州居住满一年的成年男性公民拥有选举权(Article 98)。②但是,这部宪法也有内在的弱点,比如没有明确规定三权分立,州长权力过大,极容易滋生腐败等。③

1868年4月中旬,宪法获得州选民批准。在同时进行的州长与州议会选举中,来自北方伊利诺伊州的"包袱客"亨利·沃姆斯(Henry Warmoth)和本地籍自由黑人奥斯卡·邓恩(Oscar Dunn)分别当选正、副州长,35名和7名黑人分别进入州议会众、参两院(众议院100余人,参议院约40人)。④

---

① Charles Vincent, *Black Legislators in Louisiana During Reconstruction* (Baton Rouge: Louisiana State University Press, 1976), pp. 45–47.
② 当然,被剥夺政治权利的罪犯、在前南方邦联任职一年以上的人不享有选举权。Francis Newton Thorpe, *The Federal and State Constitutions, Colonial Charters, and Other Organic Laws of the State, Territories, and Colonies Now or Heretofore Forming the United States of America* (Washington, D.C.: Govt. Print. Off., 1909), Vol. III, pp. 1449–1471.
③ Joe Gray Taylor, *Louisiana Reconstructed,1863-1877*, pp. 151–153.
④ Vincent, *Black Legislators in Louisiana During Reconstruction*, p. 71.

州议会于 1868 年 6 月 29 日召开，首先批准了宪法第十四条修正案，并选举本州派往联邦国会的参议员：来自佛蒙特州的威廉·凯洛格（William Kellogg）和来自纽约州的约翰·哈里斯（John Harriss）。他们两位和沃姆斯州长一样，属于北方南下的"包袱客"。在 1868—1870 年的州议会立法中，黑人的公民权利和平等教育权自然是重中之重，但其中也不乏社会、经济方面的立法，1869 年的屠宰场法就是一例。

　　共和党虽取得了州议会的控制权，但年轻而又野心勃勃的沃姆斯并没有将黑人的事业放在第一位，而是希望通过州议会实现自己的个人利益，许多议员也有同样的想法，因而导致腐败泛滥，引起党内人士不满。尽管在 1870 年的选举中，共和党再次获得胜利，增加了一名黑人众议员，但路州的党争却愈演愈烈，并在 1871 年形成对立的两派——以州长、州务卿为核心的保守派，以副州长、新奥尔良海关关长、州邮政总长为代表的激进反对派，两派各自召集本派人员集会。格兰特总统对其中一派的支持（新奥尔良海关关长是格兰特总统的姐夫）以及副州长的离奇死亡（11 月 22 日），更加剧了两派之间的对立。结果，1872 年的州议会完全分裂，一些议员甚至另立门户。①

　　1872 年适逢大选，两派在是否支持格兰特连任总统的问题上，再起冲突。沃姆斯反对，但新任副州长皮克雷·平奇巴克（Pickney Pinchback），一位混血、肤色较浅的黑人，支持格兰特连任，并认为沃姆斯过于专断、腐败。1872 年 11 月至 1873 年 1 月，沃姆斯被州议会弹劾罢免，平奇巴克代理州长一职，成为路州历史上、也是美国历史上第一位黑人州长。②

　　就在弹劾沃姆斯的同时，州的大选也在紧锣密鼓地进行着，激进派支持的凯洛格和保守派推出的约翰·麦克内里（John McEnery）都宣布自己赢得了州长选举，双方各据一处，举行就职典礼，并各自召开议会，形成一州两政府对立的局面。③

---

① Gillette, *Retreat from Reconstruction,* pp. 108–109; Charles Vincent, *Black Legislators in Louisiana During Reconstruction*, pp. 134–136.
② Charles Vincent, pp. 142–143.
③ William Gillette, pp. 110–111.

除了州府的争端外，各教区（选区）的冲突也十分严重。1873年4月13日，在格兰特教区（以格兰特总统的名字命名的一个黑人占多数的选区）的科尔法克斯县（以格兰特总统第一任上的副总统斯凯勒·科尔法克斯——Schuyler Colfax 的名字命名），白人炮轰黑人正在开会的法院大楼，导致71名黑人、2名白人死亡，史称"科尔法克斯大屠杀"。①

尽管麦克内里在路州的影响比凯洛格大得多，但在格兰特的支持下，凯洛格等北方来的"包袱客"依然可以在路州叱咤风云，他们的行为引起本地白人精英（主要是商人）的不满，多数本地白人希望恢复秩序，重建繁荣。在种族冲突一时难以缓解的局面下，"土客"矛盾开始浮出水面。一部分本地白人打算对本地黑人精英让步，在一定程度上实现种族缓和，以此换取本地黑人、白人精英的联合，驱逐北方来的政治投机分子——"包袱客"。为此，1873年他们发起了路州历史上著名的联合运动（Unification Movement），但这些热心的白人并没能赢得黑人的信任，当地黑人依然相信共和党的激进重建才是自己的得救之道；他们也没能说服充满种族偏见的白人种植园主，未能促使他们与获得自由的前奴隶合作，联合运动以失败告终。②

联合运动失败后，由白人至上主义者组成的"白人联盟"（White League）进一步壮大，他们更加大胆地妨碍、恐吓甚至暗杀凯洛格所任命的政府官员。1874年9月14—15日，为了防止凯洛格政府镇压"白人联盟"，麦克内里一派的军事力量（大约8 000人），占领了新奥尔良市政厅、法院、军火库和警察署，并切断其与外界的一切联系，凯洛格等人只能藏身于联邦政府设在新奥尔良的海关大楼。"白人联盟"在大街上设置路障，街垒战③在新奥尔良上演，三四十人在冲突中死亡，近百人

---

① William Gillette, p. 115. 高春常：《文化的断裂——美国黑人问题与南方重建》，北京：中国社会科学出版社，2000年，第291页。"科尔法克斯大屠杀"引发了著名的克鲁克香克案，此案的判决，对第十四条修正案和整个重建，影响深远。下文将有详论。

② T. Harry Williams, "The Louisiana Unification Movement of 1873," *The Journal of Southern History* Vol. 11, No. 3 (Aug., 1945), pp. 349–369.

③ 街垒战是指在城市街道或建筑物间的空地上用砖、石、土袋等材料构筑障碍物进行战斗。

受伤。①

尽管格兰特动用联邦军队很快平息了这次街垒战，并迫使反叛者离境，但路州的冲突并没能彻底解决。1874年的路州议会选举又一次出现计票争议，保守的白人第一次在众议院赢得多数。犹豫再三后，格兰特还是进行了干预，致使共和党胜出，民主党落败。然而，无论从全国形势，还是路州的具体情况来看，格兰特政府的频频干预并不明智。在这一年的国会选举中，共和党人自成立以来，第一次失去了在众议院的多数席位。而在路州，据国会后来的调查，1874年的议会选举是在相当自由、和平的环境下进行的，并没有受到任何威胁。② 联邦与州的选举都表明，民主党在全国的影响越来越大。

1876年的路州大选基本上是1872年大选的重演，凯洛格和前南方邦联将军弗朗西斯·尼科尔斯（Francis Nicholls）都宣布自己赢得了州长选举，然而此时时移世易，联邦的总统选举也陷入计票之争，共和党的联邦政府自身难保，更谈不上支持路州的同仁，在海斯—蒂尔顿协议之后，联邦军队于1877年4月撤出路州，当地的共和党政府迅速崩塌，尼科尔斯成为州长，直至一百年后，路州才出现另一个共和党州长。

正是在这样的重建背景下，路州议会通过了集中屠宰的1869年屠宰场法。

第二节　集中屠宰的动因

屠宰场法虽然是特殊时期的产物，却解决了新奥尔良等市的一大痼疾，也是当地民众长期要求的结果。集中屠宰，不但可以改善卫生条件，减少黄热病；而且可以提升屠宰能力，将屠宰业发展成当地的支柱产业，吸引得克萨斯这个"牧牛王国"的长角牛，使新奥尔良成为全国的肉产品加工中心。况且，集中屠宰在国内外均有先例可循。

---

① William Gillette, p. 118; Charles Vincent, pp. 184–185.
② Charles Vincent, pp. 187–188.

一、黄热病与屠宰业

黄热病也叫黑呕病，主要通过蚊子叮咬传播。开始时的症状是寒颤和发烧，浑身虚弱、背痛、头痛、四肢酸痛，随后症状逐渐加重，最严重时会发生呕吐。呕吐物因胃出血而发黑，两三天后，发烧、寒颤和疼痛逐渐消退。对于那些较为幸运的患者——大约是70%，疾病就此结束，并且从此终身免疫。但对于另外一部分人，在发烧和呕吐之后，鼻子和牙床开始渗血，肝功能随之出现问题，肤色会像得黄疸一样，精神失常，经常剧烈挣扎，极少数人会在这一阶段康复，大多数会陷入昏迷，直至死亡。①

如果说天花是白人屠杀美洲土著的"致命武器"，那么黄热病的发源地西非则是"白人的坟墓"。②虽然黄热病与鼠疫、霍乱并称人类历史上最危险的三种传染病，③鼠疫、霍乱的死亡率和实际影响都在黄热病之上，但黄热病对白人，尤其是当时的美国人极具攻击性和致命性。

1688年，长期集中在西印度群岛的黄热病蔓延到纽约，在城中肆虐了一整个夏天。1691年进入波士顿，两年后袭击费城。在18世纪，有35座美国城市遭受过黄热病的袭击。④1793年夏天，在当时美国的首都费城，黄热病至少夺走了1/10人口的生命。⑤拿破仑之所以将路易斯安那领地"贱卖"给美国人，一个重要原因也是黄热病，其进攻海地的远征军"由于黄热病流行损失了6/7的兵员"，元气受损。⑥

19世纪，黄热病在美国南部城市特别流行。内战前，黄热病15次袭击萨凡纳（Savannah），22次袭击查尔斯顿（Charleston），33次"光顾"

---

① 霍华德·马凯尔：《瘟疫的故事》，第86页；皮特·布鲁克史密斯：《未来的灾难——瘟疫复活与人类的生存之战》，第172页。
② 霍华德·马凯尔：《瘟疫的故事》，第86页；皮特·布鲁克史密斯：《未来的灾难——瘟疫复活与人类的生存之战》，第171页。当然，也有学者认为黄热病的起源并不确定，弗雷德里克·F·卡特赖特、迈克尔·比迪斯：《疾病改变历史》，第169—170页。
③ 皮特·布鲁克史密斯：《未来的灾难——瘟疫复活与人类的生存之战》，第171页。
④ 霍华德·马凯尔：《瘟疫的故事》，第87页；皮特·布鲁克史密斯：《未来的灾难——瘟疫复活与人类的生存之战》，第173页。
⑤ 弗雷德里克·F·卡特赖特、迈克尔·比迪斯：《疾病改变历史》，第170页。
⑥ 张友伦：《美国西进运动探要》，北京：人民出版社，2005年，第116页；霍华德·马凯尔，第88页；余凤高：《瘟疫的文化史》，北京：新星出版社，2005年，第184页。

新奥尔良。①1842年10月，新奥尔良市为了阻止城区病情蔓延，要求城中的大教堂（Catholic church）一律不得为因黄热病死去的人举行葬礼（人多，易传染），而改由小教堂（chapel）单独承担此任。②

新奥尔良市最严重的一次黄热病流行发生在1853年。此次病症相当恐怖，手足无措的市政府官员和媒体合谋，协力隐瞒瘟疫的真相，以致每天的死亡人数最多时达到200人，最后总共有29 020人染病，8 101人死亡。③

内战结束后，黄热病卷土重来，④并在1878年达到高潮。这次，病魔沿密西西比河一路北上，从新奥尔良一直到孟菲斯。仅在孟菲斯一地，就有17 600余人感染，5 150余人被夺去生命。⑤黄热病造成的人口损失甚至远远超过进口奴隶的数目。⑥

黄热病之所以如此"眷顾"新奥尔良，与新奥尔良的地理位置和气候密切相关。正如一个美国人所言，新奥尔良是"世界上最不可能建造城市的一个地方，它实实在在是坐落在沼泽里，大部分地方位于海平面以下"，⑦比美国的任何一个地方都要潮湿；加之，地处亚热带，夏季气候炎热、雨量丰沛，蚊虫、细菌极易繁殖。而且，内战前的新奥尔良的城市发展还处在自发状态，谈不上什么市政规划，根本没有有效的排涝和

---

① 罗伊·波特：《剑桥医学史》，张大庆、李志平、刘学礼等译，张大庆统校，长春：吉林人民出版社，2000年，第61页。

② 一位牧师由于违反此法，被罚50美元，他认为此法不符合宪法第一条修正案的宗教自由，将新奥尔良市一直告上联邦最高法院，但联邦最高法院认为自己缺乏管辖权，理由是宪法第一条修正案只约束联邦政府，不能限制州和地方政府。*Permoli v. New Orleans*, 44 U.S. 589 (1845). 来自 Lexis Nexis 数据库。

③ 霍华德·马凯尔：《瘟疫的故事》，第87页；皮特·布鲁克史密斯：《未来的灾难——瘟疫复活与人类的生存之战》，第173页。

④ 在屠宰场案中，为屠户们辩护的前大法官约翰·坎贝尔的女儿也死于黄热病。Robert Saunders, Jr., *John Archibald Campbell, Southern Moderate, 1811-1889* (Tuscaloosa: University of Alabama Press, 1997), p. 190.

⑤ Gerald M. Capers, Jr., "Yellow Fever in Memphis in the 1870's", *The Mississippi Valley Historical Review*, Vol. 24, No. 4 (Mar., 1938), p. 486.

⑥ 罗伊·波特：《剑桥医学史》，第61页。

⑦ 尼尔·R·彼尔斯、杰里·哈格斯特洛姆：《美国志——五十州现状》，中国社会科学院美国研究所编译室译，董乐山校，北京：中国社会科学出版社，1987年，第707页。

污水处理措施，居民习惯随手将垃圾倾倒至坑坑洼洼的大街上。

更为严重的是，内战后的新奥尔良，个体屠宰业迅猛发展，刚刚获得自由的黑人，凭着当奴隶时学会的杀牛宰羊本领，纷纷投身不需太多资本的屠宰业。一个十几万人口的城市竟然有不下 1 000 名屠夫。[1] 远道而来的牲口商驱赶着牛羊穿行在城市的大街小巷，留下一路的粪便，牲畜的腥臭味充斥着城市的每一个角落。由于屠宰需要大量的水清洗牲口的体腔，这些个体屠宰场便依河而建，顺势将宰杀剩下的、无法食用的内脏抛入河中，致使新奥尔良附近的河面上，残骸密布，臭气熏天。而当地很多居民的生活用水也来自同一条河，当时没有任何处理措施。内战前虽也有规范屠宰的要求，但市政府认为这不是自己的责任，并不热心；当时的屠户中有产者不少，在市议会有利益代表，不可能往自己身上套枷锁；一般人也没有意识到屠宰场与黄热病有直接联系；报纸对黄热病更是讳莫如深，拼命捂着遮着，生怕外地人知道了，不跟新奥尔良商人做生意。[2] 况且，即便屠宰场真与黄热病有关联，黄热病也是个"欺生"的病，本地人得过一次，也就免疫了（有钱人还可以年年夏天到外地避暑，躲过瘟疫），只有那些外地人和本地的下层人才是最大的受害者。[3]

1862 年 4、5 月间，当联邦军队占领新奥尔良时，拥护南方政府的当地居民还幻想，既然南方不能靠军队打败对手，就让黄热病送这些讨厌的北佬"上西天"吧！但是，巴特勒将军在颁布严厉的军管法同时，已经开始着手改善新奥尔良的卫生状况。他一方面招募无业人员清理街道（为他们提供工作），在城外建立检疫站，检查任何进城车辆、船只，隔离外来病源；一方面关闭了城北（河上游）的屠宰场。[4] 巴特勒调离后，继任的班克斯将军延续其政策。事实证明，这些举措甚是有效。在联邦军队占领的 1862—1866 年，新奥尔良每年只有一两起黄热病死亡报告。

---

[1] Herbert Hovenkamp, p. 118.

[2] Jo Ann Carrigan, "Yellow Fever in New Orleans, 1853: Abstractions and Realities", *The Journal of Southern History*, Vol. 25, No. 3 (Aug., 1959), p. 343.

[3] Jo Ann Carrigan, "Privilege, Prejudice, and the Strangers' Disease in Nineteenth-Century New Orleans", *The Journal of Southern History*, Vol. 36, No. 4 (Nov., 1970), p. 572.

[4] Herbert Hovenkamp, pp. 119–120.

由于新奥尔良居民打心底里讨厌联邦占领军，也不信其言行，他们并不认为屠宰场和黄热病之间有必然联系，况且，屠宰业还是战后他们赖以复兴经济的"支柱产业"。联邦军队撤出后，黄热病等流行性疾病很快卷土重来。1866 年 5 月 19 日，500 名居民向新奥尔良市议会签名请愿，要求采取措施，控制疾病蔓延。① 市政府不得不召集一个大陪审团（grand jury）调查瘟疫与屠宰业之间的关系。8 月 21 日，大陪审团发表特别报告，认为水源附近的屠宰场已经成为公害，因为水厂附近的进水管常常被屠宰后的猪、牛、羊的头、尾、下水所堵塞；虽然不知道水厂上游到底有多少家屠宰场，但是若将这些屠宰场移至下游，对当地的居民肯定是有好处的，因为水厂的水直通城里的消防栓，很多下层老百姓以此作生活用水。特别报告还建议，市政府必须即刻着手考虑此事，除采取必要立法外，还应提请路州议会通过相关法律，不在新奥尔良市以北（密西西比河上游）建立屠宰场。"我们认为州议会的行动十分必要，如果仅有新奥尔良市的立法，只会逼着屠宰场沿河往上转移（超出市政管辖范围），那样的话，将带来更大的问题。"②

与此同时，新奥尔良市议会通过立法，禁止水厂上游的屠宰场将牲口的头、尾、下水扔进河中，违者处以 50—100 美元的罚款，并委任具有医学、物理知识的人为巡视员，督促执行。这种以罚代管的做法自然收效不大，但却足以引起社会各界的关注。巡视员的观察也表明，要根本改善新奥尔良市的卫生状况，必须将新奥尔良市与附近地区，尤其是城北的杰斐逊市统筹兼顾，路州议会应该承担起这个责任。③

除了卫生方面的考虑外，重建时期"包袱客"们领导下的路州政府，也希望通过集中屠宰，运用新的屠宰方法，提升屠宰能力，吸引邻州得克萨斯产的长角牛，使新奥尔良成为全国肉产品加工中心，实现他们的南下发财梦。

---

① Ronald M. Labbe & Jonathan Lurie, *The Slaughterhouse Cases: Regulation, Reconstruction, and the Fourteenth Amendment* (Lawrence: University Press of Kansas, 2003), p. 56.
② *State ex rel. Belden v. Fagan*, 22 La. Ann. 545, 552–553 (1870). 来自 Lexis Nexis 数据库。
③ Ronald M. Labbe & Jonathan Lurie, pp. 57–58.

二、迎接"牧牛王国"的长角牛

内战前后,新奥尔良屠宰场屠宰的牲口大部分是牛,这些牛绝大部分又来自邻近的得克萨斯。得克萨斯原来是墨西哥的一部分,在1821年墨西哥独立之前,一直处于西班牙的殖民统治之下。西班牙人将养牛业带到了这里,后来,得克萨斯成为美国西部"牧牛王国"的发源地和牧牛业的大本营。

根据周钢教授的研究,美国西部"牧牛王国"的形成,共经过了五个步骤:殖民地时期的西班牙人和墨西哥人为得克萨斯"牧牛王国"的形成迈出了第一步。西班牙人为这一地区带来了纯种的西班牙牛(也有人称之为墨西哥牛),1840年代,西班牙牛与美国牛杂交,产生了一种更为优良的混血牛——得克萨斯牛。美国内战时期,这种牛以其长角而声名远播,人称"得克萨斯长角牛"(Texas Longhorns)。墨西哥牧民还教会了从1820年代开始移居得克萨斯的美国人骑马管理牛群的方法。得克萨斯从墨西哥分离出来(1836年)到正式并入美国领土(1845年)这段时期,是"牧牛王国"形成的第二步。[①]此间,一些得克萨斯人已经仿照墨西哥人的牧场经营模式开始了自己的放牧生活。"牧牛王国"形成的第三步是在内战前后为得克萨斯的长角牛找到销售市场。1870年前后,牛镇的兴起为"牧牛王国"的形成迈出了关键的第四步。此后,从得克萨斯拓展,布满整个大平原[②]牧草充足的地区,是"牧牛王国"形成的第五步。[③]

这是就19世纪60—80年代整个西部的"牧牛王国"而言,对于得克萨斯来说,内战前后,为长角牛找到广阔市场,是其发展的关键。临近的新奥尔良,作为南部第一都市正是他们理想中的市场。美国内战前,不时有人尝试着把长角牛在新奥尔良卖掉。在得克萨斯南部牧区,一头牛犊值5美元,而在新奥尔良一头5岁口的牛则可以带来35美元的

---

① 周钢:《牧畜王国的兴衰——美国西部开放牧区发展研究》,第6—10页。
② 大平原在美国境内的范围,南起美墨边界的格兰德河,北及美加边境,东为美国中央低地,西达落基山脉,占现今美国的得克萨斯、堪萨斯、内布拉斯加、科罗拉多、南达科他、北达科他、怀俄明、蒙大拿、俄克拉何马、新墨西哥等10个州的一部分。
③ 周钢:《牧畜王国的兴衰——美国西部开放牧区发展研究》,第47—49页。

收益。如果一个人赶着 60 头牛组成的牛群到新奥尔良，需要 21 天。包括人与马所有开销计算在内，平均每头牛要花 4.125 美元。牛的头数越多，相关耗费分摊下来就会越少。泰勒·怀特（Taylor White）被认为是第一个从得克萨斯赶牛到新奥尔良出售的白人。从 1820 年代到 1850 年代，他时常赶着牛到新奥尔良出售，并把卖牛的钱存入银行。怀特是一个既不会读又不会写的文盲，他靠着养牛起家，成了牧场主。到 1842 年，怀特已拥有占地约 4 万英亩（约合 160 平方公里）的牧场、90 多个黑人奴隶和 3 万头牛。他在新奥尔良还有 6 万美元的存款。①

得克萨斯早期的牛贸易，除陆路驱赶外，还经水路将牛外运。早在 1839 年，就有一些得克萨斯人赶着小股牛群到什里夫波特（Shreveport）或是路易斯安那的其他几个小河镇上去，牛在那里被装上浅底船，顺雷德河（Red）而下，再转入密西西比河，直到新奥尔良市场。

1836 年，刚刚发明不久的汽船开始用于得克萨斯与新奥尔良之间的货运。到 1845 年，往返于两地之间的汽船已达 52 艘。1830 年代末和 1840 年代初，从事贸易运输的船已适于装载各种货物。因此，完全有可能早在 1848 年之前，甚至还要早于 1839 年时，有一部分牛是从得克萨斯装船横越墨西哥湾远售到了新奥尔良。②

虽然通过汽船运往新奥尔良的牛只占得克萨斯产牛总量很小的一部分，但内战前，新奥尔良的确是得克萨斯牛的主要销售市场。③ 尽管内战没有给得克萨斯本土带来太大影响，却几乎切断了得州长角牛的所有外销市场。在战争的几年内，虽然偶有自然灾害，④ 但长角牛的数量还是以每年 25% 的速度递增，到 1865 年，数目已经非常庞大，在 600 万到 800 万头之间（此时的得州人口只有 50 万），几乎是战前的 1 倍。

如何为如此众多的长角牛找到市场，成为内战后得克萨斯人的当务

---

① David Dary, *Cowboy Culture: a Saga of Five Centuries* (Lawrence: University Press of Kansas, 1989), p. 73. 怀特的全称为詹姆斯·泰勒·怀特（James Taylor White），人称泰勒·怀特。
② 周钢：《牧畜王国的兴衰——美国西部开放牧区发展研究》，第 11—12 页。
③ Ronald M. Labbe & Jonathan Lurie, *The Slaughterhouse Cases: Regulation, Reconstruction, and the Fourteenth Amendment* (Lawrence: University Press of Kansas, 2003), p. 77.
④ 周钢：《牧畜王国的兴衰——美国西部开放牧区发展研究》，第 30 页。

之急。他们首先想到的仍是新奥尔良，但战前通往新奥尔良的路线，无论是陆路还是水路，都不理想。新奥尔良地处密西西比河入海口，城市周边水系纵横，在雨水多的季节，牛群根本无法穿越；而通过什里夫波特经雷德河的线路，每年又有几个月因水枯无法行船；利用墨西哥湾的海运运输量虽大，也最为便利，但却被查尔斯·摩根（Charles Morgan）的汽船公司垄断，要价奇高，而且海上的颠簸也会让野性十足的得克萨斯长角牛相互挤踏，导致伤病。

就在这个时候，铁路开始快速西延，得克萨斯和新奥尔良都热望一条连接两地的铁路。尤其是新奥尔良，极希望抓住战后的有利时机，利用地理优势，通过屠宰、加工西部邻州的长角牛，使自己成为全国的牛肉供应中心。正如新奥尔良的一家报纸所言：得克萨斯可以没有通往新奥尔良的铁路，但新奥尔良绝对不能没有通往得克萨斯的铁路。①

然而，从新奥尔良通往得克萨斯的铁路直到1880年才最终建成。而在此之前，北方的铁路已经延伸到密苏里、堪萨斯等地，得克萨斯人也为自己的牛找到了新的出路——北上堪萨斯。在经过1866年的失败后，1867年，得克萨斯的赶牛人与联合太平洋铁路公司达成协议，在铁路沿线建立长角牛集散中心（即所谓的"牛镇"），通过铁路将牛运往东北部的芝加哥等地。1878、1879两年，通过这种途径运出的得克萨斯牛就达50余万头。②

尽管到1880年代时，芝加哥已经成为美国的牲口屠宰中心，但在1860年代，新奥尔良仍然是美国的"牛肉之都"。③新奥尔良建造大规模的屠宰场，固然是为了保护大众健康，更深层的原因却在于以此促进当地肉产品加工产业的现代化，使新奥尔良能够继续吸引得州的长角牛。④

三、集中屠宰的先例

19世纪中期，随着城市面积的扩大，原来处于市区边缘的屠宰场逐

---

① Ronald M. Labbe & Jonathan Lurie, pp. 76–77.
② 周钢：《牧畜王国的兴衰——美国西部开放牧区发展研究》，第48页。
③ Herbert Hovenkamp, *Enterprise and American Law, 1836-1937* (Cambridge: Harvard University Press, 1991), p. 117.
④ Eric Foner, *Reconstruction: America's Unfinished Revolution, 1863-1877*, p. 529.

渐被蔓延的市政建筑所吞没，不可避免地妨害到城市居民的生活，如何将这些地处城中的屠宰场集中到郊外，成为欧美各大城市面临的共同问题。在这方面，巴黎走在了前列。巴黎是欧洲最早建立现代化屠宰场的城市（1818 年）；到了 1850 年代，巴黎的屠宰场改革已经不仅仅是重新安置屠宰场的问题，而是创建更有效的肉产品加工设施，将农村的农场与巴黎的餐桌连接起来。①

美国各大城市紧随其后，1865 年 12 月 18 日，根据 1863 年市政章程赋予的监管城中及周边地区的酿酒、制革、屠宰工业的权力，芝加哥市议会授予当地一家公司，自 1866 年 4 月 1 日起，在一定区域内，享有独家屠宰权（第一条），但是，在此之前，该公司必须建立起足够其他屠户使用的、设施完备的屠宰场和牲口栏圈（第二条），对在此屠宰的个体屠户，该公司可以收取一定费用（第五条）；此后，任何屠户若违反此款，将被处以 25—100 美元的罚款（第四条）；该公司应随时接受市卫生官员的检查（第六条）；如果该公司妨害了公众利益，市议会有权取消其特权（第九条）。②

1866 年，根据加利福尼亚州议会授权，旧金山地区市政局（Board of Supervisors）宣布，自当年 8 月 1 日起，在该市一定区域内，不得从事屠宰、制皮，或其他有损公共健康的活动，违者将处以罚款或监禁。③

1867 年 8 月纽约市的大都会健康局（Metropolitan Board of Health）下令，为了公众健康，从 8 月 28 日起，第四十街以下，禁止屠宰任何牲口；④引发诉讼后，得到纽约州上诉法院（州最高法院）的支持。当时主持纽约州上诉法院的首席法官沃德·亨特（Ward Hunt），后来成为联邦最高法院大法官，在屠宰场案中投下了关键的一票。

---

① Dorothee Brantz, "Slaughter in the City: The Establishment of Public Abattoirs in Paris and Berlin, 1780–1914" (Ph.D. dissertation, University of Chicago, 2003), p. 7, p. 150.
② *Chicago v. Rumpff*, 45 Ill. 90, 93–94 (1867). 伊州最高法院推翻了芝加哥市的相关法令。
③ *Ex parte Shrader*, 33 Cal. 279, 280 (1867). 加州联邦最高法院支持了地区管委会的命令。
④ *Metropolitan Board of Health v. Heister*, 37 N.Y. 661, 663 (1868). 纽约州上诉法院也支持了该法令。

1868年3月，紧邻新奥尔良市的杰斐逊市也通过集中屠宰立法，授予一家公司专营本市的屠宰业。集中屠宰能降低一半的生产成本。① 此时，路易斯安那州政府也打算顺应潮流，将屠宰场集中起来。

第三节 州议会的立法与争议

由于目的明确，立法过程中并没有遇到太大的阻力，最大的争议在于，州议会是否有权授予一家新成立的公司排他性特权，与这种特权相连的还有行贿、受贿的腐败传闻。腐败一直是美国南部重建过程中挥之不去的阴影。

一、州议会立法

1867年3月，路州议会通过禁止在新奥尔良、杰斐逊市内向密西比河投掷动物内脏与其他污染物的立法，由州长签署生效。但该法治标不治本，只禁止将动物内脏投入河中，并不禁止在河上游建屠宰场，收效甚微。次年，州议会也曾希望继续立法保护居民健康，但没能成文。②

1868年4月，按照1868年新宪法进行的路州州长和州议会选举，不但在路州历史上第一次将大量的黑人和北方来的"包袱客"选进议会，而且也带来北方满怀信心的"包袱客"的"繁荣福音"（gospel of prosperity），希望让新奥尔良这颗南方明珠重放异彩，在复兴、繁荣路州经济的同时，实现自己的财富梦想。他们给百废待兴的南方带来了紧缺的资本，当然还有资本与生俱来的贪婪。③1869年1月，在给州议会的咨文中，沃姆斯豪情万丈："让我们忘掉过去八年的不愉快"，"让从前的主人和奴隶、白人与黑人，平等地享有不受限制的梦想和希望"；稳定的联

---

① Ronald M. Labbe & Jonathan Lurie, pp. 63–64.

② Ronald M. Labbe & Jonathan Lurie, p. 63; *State ex rel. Belden v. Fagan*, 22 La. Ann. 545, 553 (1870).

③ Joe Gray Taylor, *Louisiana Reconstructed, 1863-1877*, pp. 68–69.

邦与州政府将制订明智的经济计划,"消除一切仇恨,为民众带来繁荣"。①

的确,现在权力和机遇都掌握在自己手中,为什么不大干一场呢?既然屠宰场污染河水的问题屡禁不止,为什么不整体搬迁、另起炉灶呢?邻州得克萨斯的长角牛正等着往这儿运呢!最好能乘机改造,盖间大的、流水作业的屠宰场。由于有外州甚至外国先例在前,又有本州先前的努力做铺垫,当州众议院提出要将屠宰场迁至下游、集中屠宰时,几乎没有任何反对意见。但是,当立法草案决定成立一家新公司,强制个体屠户加入时,阻力随之而来。正如一个来自新奥尔良的议员所言,"我到这儿已经25年了,迁移屠宰场是我们的心愿",但这样的做法无异于垄断,"没人反对将屠宰场迁至河下游,但不等于一定要垄断经营啊!"②而且,公司的十几位出资人,大多不是屠户。在个体屠户看来,这些人明摆着就是投机!集中经营就是要砸他们的饭碗,跟赤裸裸地抢夺私人财产又有何分别?

但是,个体屠户在州议会并没有多少代表,以垄断的形式授予一家公司排他性经营权,在当时很普遍,在路州也有先例可循。几年前,议会曾立法组建路州彩票公司,州政府每年坐享4万美元税收。如果新的屠宰公司成立,利润也许没有彩票公司那么大,但对于重建时期财政匮乏的州政府而言,也将是一笔不小的收益。尽管公司的出资人会大发横财,但能够双赢,何乐而不为呢?③"北佬"们如果赚不到钱,又有谁愿意来投资呢?

1869年2月6日,州众议院以51∶18通过屠宰场法,有大约三分之一的议员缺席或拒绝投票,其中多是保守分子;2月18日,参议院以21∶5三读通过。3月8日,经沃姆斯签署,正式成为法律。其全文如下:

屠宰场法(*The Slaughterhouse Act*)

关于保护新奥尔良市健康,集中牲口栏圈、屠宰场,建立新月

---

① Eva Doris Adams, "The Slaughterhouse Cases: the First Interpretation of the Fourteenth Amendment" (Ph.D. dissertation, Miami University, 1992), p. 9.
② Ronald M. Labbe & Jonathan Lurie, p. 91.
③ Eva Doris Adams, pp. 12–13.

市牲口围栏与屠宰公司[①]的法律。(*An Act to Protect the Health of the City of New Orleans, to Locate the Stock Landings and Slaughter Houses, and to Incorporate "The Crescent City Live Stock Landing and Slaughter House Company".*)

第一条 此法由路易斯安那州议会参、众两院通过,自1869年6月1日起,在新奥尔良市区、奥尔良(Orleans)教区、杰斐逊(Jefferson)教区、圣·伯纳德(St. Bernard)教区,在密西西比河东岸已被新奥尔良市政所限定的任何地域,或在密西西比河西岸新奥尔良—奥珀卢瑟斯—大西部铁路公司(New Orleans, Opelousas and Great Western Railroad Company)火车站上游的任何地域,均不得卸载、栏圈或屠宰牛、羊、猪或任何其他牲畜,也不得建立,或保有任何牲口栏圈、屠宰场;但新月市牲口围栏与屠宰公司不在此列,该公司可在下文提及的地域建立牲口栏圈、屠宰场。任何违反此法栏圈、屠宰牲口的个人或公司,将被处以250美元/次的罚款,并需偿付法庭的审判相关费用。

第二条 由威廉·桑格(William Sanger)、约瑟夫·皮尔逊(Joseph Pearson)等17人及其继承人组成新月市牲口围栏与屠宰公司,该公司拥有起诉与被诉、购买与出售、订约与转让,以及源于下文提及之目的进行必要活动之一切权力与特权;公司采取和使用统一印信,并可根据业务发展和公司管理需要,依法自主制定、更改、印刷公司规章;公司应任命管理人员,确定其报酬、任期,并规定股本总数以及相应的股份数目。

公司驻地必须在新奥尔良市,其负责人应是能处理一切与公司相关法律事务的合适人选。

第三条 在密西西比河东岸圣·伯纳德教区内、在合众国兵营驻地往下新奥尔良市政所限定的任何地域或在密西西比河西岸新奥尔良—奥珀卢瑟斯—大西部铁路公司火车站以南的任何地域,新月市

[①] 简称新月公司。由于新奥尔良地处密西西比河河湾处,形似新月,故又名新月市。

牲口围栏与屠宰公司都可自费建立码头、马厩、货棚、院子，以及其他一切用来栏圈、保护、集合马、骡、牛等动物的建筑，唯此类建筑落成、投入使用之日，需在州公报上告示天下。在此法条款所给予的限制与特权之下，新月市牲口围栏与屠宰公司享有从事栏圈、屠宰活动的唯一和排他性（sole and exclusive）权利，任何在新奥尔良市出售、屠宰的牲口，均需经过该公司之手。新月市牲口围栏与屠宰公司有权按下列标准对运达其码头的牲口运输工具收费：汽船，10美元；其他水上运输工具，5美元。马、骡、牛的栏圈费10美分/天，猪、小牛、羊的栏圈费5美分/天，均不包括草料费。该公司有权滞留这些牲口，直至其主人付清上述费用，若15天内，其主人不能付完该费，出于弥补损失之需要，公司可诉诸司法程序，在当地任何两家报纸上连续5天刊登拍卖此牲口之广告，5天期满后，公司可径直依广告之约拍卖牲口，偿付公司一切相关费用，若有剩余，应归牲口主人。任何个人或公司，若是违反此法中的相关条款，干涉公司的上述特权，违法栏圈牲口，对公司造成伤害，将被处以250美元的罚款，并需偿付相关法庭的审判费用。

新月市牲口围栏与屠宰公司应在1869年6月1日之前建成一个足够全市所有屠户使用、日屠宰量达到500头的大屠宰场；并建造与之相适应的牲口棚、马厩，以满足本法第一条要求转移其他栏圈的需要。

第四条 新月市牲口围栏与屠宰公司可依据本法，在上述诸区域，自费建立一个或多个牲口卸载、栏圈场，并于1869年6月1日之后，独享在奥尔良教区、杰斐逊教区的码头、栏圈场卸载牲口的特权；该公司也可依据本法，在上述诸区域，自费建立一个或多个屠宰场，并于1869年6月1日之后，独享屠宰一切牲口，以供奥尔良教区、杰斐逊教区肉类之需的特权。

第五条 新月市牲口围栏与屠宰公司一经建成，应立即在州公报上公告30天，其屠宰场与相关设施应对公众开放。自1869年6月1日起，30天内，奥尔良教区、杰斐逊教区、圣·伯纳德教区内所有其他的牲口栏圈、屠宰场，一律关闭，不得继续屠宰牛、猪、羊，也不得在此出售相关肉类，违反者，将被处以 100 美元 / 次的罚款，并需偿付相关法庭的审判费用。凡售往奥尔良教区、杰斐逊教区两地的肉类，必须来自新月市牲口围栏与屠宰公司，若该公司拒绝屠宰检疫官（inspector）认为合格的牲口，将被处以 250 美元 / 次的罚款，并需偿付相关法庭审判费用。罚款所得将存于公开账户，充当教育基金。

第六条 路易斯安那州州长应委派一得力人选，身着制服，充当检疫官，仔细检查行将屠宰之牲口，以确信被检牲口是否适合人类食用，若能，则给牲口主人开具证明，倘无此证明，任何人的牲口不得在新月市牲口围栏与屠宰公司屠宰。每检疫一头牲口，牲口主人应付给检疫官 10 美分，其中一半作为检疫官的报酬，另一半存入公开账户。检疫官以 5000 美元作担保，保证忠于职守，其保证书需经路易斯安那州州长同意。若该检疫官玩忽职守，应处以 50 美元 / 次的罚款。上述所收费用应存于公开账户，充当教育基金。

第七条 任何人如若在新月市牲口围栏与屠宰公司屠宰牲口，需按以下要求向该公司缴费：牛，1 美元 / 头；猪、小牛，50 美分 / 头；羊，30 美分 / 头。该公司还拥有所有被屠宰牲口（猪除外）的头、脚、血以及内脏，但心、肝不在此列，心、肝由牲口主人所有。

第八条 所有因损害新月市牲口围栏与屠宰公司特权而起的诉讼，所得罚款一半归该公司，一半存于公开账户，充当教育基金。

第九条 新月市牲口围栏与屠宰公司有权在新奥尔良市内建造使用马拉或机车牵引车厢的铁路，该铁路可建于密西西比河防洪大堤两岸的任何一边。该公司也可在河两岸任何地方建造汽船渡口。

第十条 本法有效期为 25 年。25 年后，新月市牲口围栏与屠宰公司将不再享有上述特权。

第十一条 所有与本法相违背的法律、法规将一律取消。

第十二条 本法自 1869 年 6 月 1 日起生效。

路易斯安那州众议院议长查尔斯·洛厄尔（Charles Lowell）
副州长兼参议院议长奥斯卡·邓恩

路易斯安那州州长亨利·沃姆斯
1869年3月8日签署

二、立法中的腐败问题

尽管公司建立于激进共和党控制州议会的特殊时期，资本也主要来自南下的"北佬"，但新月公司的大股东并不都是"包袱客"。在最初的组织者中就不乏从南方邦联军队中退役的本地军人，他们也希望分享"北佬"们所鼓吹的"繁荣福音"。早在内战开始之前，许多"北佬"就看好新奥尔良这座南方的商业之都，来到此地经商、定居。他们急切地希望尽早结束战争、恢复和平，继续生意，新月公司为他们提供了这样的机会。因此，这些人虽是"北佬"，却也可以算半个新奥尔良人，不同于内战结束后才来到南方、急急于仕途、财富的"包袱客"。

老百姓不可能"食无肉"。因此，在商人眼中，新月公司拥有排他性经营权，盈利前景无限，为了能让州议会通过此法，他们使出了浑身解数。

尚在州议会刚刚通过屠宰场法、沃姆斯州长还未批准时，新奥尔良当地一家很有影响的报纸就认为，为了养肥一批人，通过如此垄断的立法，其中肯定有猫腻，议员们毫无疑问收受了公司的贿赂。该报纸还言之凿凿，公司方面为促使议会通过此法，花费了100万美元，其中10万元是现金，其余是股票。他们还怀疑沃姆斯也涉嫌其中。半个多月后，沃姆斯州长未能按照反对者希望的那样，否决此立法，将其发回议会修改、重新讨论。这就更加深了时人的怀疑，他们认为州长肯定持有大量的公司股票。[①]

为了辟谣，沃姆斯甚至要求新月公司的主席、秘书出具书面证明，证明他从来没有、将来也不会，直接或间接地、公开或隐蔽地获取该公司股票，或是与其有利益上的瓜葛。[②] 但对于怀疑其诚信的本地居民来说，

---

① Ronald M. Labbe & Jonathan Lurie, pp. 96–97.
② Ibid., pp. 115–116.

沃姆斯的证明无异于"此地无银三百两"。在整个重建时期的南方，腐败问题都是公共生活中挥之不去的阴影，不独是新奥尔良一地如此。新掌权的自由黑人和满怀雄心的"包袱客"发现，手中的权力竟然有如此大的魔力，不但让昔日的种植园主毕恭毕敬，张口必称先生、阁下，还能为自己带来难以拒绝的物质利益。他们在州议会中为自由黑人争取权利的同时，在战后重建的社会、经济立法中顺便谋点私利，也很正常。

沃姆斯是当时美国最年轻的州长，作为南下的"北佬"，他有抱负，也有私心。半个多世纪后，他回忆说，1860年代的新奥尔良是个肮脏、腐败、无药可救的城市。① "我不想假装正直，我只想显得与政治圈内的人一样正直"，"每个人都在堕落，腐败很流行"。② 沃姆斯的话道出了当时的普遍现象。就在新月公司成立不久，因股权分配纠纷，公司的一名大股东、也是主要发起人，将公司董事会主席告上法庭。据这名股东所言，有价值60万美元的公司股票没有分配，致使他分得的股份比应得的股份少很多；他怀疑公司用这部分股票贿赂立法者。③

后来，这个案子因法院管辖权问题不了了之，贿赂之说似乎也成了无头公案。但大多数历史学家都倾向于相信，当时的立法者收受了贿赂。④ 正如毕生研究路易斯安那历史的泰勒所言，"路州政府，在沃姆斯之前就已腐败，在沃姆斯之后还是腐败；共和党掌权时腐败，民主党人在位时同样腐败"。⑤

---

① Henry Clay Warmoth, *War, Politics and Recontruction: Stormy Days in Louisiana* (New York: Macmillan Publishing Co., 1930), pp. 79–80. in Ronald M. Labbe & Jonathan Lurie, p. 71, Eva Doris Adams, "The Slaughterhouse Cases: the First Interpretation of the Fourteenth Amendment" (Ph.D. Dissertation, Miami University, 1992), p. 10.

② Ted Tunnel, *Crucible of Reconstruction: War, Radicalism and Race in Louisiana* (Baton Rouge: Louisiana State University Press, 1984), p. 175.

③ *State, ex rel. William Durbridge, v. F. J. Pratt, President, et al.*, 23 La. Ann. 730 (1871).

④ Ella Lonn, *Reconstruction in Louisiana* (New York: G. P. Putnam's Sons, 1918), p. 43; Joe Gray Taylor, *Louisiana Reconstruction, 1863-1877*, pp. 250–251. 也有学者认为，屠宰场法立法过程中所谓的腐败，只不过是以三明治、威士忌、白兰地为公关手段进行的纯熟游说（skillful lobbying）。见 Herbert Hovenkamp, *Enterprise and American Law, 1836-1937* (Cambridge: Harvard University Press, 1991), p. 124.

⑤ Joe Gray Taylor, *Louisiana Reconstructed, 1863-1877*, p. 251, pp. 81–82.

第二章

诉讼与妥协

屠宰场法虽然涉嫌腐败，问题多多，但依然是民选议会通过的法律，有州长、副州长签字画押，时间（1869年6月1日）一到，就得照章执行。个体屠户与牲口商自然不甘就此认输，他们提请法院禁止执行甚至推翻屠宰场法，希望"失之东隅，收之桑榆"，通过司法途径挽回在立法中失去的权益。几个回合下来，联邦法院除了答应接手此案外，并不同意他们的禁令请求。无奈之下，个体屠户和牲口商只好重回议会，游说"系铃人"修改已经生效的法律，但同样功败垂成。

第一节　禁令与纠错令

在屠宰场法生效之前，个体屠户、个体屠宰公司和他们的律师就开始奔波于路州的基层法院，寻求禁令（injunction）[①]，希望法院下令停止执行此法。新月公司也不敢大意，其律师针锋相对，要求法院禁止个体屠户私自屠宰。一时间，各区法院禁令满天飞。一番禁令大战下来，双方

---

① 法院禁止当事人作特定行为或要求当事人作出特定行为的一项令状或命令。法院禁令允许法院把对一个人或一些人的损害减少到最低程度，直到纠纷完全得到解决。不遵守法院禁令便构成藐视法庭。参见彼得·G·伦斯特洛姆编：《美国法律辞典》，贺卫方、樊翠花、刘茂林等译，北京：中国政法大学出版社，1998年，第250页。伦斯特洛姆在定义后的解释中继续写道："法院禁令是法院行使其与法定管辖权相区别的衡平法管辖权的一例，法院禁令的产生主要在阻止尚未发生之损害。它不是救济已发生损害的一种手段。一项法院禁令可以是临时的，也可以是永久性的。临时性的禁令，如判决前禁令或临时限制令，被用作保持某种状态，直到该问题通过正常的诉讼程序解决为止。永久性禁令可以是在所有法定程序完成时作出。"

打了个平手。个体屠户只好上诉路州最高法院，州最高法院决定维护立法权威，下令执行对个体屠户不利的禁令。就在新月公司额手相庆之时，联邦的巡回法院发出纠错令（writ of error）[①]，并称联邦最高法院将在日后重审此案。但此令并未停止州法院业已生效的司法程序。个体屠户的律师们多方奔走，希望暂停州最高法院和区法院的命令，最终无功而返。一场有关纠错令法律效力的司法拉锯战告一段落。

一、主角

为了准备这场攸关"饭碗"的司法大战，个体屠户、牲口商一方延请了联邦最高法院前大法官坎贝尔领衔的超强律师队伍。

坎贝尔1811年出生于南方佐治亚，家境富裕，天资聪颖，素负盛名，有神童之谓；11岁入富兰克林学院（佐治亚大学的前身），三年后（1825年）以优异成绩毕业，随即进入西点军校（1826年），后因父丧（1828年）家道中落，被迫退学。为养家糊口，坎贝尔开始学习法律，并于1829年（18岁）加入佛罗里达律师协会；[②] 同年回到佐治亚。1830年代，坎贝尔到亚拉巴马州开业，在当地娶妻生子，两次进入州议会；[③] 后自愿退出，专心从事律师工作，十多次出席联邦最高法院庭辩。其间，声名鹊起，财富与日俱增。1853年，经皮尔斯总统提名，坎贝尔成为联

[①] 也称复审令，是一种由具有上诉管辖权的法院签发给存卷法院（court of record）的法官，命令其将被指控有误的、包含有判决结果的案卷提交给上诉法院进行审查或命令其自行审查的令状。审查的结果可能是撤销原判、改判或维持原判。但是，审查只限于案卷中明显的错误。根据这种令状提起的诉讼是一个新的开始，而不是原诉的继续。当事人不能同时寻求上诉救济和纠错令救济，至少直至其上诉请求被驳回后，才能获得纠错令救济。并且，纠错令在原判决被撤销前，不能阻止判决的执行。1852年纠错令在英格兰被废止，审查错误的程序变成了诉讼中的一个步骤，而不再是一个单独的诉讼。1875年，审查错误程序本身也因上诉制度的采用而被废止。在美国，若纠错令没有被州的成文法废止，则其作为一种权利令状，根据普通法的程序，可以适用于所有案件，但不适用与普通法不一致的案件，除非成文法另有规定。参见薛波主编、潘汉典总审订：《元照英美法词典》，北京：法律出版社，2003年，第1426—1427页。

[②] Robert Saunders, Jr, *John Archibald Campbell, Southern Moderate, 1811-1889* (Tuscaloosa: University of Alabama Press, 1997), pp. 8–14.

[③] Henry G. Connor, *John Archibald Campbell, Associate Justice of the United States Supreme Court, 1853-1861* (Boston: Houghton Mifflin, 1920), pp. 8–9; Robert Saunders, Jr, p. 33.

邦最高法院大法官。①坎贝尔不赞成奴隶制，也反对分裂国家，②但他更忠于家乡。为了"保家卫州"，抗击北方的"侵略"，他于1861年挂冠，郁郁地离开华盛顿，但亚拉巴马的大门却不再向他开放（嫌他立场不够坚定）。无奈之下，坎贝尔只好来到较为宽松的新奥尔良，但新奥尔良正处于联邦军队的威胁之下，情况也很糟糕。一年后，他应邀赴南方邦联"首都"里士满，担任"陆军部"助理部长；③战争后期，曾作为南方代表，赴北方议和。内战结束后，他不但失去了所有的财产，还被怀疑参与刺杀林肯的阴谋，无端地蹲了五个月大牢。④

出狱之后，坎贝尔回到新奥尔良，重操旧业，声誉日隆，被誉为当时美国最成功的律师。那时有个说法："如果遇到棘手的事，就把它交给上帝与坎贝尔先生吧。"⑤其受信任程度可见一斑。后来撰写屠宰场案多数意见的塞缪尔·米勒（Samuel Miller）大法官，尽管不同意坎贝尔的诉讼理由，但对他个人的评价仍很高："在坎贝尔辞职时，他是联邦最高法院里最有效率、最能干的大法官……，我对他满怀敬意与同情。"⑥另一位共和党大法官约瑟夫·布拉德利（Joseph Bradley）对坎贝尔更是佩服得五体投地："我从未见过如此博学的律师，他深受大法官们的尊敬；从第一次听到他为'屠宰场案'辩护起，就认为他是法庭辩护的完美典范。"⑦

---

① 由于前任总统菲尔莫尔四次提名均不成功，皮尔斯总统一上任坎贝尔就获得了这次任命机会。Lisa Paddock, *Facts About the Supreme Court of the United States* (New York: the H.W. Wilson Company, 1996), pp. 93-94.

② Robert Saunders, Jr., pp. 57-58. 坎贝尔在接受大法官提名时，释放了自己的奴隶；内战前，他试图调解南北双方在萨姆特要塞（Fort Sumter）问题上的冲突，直到亚拉巴马脱离联邦之后，他才被迫辞职。这几件事，也使亚拉巴马州不再相信他，他有家不敢回。Lisa Paddock, p. 94.

③ Robert Saunders, Jr, pp. 152-153.

④ Ibid., pp. 187-188.

⑤ Benjamin R. Twiss, *Lawyers and the Constitution: How Laissez Faire Came to the Supreme Court* (New York: Russell & Russell, Inc., 1962), p. 43; 罗伯特·麦克洛斯基：《美国最高法院》，第94页。

⑥ 但对于坎贝尔的辞职，米勒还是觉得不可饶恕，因为他背叛了曾经宣誓效忠的政府。随后又"死不悔改"，在新奥尔良四处活动，发表宣言、上法院辩护，完全像个充满愤恨、不忘前朝的遗老。Charles Fairman, *Mr. Justice Miller and the Supreme Court, 1862-1890* (Cambridge: Harvard University Press, 1939), pp. 351-352.

⑦ Robert Saunders, Jr., p. 215.

坎贝尔之所以竭尽才智为个体屠户辩护,固然是出于律师的职业道德,全身心为委托人服务;更重要的是出于对共和党重建的敌视。在他看来,所谓重建,就是共和党"北佬"压迫南方老百姓的过程。他以反抗沃姆斯这样的共和党州政府为己任,希望通过法律、而非种族暴力的方式,摧毁共和党的根基,赶跑"北佬",还政于当地白人精英。屠宰场案为他提供了绝佳的机会。[1]

法院一方,除了州最高法院的几位法官外,联邦法院中最先出场的是负责当地联邦案件上诉的布拉德利。布拉德利1813年出生于纽约州,世代务农,家贫,只断断续续地上过几个月学,但一直没有放弃自学;后受人资助,得以进入新泽西的拉特格斯学院(拉特格斯大学前身)。[2]毕业后,布拉德利开始学习法律,26岁加入律师协会。他阅读广泛,精通多种语言,事业成功,为新泽西律师之首。[3]虽然他后来在法官任上反对铁路垄断,积极要求监管,但在当时,却以铁路律师闻名全国,为一家著名铁路公司服务20年。政治上,布拉德利是辉格党—共和党的支持者,为格兰特总统所赏识。

1870年2月,为了改变民主党主导的联邦最高法院在法币(Legal Tender)问题上的态度,格兰特总统同时提名布拉德利和威廉·斯特朗(William Strong)进联邦最高法院。[4]联邦最高法院大法官恢复为九人。对布拉德利的提名,遭到部分参议员反对。北方参议员认为,他与铁路公司过从甚密,而且缺乏司法经验;南方参议员则希望总统选择一个南方

---

[1] Michael A. Ross, "Obstructing Reconstruction: John Archibald Campbell and the Legal Campaign Against Louisiana's Republican Government, 1868–1873", *Civil War History*, Vol. 49, No.3 (2003), pp. 235–253.

[2] Charles Bradley, *Miscellaneous Writings of the Late Hon. Joseph P. Bradley, Associate Justice of the Supreme Court of the United States* (N.J.: L.J. Hardham, 1901), pp. 3–4.

[3] Charles Fairman, "The Education of a Justice: Justice Bradley and Some of His Colleagues," *Stanford Law Review*, Vol. 1, No. 2. (Jan., 1949), pp. 217–255.

[4] Charles Fairman, "Mr. Justice Bradley's Appointment to the Supreme Court and the Legal Tender Cases", *Harvard Law Review*, Vol. 54, No. 6. (Apr., 1941), pp. 997–1034, Vol. 54, No. 7. (May, 1941), pp. 1128–1155; 任东来等:《在宪政舞台上——美国最高法院的历史轨迹》,北京:中国法制出版社,2007年,第179页。但也有人反驳说,这只是外界传闻。George F. Hoar, *Letter to the Boston Herald* (Worcester, Mass.: C. Hamilton, 1896), pp. 1–45; Charles Bradley, pp. 7–8.

人，主持位于南方的第五巡回区（路易斯安那、得克萨斯、佐治亚、亚拉巴马、佛罗里达和密西西比）。由于布拉德利表示，他愿意主持任何一个巡回区，加上他本人的能力无可怀疑，3月21日，参议院通过总统提名。[①]57岁的布拉德利成为联邦最高法院的第九个大法官，并在仲裁1877年总统大选争议时，投下了关键的一票。

两个月后，布拉德利离开华盛顿，奔赴第五巡回区主持联邦巡回法院。5月26日，当他到达新奥尔良时，坎贝尔等人的禁令请求已然摆在案头。布拉德利成为第一个正式解释新修正案（第十四条修正案）的大法官。

二、区法院的禁令大战

早在1867年，新奥尔良的个体屠户们就成立了自己的组织——屠户权益协会（Butchers Benevolent Association of New Orleans）。这是一个捍卫屠户利益的自治协会，主要有两大作用：以较低的价格从牲口商手中购买可供屠宰的牲畜，集中力量抵制政府的监管。到1869年，这个协会已经有大约400名个体屠户。[②]

1869年，为了抵抗新月公司垄断经营，牲口商们也成立了自己的协会——牲口商和屠户协会（Live Stock Dealers and Butchers Association of New Orleans，以下简称牲口商协会）。屠户权益协会的活动仅限于集会抗议、聘请律师寻求司法救济，牲口商协会不但诉诸法院，还采取针锋相对的实际对抗行动：在新月公司对岸建造同样规模的、可供全城需要的大型屠宰场，以此证明，并不是新月公司一家有集中经营、服务全城的能力。

尽管两大协会在成立的宗旨和运作方式上存在冲突，但在反对新月公司垄断新奥尔良屠宰业这一点上，双方的利益相当一致。屠户权益协会主席保罗·埃斯特本（Paul Esteben）后来一度兼任牲口商协会的主席

[①] Eva Doris Adams, "The Slaughterhouse Cases: the First Interpretation of the Fourteenth Amendment" (Ph.D. dissertation, Miami University, 1992), pp. 38–39.

[②] Charles Fairman, *Reconstruction and Reunion, 1864-1888*, part one (New York: Macmillan Publishing Co., 1971), p. 1324.

(1871年)。① 当然，在最初的一段时间里，牲口商协会的主席仍是其创始人威廉·费根（William Fagan）。

由于新奥尔良的屠宰场多集中在路州的奥尔良教区，该教区的地区法院遂成为双方较量的主战场。在奥尔良教区的七家地区法院中，有几家是专属管辖权法院，与此事无涉，绝大多数的禁令来自第五、第六、第七区法院，它们的管辖权并不受各自区域限制。

1869 年 5 月 26 日，在屠宰场法生效之前，埃斯特本就代表屠户权益协会，向第六区法院提出禁令申请，希望该法院禁止新月公司独享屠宰场法中的权益，得到该法院同意。同一天，一直密切关注屠户权益协会动向的新月公司律师，在第五区法院获得针对屠户权益协会的禁令。在两起禁令之争中，个体屠户一方认为，屠宰场法与新月公司的作为违背了联邦 1866 年民权法。②

1869 年 6 月 6 日，新月公司向第六区法院缴纳保证金，换取法院取消禁令。但第五区法院拒绝以同样的形式取消对屠户权益协会的禁令。③ 由于第五区法院的禁令只禁止屠户权益协会，对个体屠户、牲口商没有约束力，6 月 18 日，一家个体公司向第七区法院申请禁令，希望禁止执行屠宰场法，得到法院同意，引发个体禁令狂潮。新月公司只好消财免灾，以大量的保证金换取法院取消禁令。

与此同时，新月公司也在赞成集中屠宰的第五区法院获得二百余件针对个体屠户、个体牲口商的禁令，要求他们严格遵守屠宰场法。其中一起针对的是一艘运输牲口的汽船，该船在新月公司所属的码头卸货，却不肯按屠宰场法第三条的规定缴税。

这条禁令惹火了一直保持沉默的牲口商协会，7 月 22 日，他们从第七区法院法官处获得禁令，屠宰场法不能约束该协会。④ 眼睁睁地看着州

---

① Ronald M. Labbe & Jonathan Lurie, p. 161.
② Charles Fairman, *Reconstruction and Reunion, 1864-1888*, part one, pp. 1324-1325; Ronald M. Labbe & Jonathan Lurie, pp. 111-114.
③ Ronald M. Labbe & Jonathan Lurie, pp. 115-117.
④ Ibid., pp. 119-122; Charles Fairman, *Reconstruction and Reunion, 1864-1888*, part one, pp. 1325-1327.

议会的立法得不到执行，支持集中屠宰的路州司法部长西米恩·贝尔登（Simeon Belden）再也坐不住了，7月27日，他从第五区法院获得了禁令，以州政府的名义，禁止牲口商协会主席费根继续建造该协会的大型屠宰场。①

实际上，以上这六起禁令，只不过是从数以百计禁令中选出的代表，新月公司和个体屠户、牲口商各挑三例，上诉至路州最高法院。双方约定，一旦州最高法院作出判决，双方都应遵守。②

三、路州最高法院的意见

1869年12月，路州最高法院决定受理这六案。翌年1月，听审了来自第五区法院的路州暨贝尔登诉费根案。坎贝尔在诉状中坚持认为，屠宰场法是利用贿赂通过的腐败立法，既违反1868年路州宪法，也与新通过的联邦宪法第十四条修正案不符；州议会的立法权是有限的，这样的垄断立法有悖于共和政府的基本原则和理论。贝尔登在答辩状中称，路州的立法完全是建立在州的治安权（police power）之上，该法只是要求屠户们集中到一定区域营业，并不影响他们的从业自由。③

4月11日，路州最高法院以3:1的投票（一名法官缺席），支持屠宰场法。该院首席法官在法院意见中反驳了坎贝尔的诉讼理由：

> 我们认为，对于按正常程序通过并公之于众的立法，法院不应探究其背后的动因。否则，立法机关将不成其为独立的政府部门，而会完全置于司法部门之下。

有些人认为，屠宰场法是剥夺一部分公民的财产和自由，满足另一部分人的私利，而非真正为了这一地区的公共健康。只要回顾

---

① 但是，牲口商协会很快从第三区法院获得相反的禁令，在州联邦最高法院判决此案之前，贝尔登只得允许该协会继续建造自己的屠宰场。Ronald M. Labbe & Jonathan Lurie, p. 123.

② Philip B. Kurland & Gerhard Casper, eds., *Landmark Briefs and Arguments of the Supreme Court of the United States: Constitutional Law, Vol. 6* (Arlington, Virginia: University Publications of America, Inc., 1975), pp. 480–481.

③ Ronald M. Labbe & Jonathan Lurie, pp. 127–129.

一下新奥尔良的历史，这种说法就会不攻自破……。1804 年，颁布城市章程时，新奥尔良还是一个几千人的小城，就已经开始监管屠宰业了，只能在城南屠宰。后来，人口增长，城市南移。屠户们为了方便经营，遂将屠宰场转移至城北。由于影响到当地居民生活，为消除公害，保护公共健康，市政多次下令，屠宰后的猪、牛、羊的头、尾、下水，应该运至河下游。后来人口继续增长，屠宰场也随之继续北迁，直达北边的杰斐逊市。屠户们在河边建围栏、卸载牲口，屠宰后，顺手将内脏弃于河中，给下游居民带来持续影响，危害他们的健康。①

在引述了 1866 年大陪审团的特别报告、1867—1868 年路州议会的立法努力②后，首席法官继续写道：

> 事实就摆在眼前，州议会的立法题为"保护新奥尔良市的健康"，我们不能说这是欺骗或误导。州议会在这方面立法，是在行使其固有的治安权，也毋庸置疑。大陪审团、州议员的意见都表明，在城中卸载、屠宰牲口确属公害，应加以限制。
>
> 但是，屠宰场法以公司实现立法意志，是否就不在州的治安权限之内呢？
>
> 我们不这么看。议会的议员们，有权选择法律的实施途径。州既然有权立法，也同样有权让公司来做。
>
> 既然已经限定了卸载、屠宰的区域，州立法机构同样可以为从业的个体屠户提供适当的便利。实际上，公司正起着这样的作用。③
>
> 有人说，该法侵犯了公民的自由权（liberty）和使用财产的自由（freedom），因而违背了路州宪法中的《权利法案》、联邦宪法的第十四条修正案。

---

① Ibid., p. 551.
② 见本书第一章第二节。
③ *State ex rel. Belden v. Fagan*, 22 La. Ann. 545, 553–554 (1870).

我们认为这是谬论。自由权是一种按法律做事的权利,自由并不排除规范。恰恰相反,自由预含了立法规范,只有每个人都遵循规范,才能保证真正的自由。1869年的立法,并没有阻碍屠户们从事各自的职业;只要遵守规定,人人都可以做屠户。毫无违宪可言。①

在附议中,另一名法官以卢梭式的笔调从反面补充道:

无论是联邦还是州宪法,都没有限制立法机构赋予公司排他性特权。1868年路州宪法增加了大家所要求的《权利法案》,其中一条说,"州公民享有同等的民事、政治与公共权利、特权,只受同样的惩罚"。作为一条抽象的普遍性陈述,当然是对的。但在深入考虑这项陈述时,我们不应忽略宪法所赖以生存的基本原则。在将这一原则付诸实践时,总要作些修改、限制,不可能存在永恒的、无限的、完美的权利平等。这条原则就是,一切以民意为本,以民众的福祉为政府的根本。如此一来,如果必要的话,为了普遍的福祉,可以牺牲个人的利益。在进入社会、受法律管制时,每个人都让予了一部分权利,以保证余下的权利不受侵犯;他们也同意,如果自己的权益与自己所在大团体的权益相冲突,个人的权益应放在第二位。路州的立法正是上述原则的体现。②

法院的异议同样值得注意,其中不但包含法律的公共性、私利性这样的区分,而且认为,立法限制屠宰地点无可厚非,倘若集中到一家公司,就是垄断,侵犯了其他屠户的从业自由;既不在州的治安权之内,也损害了个人最重要的财产——职业。③在后来联邦法院的辩论中,这些观点再次出现,并得到发展。

---

① Ibid., p. 555.
② Ibid., p. 557.
③ Ibid., pp. 558–561.

四、联邦法院的解释

本来，按照约定，州最高法院的判决就是最后判决，双方都应遵守。但个体屠户和牲口商发现了宪法第十四条修正案，他们决心利用这个极具潜力的新式武器，在联邦法院寻求新的机会。

当时的联邦法律规定，如果州最高法院的解释涉及联邦宪法争议，可以通过纠错令的方式上诉至联邦最高法院。1789年司法法第二十二、第二十三条说明了纠错令的发布程序和作用：

> **第二十二条** 地区法院所判民事诉讼案，若争议标的额超过50美元，负责这一地区的巡回法院，有权发布纠错令重审……巡回法院所判民事诉讼案、所裁衡平案，若争议标的额超过2 000美元，联邦最高法院有权发布纠错令重审……
>
> **第二十三条** 在下级（低级）法院判决、命令生效10天内（星期天除外），上级（高级）法院就已发出纠错令，则上述纠错令可以停止下级（低级）法院的司法程序……①

路州最高法院判决的生效时间是5月9日，上述第二十三条如果要起作用，必须尽快获得纠错令。个体屠户们决定向离他们最近的布拉德利大法官求助。当时，布拉德利正在邻州得克萨斯巡回骑乘，屠户权益协会的人找到他后，他二话没说，立马签发了纠错令，并要求公司一方缴纳一笔数目不菲的保证金，以备其败诉后补偿个体屠户的损失。

十余天后，布拉德利处理完得克萨斯的上诉，来到新奥尔良，在了解了具体情况，听取双方的辩论后，他对于如此草率地签发纠错令，多少有些后悔。

> 纠错令在这些案件中的法律效力，不应由我来决定。这些诉讼都是衡平案，通过禁令实施的救济，也是衡平救济。在英格兰，针

---

① *Judiciary Act of 1789*, United States Statutes at Large, 1789, 1st Cong., Sess. I, pp. 84–85.

> 对此类衡平禁令的上诉，并不能停止下级（低级）法院的诉讼程序，也不能停止执行下级（低级）法院所颁命令……，如果任何上诉都有此暂停诉讼功能，下级（低级）法院将无案可判……
>
> 　　即便衡平诉讼中的上诉也有暂停司法程序的功能，此种上诉到底暂停了什么呢？是否就是下级（低级）法院的命令呢？……在此问题上，我无法在此作出有约束力的判决，双方必须各安天命，等待联邦最高法院的意见。我只能说，为了保险起见，在此情况下，我拒绝采取进一步行动。①

布拉德利什么问题也没解决。从当时的案件处理速度来看，要等联邦最高法院发表意见，至少还需要两年时间，在此之前，个体屠户们只能在路州复杂的政治、法律环境中继续抗争。

五、节外生枝

任何法律都摆脱不了政治的因素，越是在基层，政治与法律越是"形影不离"，尤其是在重建这样的剧烈变动时期。1870年3月，沃姆斯州长成功地说服议会设立一个全新地区法院第八区法院，专门负责处理与禁令和选举争议有关的案件。沃姆斯此举名义上是为了解决（禁）令出多（法）院、相互打架的问题，实质上是为1870年的选举做准备。因为重建时期路州的选举，没有一次不是充满争议，如果能将裁决争议的法院掌握在自己手中，面对再大的争议，都能保证胜券在握。沃姆斯任命自己的亲信亨利·迪布尔（Henry Dibble），一个没有任何司法经验，但与州长一样年轻（不到30岁）有雄心的"包袱客"，为该法院的法官。② 接着，第五、第六、第七区法院与屠宰场相关的案件依法转移到迪布尔手中。第八区法院的合法性，后来也得到路州最高法院认可。③

经验丰富的布拉德利不能决定，接受个体屠户们的上诉是否意味着

---

① *Butchers' Ass'n v. Slaughter House Co.*, 4 F. Cas. 891, 892–893 (1870).
② Ronald M. Labbe & Jonathan Lurie, p. 139.
③ *State, ex rel. William Durbridge, v. F. J. Pratt, President, et al.*, 23 La. Ann. 730 (1871).

停止低级法院的一切禁令,但政治倾向明显的生手法官迪布尔却毫不犹豫,一点不手软。在接手屠宰场案后,他立即发出执行令,要求成立不久的都市警署严格执行1869年屠宰场法赋予新月公司的排他性经营权。遵照迪布尔的执行令,警署没收了个体屠户新屠宰的二三百头牲口,引起一片抗议,其中反对声最大的是牲口商协会,迪布尔的执行令意味着,他们自建的大型屠宰场将胎死腹中。个体屠户与牲口商们一边集会声讨,一边派律师寻求新的救济之道。

1869年6月6日,星期一,坎贝尔等人再次向巡回骑乘的布拉德利提出禁令申请:屠宰场法侵犯了1866年民权法和新近通过的宪法第十四条修正案所保护的联邦权利,请求巡回法院推翻州法院的判决,停止迪布尔的执行令,并将所有卷宗转移至巡回法院。坎贝尔根本不相信年轻的沃姆斯派"北佬"迪布尔会秉公执法,虽然他自己也是"客家人",但毕竟是从南方其他州来的"客家人"。

作为一名死硬的州权派,坎贝尔打心底里不赞成以宪法第十四条修正案约束各州,削弱州权,并从此改变联邦结构。无奈,形势比人强,在州法院屡屡败北后,若要赢得此案,只有求助于联邦法院,要说服联邦法院推翻屠宰场法,唯有援引更高级的法——新通过的宪法修正案。况且,此时的坎贝尔已是前南部邦联的"叛乱分子",要想在异州他乡重建事业、名望和尊严,作为律师,他必须唯委托人马首是瞻。坎贝尔在诉状中违心地说,同一年、由同一届国会制定的1866年民权法和宪法第十四条修正案有着同一个目标:(联邦政府)保障所有公民享有平等的公民权,其中最重要的就是财产权;路州的立法有如中世纪封君授封臣属领地,完全垄断,明显违背了民权法和修正案的原意。公司律师当然不同意坎贝尔的解释,在他们看来,1866年民权法针对性强,并非如坎贝尔所言,所有公民,一体适用;路州的屠宰场法只要求集中屠宰,任何愿意继续从业的个体屠户,都可以自由加入,何来垄断之说?[①]

[①] Ronald M. Labbe & Jonathan Lurie, pp. 142–143.

六、第十四条修正案的"微言大义"

坎贝尔以毒攻毒,希望置之死地而后生,布拉德利明知前景不妙,但难题已然摆上桌面,也不得不接过这个烫手的山芋。在 6 月 10 日宣布的判决中,布拉德利先是简要陈述案件经过、屠宰场法的基本内容,然后切入正题——第十四条修正案到底意味着什么?

第十四条修正案中的新规定——"各州不得制定或实施任何有损美国公民特权与豁免权的法律",与宪法中原有的条款——"外州公民均享有本州公民所拥有的特权与豁免权",并不完全相同,新规定内容更广。

制定新规定的人自己可能也没有意识到这些词句的深远含义。在他们心里,或许只是想纠正某一具体阶段的社会和政治错误。然而,这条修正案的微言,事实上已经有了大义,它所铸造的盾牌,翼护着铸盾时所没有想到的人,抵挡着先前无法抵挡的邪恶……

宪法正文中的特权与豁免权,是一州给予外州公民的保障,为的是禁止歧视外州公民、优待本州公民。

但第十四条修正案禁止的是州损害美国公民的特权与豁免权——不论本州、外州。这条修正案不仅要求权利平等,还规定所有公民的特权与豁免权完全不受损害。

既然各州不得侵犯美国公民的基本权利,那么,这些权利到底有哪些呢?很难列举,也无法界定……。但就本案而言,我们确信,任何一个美国公民都有权从事合法的职业,不危害社区、也不受无理的监管和骚扰,所有的自由政府也都不应以不公的、压迫性的、可恶的垄断或排他性特权,限制这样的职业;任何一个美国公民都有占有、享受自己财产的权利,只要他的财产不危害社区……

倘若共和政府的基础尚在,就不应侵犯这些权利。共和政府不仅是民有之政府,更是自由之政府。没有自由,共和将有名无实。只有在职权范围内,政府才能合理地限制公民的职业,剥夺公民从业自由的政府是残暴的、非共和的。如果为了一小部分人的利益,武断地施加限制，无异于不经审判、定罪就掠走、破坏公民的财产，侵犯了美国公民的上述基本权利，对于共和政府的根本原则，也是一种犯罪。①

在布拉德利眼中，"没有哪种公民权利，比以合法的方式从事合法的职业更为神圣"。当然，合法的职业也是受监管的职业，只是在布拉德利看来，路州的监管方式与当时已有的方式不同，现在的关键问题是，路州是否有权以这种方式监管屠宰业。

布拉德利承认，"为了维护公共健康、保障公序良俗，毫无疑问，州议会有权制定必要的监管措施"，但"不能借监管之名，侵犯美国公民的特权与豁免权"。

> 我们越是深入思考这个问题，就越能发现，宪法第十四条修正案的目的就是为保护美国公民基本的特权与豁免权——这些权利是绝对的，而非相对的。对于我们而言，没有哪一起案件比此案更明目张胆地违背基本的工作权利。②
>
> 很明显，新月公司一方认为，第十四条修正案只是保障所有的公民在法律面前地位平等。我们一开始也这么看。但是，这种理解是不对的。它说的是"各州不得侵犯美国公民的特权与豁免权"。美国公民的特权与豁免权是什么？难道仅仅是法律地位吗？不也是权利吗？③

布拉德利的反问掷地有声，他也很想答应坎贝尔等人的请求，给新月公司发禁令，但这其中有一道不可跨越的司法障碍。

---

① *Live-Stock Dealers' & Butchers' Ass'n v. Crescent City Live-Stock Landing & Slaughter-House Co. et al.*, 15 F. Cas. 649, 652 (1870).
② Ibid., p. 653.
③ Ibid., p. 654.

七、布拉德利的难题

第十四条修正案授权国会，可以通过适当立法实施本修正案。国会如果行使这项授权，毫无疑问可以赋予联邦法院管辖这类案件的权利，联邦法院也就可以停止州法院的诉讼程序。但是国会并没有通过这样的立法，本院只能遵照七八十年前的规定行事。1793年的一项国会立法规定，联邦法院不得用禁令停止州法院的诉讼程序。此法一直未取消。本院不得不遵行，也就不能限制被告（新月公司）在州法院寻求法律救济。

双方在州法院的诉讼可以继续下去，如果州最高法院对第十四条修正案的解释与本院的解释不符，通过纠错令，他们可以将案件交由联邦最高法院裁决。[①]

坎贝尔申请禁令时认为，1866年民权法和宪法第十四条修正案同源、同构，理应一并适用。然而，布拉德利在6月10日的判词中似乎忽视了民权法与第十四条修正案的血缘关系，认为它不适用于本案。但是，经过一夜沉思，布拉德利也发现，不能弃民权法于不顾。

昨天，我们关注的主要问题是第十四条修正案的真实含义。仔细想想，1866年民权法和此后不久的第十四条修正案，是由同一个委员会提出，同一届国会通过的，它们很可能是为了达到同样的目的。我们不得不修正在这方面的看法，正如双方律师所言，至少在此案所涉及的问题上，民权法的第一条与第十四条修正案是一致的。

当然，我们仍然认为，1866年民权法并不是为了扩大白人公民的特权与豁免权，而是为已有的权利提供更多的保障和救济渠道。国会之所以没有通过额外立法来实施第十四条修正案，是因为民权

---

① Ibid., p. 654.

法已经承担起这个任务。① 先前的立法禁止联邦法院以禁令的形式停止州法院的诉讼，民权法没有取消此规定。因此，本院不能下达申请者所要求的广泛禁令。②

但是，布拉德利还是利用仅有的权限，发布了一个不完全的禁令：禁止新月公司和新奥尔良市府再对个体屠户提出任何新的诉讼，个体屠户也只受屠宰场法中地点和检疫的限制，不得强制要求他们加盟新月公司。当然，尚在进行的诉讼和已经发布的禁令不在此列，因为联邦法院和布拉德利个人都无权停止这类司法程序。

根据布拉德利的解释，纠错令并没有强制停止州法院业已开启的司法程序，他也无权用禁令停止州法院实施屠宰场法。在路州暨贝尔登诉费根案中，路州最高法院已经作出对新月公司有利的判决，这就意味着不允许个体屠户私人屠宰的禁令继续有效。

在贝尔登的要求下，接手这六起案件的迪布尔，开始实施第五区法院发布的禁令。坎贝尔等律师不断要求布拉德利施以援手，但均告失败。万般无奈之下，他们只好带着剩下的几个案子，③来到联邦最高法院寻求停止执行令（writ of supersedea）。

八、联邦最高法院对禁令的解释

在递交联邦最高法院的申请（motion）中，坎贝尔等人援引英格兰的先例，认为1789年司法法也赋予联邦法院停止区法院判决的权

---

① 实际上，在此之前（1870年5月31日），总统已经批准了实施第十四条、第十五条修正案的相关法律，只是尚未广为人知，该法用一部分篇幅重申了1866年民权法。Ibid., 655, n6.
② Ibid., p. 655.
③ The Butchers' Benevolent Association of New Orleans v. The Crescent City Live-Stock Landing and Slaughter-House Company; The Crescent City Live-Stock Landing and Slaughter-House Company v. The Butchers' Benevolent Association of New Orleans; Hotair Imbau et al. v. The Crescent City Live-Stock Landing and Slaughter-House Company; The Live-Stock Dealers' and Butchers' Association of New Orleans v. The Crescent City Live-Stock Landing and Slaughter-House Company; Paul Esteben et al. v. The State of Louisiana, ex relatione. 统称 *Slaughter-House Cases*, 77 U.S. 273 (1870). 与1873年联邦最高法院判决的屠宰场案（*Slaughter-House Cases*, 83 U.S. 36）不同。

力；上次递交给布拉德利的申请，①针对的是路州最高法院的永久性禁令（perpetuated injunction），并不涉及区法院颁布的临时性禁令（preliminary injunction），如果联邦最高法院不停止区法院的禁令，发纠错令又有什么意义呢？②

坎贝尔的言外之意是，联邦最高法院虽然答应重审此案，但这至少要等到两年后，在此期间，为了个体屠户们能像从前一样各自经营，不受屠宰场法的集中约束，联邦最高法院应该下令，让路州停止执行针对个体屠户的禁令。

辩方律师则针锋相对，认为英格兰的先例也要细分，并非所有情况下，都应停止下级法院的程序；况且，纠错令意味着诉讼进入一个新的程序，但并不终结原有案件，不应停止原有的判决、命令。具体到本案，州法院颁布的是衡平性禁令，这样的禁令一般是为了紧急停止某种严重侵害，如果纠错令停止此类禁令，任凭侵害发生，将造成不可挽回的后果。比如，如果停止不让砍伐树木、不得公开私人信件的禁令，已经倒下的树木还能重新接上吗？公开信件造成的个人伤害有办法弥补吗？③

内森·克利福德（Nathan Clifford）大法官陈述了法院的多数意见。他首先回顾了路州各区法院颁布的禁令、州最高法院的判决、布拉德利的纠错令，然后分析了1789年司法法的含义，认为路州的屠宰场案符合调卷重审的条件。但是：

> 根据纠错令，屠宰场案已经进入联邦最高法院的审判日程，定在下一个开庭期审议，坎贝尔等人的申请，应该说并不必要……在纠错令写明的重审日期前，本院可以自由决定是否接手这类案件……
>
> 本院驳回上述申请，因为，自发布纠错令并停止新的诉讼以来，路州最高法院并没有违背纠错令的行动。上述申请禁止的行为并不存在。④

---

① 指前文中他代表牲口商协会向布拉德利的巡回法院提出的申请。
② *Slaughter-House Cases*, 77 U.S. 273 (1870), prior history, 11.
③ Ibid., prior history, 16–18.
④ *Slaughter-House Cases*, 77 U.S. 273, 292–293 (1870).

克利福德承认，路州最高法院将区法院的临时禁令转换成永久禁令，但联邦最高法院不能停止区法院的禁令，因为：

> 州的下级法院与联邦最高法院之间，并不存在上诉关系，1793年的国会立法也规定，联邦法院不得用禁令停止州（任何）法院的诉讼程序，这一条既适用于联邦最高法院，也适用于联邦的巡回法院。
>
> 州最高法院的最终判决、命令，如果在联邦最高法院的管辖范围内，联邦最高法院自然可以调来重审。但对于（州的）区法院，国会并无此规定，联邦最高法院也就无权施以救济。①

1870年12月2日，联邦最高法院最终以6:1驳回坎贝尔等人的申请。②

第二节　议会抗争与妥协

在南方本地精英眼中，1869年屠宰场法是"北佬"与黑人合谋的产物，目的是改造南方的政治、经济结构，实现北方资本对南方的控制。共和党的激进重建已使他们失去了原有的政治地位，北方投机分子大批南下，又冲击了他们的经济机会。屠宰场法虽然是为了解决新奥尔良的痼疾，但却是由"包袱客"和黑人控制的议会通过的，获利最多的也不是本地精英。1868年的州议会，已不是自己人的议会。要想改变这种状况，除了另立政府、武装斗争外，只有寻求法院的司法救济。然而，1869—1870年的禁令和纠错令之争表明，联邦法院并不太愿意干涉州内事务；尽管因为牵涉新通过的宪法第十四条修正案，联邦最高法院决定调卷重审，但在重审之前，问题的主动权仍掌握在州手中。解铃还须

---

① Ibid., p. 298.
② 首席大法官萨蒙·蔡斯（Salmon Chase）和大法官塞缪尔·纳尔逊（Samuel Nelson）缺席，当时联邦最高法院由资历最深的大法官克利福德（1858—1881年在任）主持。

系铃人，如果法院暂时不能宣布屠宰场法违宪，何不动员州议会修改或取消自己的立法呢？1870年以后的政治形势似乎也显示这种可能性很大。

一、修改屠宰场法的努力

正如前文所言，1870年的路州，最大的政治变化就是共和党内的纷争与分裂，当权的保守派和在野的激进反对派，各怀私心，他们的首要目标是控制州政权，而非为当地居民谋福利。分裂无疑削弱了这个新生政党在当地的威望，也使本土精英认识到，"包袱客"们不可能恢复路州原有的秩序，他们开始反击。

1870年2月，在路州众议院的一个委员会中，来自奥尔良教区的一名议员提出议案，要求修改屠宰场法，取消其赋予新月公司的独家经营权。该议案经委员会讨论后，提交全院表决，虽然未获通过，但支持取消垄断的议员，比1869年立法时多（其间并无议员改选）。①

1870年的议会选举虽然增加了一名黑人众议员，但新的众议院议长乔治·卡特（George Carter）投向了在野的反对派，出于政治上的考虑，他积极要求取消屠宰场法中的垄断条款。1871年1月，在一部分议员的提议下，卡特在众议院成立一个三人特别委员会，负责调查一年多来新月公司的运行情况，评估其是否达到了屠宰场法的要求。一个月后（2月15日），特别委员会发布调查报告，结论是新月公司的设施不能满足所有屠户和牲口商之需，没有达到屠宰场法的要求。继而，特别委员会向众议院提交了一份议案，要求取消新月公司的排他性经营权，并规定在河下游两岸均可屠宰。该议案很快通过三读，并以90∶6获得众议院支持。两天后，参议院以31∶1表示同意。②

现在，所有人的眼睛都盯着州长沃姆斯，只要他签字，新月公司的特权就将灰飞烟灭，个体屠户、牲口商们也不用看新月公司脸色了。但沃姆斯很快否决了该立法（2月25日），理由是，一年多来，新月公司为

---

① Ronald M. Labbe & Jonathan Lurie, pp. 156–157.

② Ronald M. Labbe & Jonathan Lurie, pp. 157–158. 也有学者说，两院的投票比例分别是90∶5 和 32∶1. Charles Fairman, *Reconstruction and Reunion, 1864-1888*, part one, p. 1338. 无论具体比例是多少，都说明反对新月公司垄断的议员相当多。

了建大型屠宰场已经投入了大量资金，一旦取消专营权，所有投资将血本无归。况且，屠宰场法授予该公司的特权，实质上是州与公司之间的契约，受联邦宪法和州宪法的保护，不得随便更改。退一步讲，该公司有没有满足屠宰场法的要求，只有经过独立的司法调查才能确定，而非议会说了算。①

沃姆斯的否决甫一公布，就有人怀疑他二次受贿。从当时情况看，确实不能排除这种嫌疑。但仔细分析，沃姆斯的否决更多是为了维护自己的地位和声望。集中屠宰正是他承诺的"繁荣福音"之一，虽然效果并不明显，但年轻气盛的他，绝对不会允许政治对手否定自己的政绩。

面对沃姆斯的否决，卡特议长当天就在众议院发表长篇演说，动员全院以三分之二绝对多数推翻州长的否决，但最终以 58∶37 宣告失败。②对比先前要求取消垄断的 90∶6，可以发现，至少有 30 名众议员在短时间内改变了立场，正是这三分之一的议员在关键时刻挽救了新月公司，他们的动机耐人寻味。在一个共和党人占绝对多数的议会，竟然有如此多的议员不支持本党的州长，可见其威信之低与党内分歧之严重。

二、妥协与联合

在司法救济悬而未决、议会斗争失败的情况下，个体屠户、牲口商们开始分化，一部分人与新月公司合作，按照屠宰场法的要求缴纳进场费。

1871 年 2 月，牲口商协会兼任主席埃斯特本（他仍是屠户权益协会主席），得到协会授权，寻求与新月公司妥协的途径。3 月初，牲口商协会全体大会同意了双方的妥协条件：新月公司将价值 20 万元的股票转给牲口商；新月公司董事会到期改选时，必须增选主要牲口商为董事；新月公司的新主席由牲口商协会方面的人担任。3 月 14 日，埃斯特本以两

---

① Ronald M. Labbe & Jonathan Lurie, p. 1118.
② Charles Fairman, *Reconstruction and Reunion, 1864-1888*, part one (New York: Macmillan Publishing Co., 1971), p. 1338.

协会主席的名义在协议上签字。①

牲口商进入新的新月公司董事会后，牲口商协会随即宣布解散。新的公司收购了原牲口商协会在河对岸修建的屠宰场。这样一来，就没有必要等待联邦最高法院的判决。双方同意撤销在州和联邦最高法院的一切诉讼，并请求联邦最高法院取消对所有六案的纠错令。

就在这个时候，牲口商协会与屠户权益协会之间的矛盾浮出水面。屠户权益协会认为，虽然两协会现在是同一人任主席，但牲口商协会代表的是牲口商的利益，而非屠户们的利益；埃斯特本在签署妥协协议时，没有征求他们的意见，也没有得到他们的授权。因此，他们不同意取消所有的纠错令。结果，联邦最高法院调卷重审的地区法院六案中，只取消了三件。②

屠户们的决心相当坚定，他们改选了协会的主席，重新聘请坎贝尔等人为律师，背水一战。1872年1月11日，联邦最高法院用一整天时间听取了双方律师在余下三案中的辩论，决定保留这三案的纠错令。4月15日，八位大法官（纳尔逊缺席）再次听取了双方的辩论，但未发表任何意见。③据米勒后来讲，这是因为在座的大法官意见分歧太大。考虑到问题的严重性，在当时的情况下，联邦最高法院决定择日再审。④

11月28日，纳尔逊辞职，12月3日，格兰特总统提名来自纽约州上诉法院的亨特接替。正如前文所言，亨特在州法院任上，曾支持过纽约市的类似屠宰场立法。12月11日参议院表决通过提名（次年1月9日宣誓就职）；12月16日，联邦最高法院决定，次年2月3日（星期一）再次听审屠宰场案。⑤

---

① Philip B. Kurland & Gerhard Casper, eds., *Landmark Briefs and Arguments of the Supreme Court of the United States: Constitutional Law, Vol. 6*, pp. 483–509.
② 取消的案件分别是，牲口商协会、一家个体公司（Imbau, Aycock and Co.）分别向新月公司提出的禁令诉讼（第七区法院），新月公司针对运输牲口的一艘汽船（B. L. Hodge No. 2）的禁令诉讼（第五区法院）。
③ Charles Fairman, *Reconstruction and Reunion, 1864-1888*, part one, pp. 1341–1342.
④ *Slaughter-House Cases*, 83 U.S. 36, 58 (1873).
⑤ Charles Fairman, *Reconstruction and Reunion, 1864-1888*, part one, p. 1343.

第三章

联邦最高法院的解释

经过 1873 年 2 月的二次听审后，联邦最高法院于 4 月 14 日宣布了法院意见：5:4 支持路州屠宰场法。持赞同意见的五位大法官分别是：米勒（1862—1890 年在任）、克利福德、戴维·戴维斯（David Davis, 1862—1877 年在任）、斯特朗（1870—1880 年在任）和亨特（1873—1882 年在任）。米勒代表他们撰写了多数意见。斯蒂芬·菲尔德（Stephen Field, 1863—1897 年在任）、蔡斯（1864—1873 年在任）、布拉德利（1870—1892 年在任）、诺厄·斯韦恩（Noah Swayne, 1862—1881 年在任）持不同意见，其中，菲尔德、布拉德利、斯韦恩单列了各自的异议。

第一节 联邦最高法院的大法官们

在历史上，蔡斯任首席大法官时期的联邦最高法院（1864—1873 年）惯称蔡斯法院。与此前的马歇尔法院（1801—1835 年）和坦尼法院（1836—1864 年）相比，无论是在大法官声望还是在判决案件的历史影响上，蔡斯法院都稍逊一筹。这样的历史背景，更映衬出屠宰场案及其主笔大法官的重要性。

一、"逃奴的总律师"——蔡斯

蔡斯是美国历史上第六位首席大法官，1808 年生于新罕布什尔，幼年父母双亡，由任主教的叔叔带至俄亥俄抚养。从常春藤名校达特茅斯学院毕业后，他由另一位任联邦参议员的叔叔安排，跟随当时的司法部长学习法律。1830 年，他加入俄亥俄律师协会，积极参与当地的政治活动，反对奴隶制，人称"逃奴的总律师"。①

19 世纪四五十年代，美国处于政党重组时期，蔡斯是俄州自由土地党（Free Soil Party，共和党前身之一）领导人，在 1849 年的州议会选举中，他与民主党达成交易，支持民主党控制俄州议会，而民主党则选举他进入联邦参议院（当时联邦议员由州议会选举），遭到辉格党（共和党前身之一）强烈谴责。在参议院，蔡斯反对奴隶制，也为真正的民主党所不容，②一届任满后，即被打回原籍。当时，《堪萨斯—内布拉斯加法》签署不久，西北一片抗议声，蔡斯积极投入其中，最终当选为俄州州长。③

共和党成立后，因强硬的废奴立场，④蔡斯在党内声名鹊起，1860 年共和党大会，他与林肯角逐总统提名，在第三轮中败下阵来。之后他被林肯总统任命为财政部长（就任联邦参议员仅两天），在战时内阁中积极擘划，不但开征所得税，印发纸币，而且越俎代庖，行其他部长之职。1864 年，他不顾党内反对，再次谋求总统提名，再次败于林肯。林肯不计前嫌，任命他接任首席大法官。然而，远离政治中心、枯灯独坐的法院生活，绝非蔡斯的理想，况且，他长期不习法律，手脑生疏，已不能胜任案牍之劳。⑤1868 年，他又一次将目光投向总统宝座，这次，世间虽已无林肯，但内战英雄格兰特成为共和党的新宠。失望之余，蔡斯竟向民主党伸出橄榄枝，谋求它的总统候选人提名，无奈民主党也另有所爱。

---

① Lisa Paddock, *Facts About the Supreme Court of the United States* (New York: the H.W. Wilson Company, 1996), p. 120.

② Reinhard H. Luthin, "Salmon P. Chase's Political Career Before the Civil War", *The Mississippi Valley Historical Review*, Vol. 29, No. 4 (Mar., 1943), pp. 517–540.

③ Eugene H. Roseboom, "Salmon P. Chase and the Know Nothings", *The Mississippi Valley Historical Review*, Vol. 25, No. 3 (Dec., 1938), pp. 335–350.

④ 蔡斯不仅从道德的角度谴责奴隶制，更强调奴隶制违背宪法要求、也不是制宪者的本意，这为共和党的形成奠定了重要思想基础。Eric Foner, *Free Soil, Free Labor, Free Men: the Ideology of the Republican Party Before the Civil War* (New York: Oxford University Press, 1970), pp. 73–102.

⑤ David M. Silver, *Lincoln's Supreme Court* (Urbana, Ill.: University of Illinois Press, 1957), pp. 207–208.

蔡斯的总统梦虽然破灭了，但他却因主持约翰逊总统审判案而闻名。1868年，作为首席大法官，他坚持严格的司法程序（而非激进共和党人所主张的政治程序），为后来的总统弹劾、审判树立了榜样。

1873年5月，屠宰场案宣判仅半个月，蔡斯因中风死于任上，结束了短暂而贫乏的首席大法官生涯。

二、反对解放奴隶的克利福德

克利福德是当时最年长的大法官。他1803年出生于新罕布什尔，是家里的独子，早年家贫，没有受过完整的基础教育，父亲早逝，又使他的大学梦化为泡影，只得进入当地一家律师事务所做见习生。1827年，他通过本州律师考试，随后进入缅因州，娶妻生子，开始律师生涯；1830年当选州议员，连选连任，出任议长；[①]1838年当选联邦众议员，连任两届；1846年任联邦司法部长，与国务卿詹姆斯·布坎南（James Buchanan）成为至交。1848年辉格党取得总统职位后，克利福德回缅因继续执业，两次谋求联邦参议员，未果。1857年，布坎南进入白宫，提名老友克利福德任大法官。克利福德虽生在北方，却是忠诚的民主党人，反对解放奴隶，素有"北人南心"（doughface）之称。参议院经过一个多月的考虑与讨论，才以极微弱的多数通过提名。[②]

克利福德在联邦最高法院的经历乏善可陈，极少独立撰写司法意见，但在1877年的选票争议中，民主党看中了他的忠诚，将其选入仲裁委员会。克利福德也不负众望，坚定地支持本党总统候选人塞缪尔·蒂尔顿（Samuel Tilden），但蒂尔顿最终还是以一票之差败给共和党总统候选人拉瑟福德·海斯（Rutherford Hayes）。克利福德认为海斯欺世盗名，拒绝参加其就职典礼，也不去白宫拜会。[③]

晚年的克利福德体弱多病，他拒不退休，希望等到一位民主党总统提名自己的继任者，可惜未能如愿，1881年因中风死于任上。

---

① Walter Chandler, "Nathan Clifford: A Triumph of Untiring Effort", *American Bar Association Journal*, Vol. 11, Issue 1 (1925), pp. 57–60.
② Lisa Paddock, p. 95.
③ Ibid., p. 96.

三、毛遂自荐的斯韦恩

斯韦恩 1804 年出生于弗吉尼亚的一个贵格派家庭,极端反对奴隶制。早年曾学医,后弃医从法,1823 年入弗州律师协会,因不满弗州蓄奴,旋即迁往俄亥俄,成为俄州杰克逊民主党的一员干将,是俄州籍大法官约翰·麦克莱恩(John McLean)的好友。1850 年代,加入新成立的共和党。1861 年麦克莱恩去世后,斯韦恩奔赴华府,面见林肯,希望获得提名。由于斯韦恩坚定的废奴立场,又有俄州参、众议员的全力支持,林肯犹豫再三,最终答应了他的请求。1862 年 1 月,提名获得参议院同意。但斯韦恩在东部寂寂无名,几家报纸在报道这位新任大法官时,甚至将他的名字拼错。[①]

进入联邦最高法院的斯韦恩,雄心勃勃,虽然缺乏司法经验,没有写出传世的司法判词,却一心想做首席大法官。然而天不遂人愿,最终他不但首席大法官没当上,还被海斯总统逼退休。[②]

四、林肯赏识的米勒

米勒是林肯任命的第二位大法官,选择斯韦恩时,林肯还有些被动、没弄清该选什么样的人,到了米勒这儿,他已经成竹在胸,一定要选择会支持自己战争政策的人。

与斯韦恩一样,米勒早年也是学医的,只不过更专业,也更敬业。他不但拿到了医学学位,而且在肯塔基东南山区行医近十载(1838—1847 年)。其间,他除了行医,最重要的活动就是参与当地的政治辩论,他发起成立了巴伯维尔辩论社(Barbourville Debating Society),并投入极大的热情。每周六晚上,他和小镇上的年轻人,聚集在摇曳的烛光下,就大家感兴趣的问题激烈交锋。[③] 通过辩论,米勒不但锻炼了逻辑和表达能力,而且发现法律比医学更适合自己。

---

① David M. Silver, pp. 58–60.
② Lisa Paddock, p. 97.
③ Charles Fairman, "Justice Samuel F. Miller and the Barbourville Debating Society", *The Mississippi Valley Historical Review*, Vol. 17, No. 4 (Mar., 1931), pp. 595–601.

1847 年，31 岁的米勒弃医学法，加入当地律师协会。作为一名辉格党人，米勒希望肯塔基能逐步释放奴隶，但 1849 年的新州宪仍然强调奴隶制，这让他很失望。1850 年，他举家迁往自由州艾奥瓦，释放了自己的奴隶，专职从事律师工作，[①]并参与组建当地的共和党，为林肯所赏识。

1861 年，米勒谋求艾奥瓦的州长提名，未果。同年，内战爆发，他毁家纾难，组建民军，加入联邦武装。1862 年，国会重划联邦司法巡回区，第一次在密西西比河以西设立联邦上诉法院，选择大法官。艾奥瓦州州长与联邦议员力举米勒，认为他是热情的爱国者和忠诚的共和党人，虽然缺乏司法经验，但是众望所归。[②]

1862 年 7 月 16 日，林肯宣布提名米勒，同一天，参议院投票通过，米勒成为第一位来自（密西西比）河西州的大法官。东部的报纸对这位新人知之甚少，有的称他为丹尼尔·米勒。[③]同年，米勒参与联邦最高法院庭审。其时，罗杰·坦尼（Roger Taney）还是首席大法官，面对这样的巨人，米勒最初有些惶然。但是，随着时间的推移，他一步步走向联邦最高法院的中心，[④]越来越多地承担起撰写法院意见的任务。1873 年、1888 年，他两次成为首席大法官的热门人选，甚至差点当上共和党总统候选人，但均与命运之神擦肩而过。[⑤]1890 年，米勒终老任上。

五、林肯的终身朋友——戴维斯

林肯任命的第三位大法官戴维斯，是一位医生的遗腹子，1815 年出生于马里兰，家境较好，在正规大学接受法律教育，这在当时相当少见。戴维斯虽然拿的是法律学位，但对政治的热爱远甚于法律。1836 年，他

---

① Charles Noble Gregory, *Samuel Freeman Miller* (Iowa: The State Historical Society of Iowa, 1907), pp. 5–6.

② David M. Silver, pp. 64–65;

③ Ibid., p. 67.

④ Charles Fairman, "Justice Samuel F. Miller", *Political Science Quarterly*, Vol. 50, No. 1 (Mar., 1935), pp. 15–44.

⑤ Lisa Paddock, p. 98.

移居伊利诺伊州，旋即积极参加当地辉格党活动，进入州议会。^①其间，他结识了当地另一位著名律师——亚伯拉罕·林肯，并与之成为终身朋友。1848年，戴维斯进入伊州巡回法院，与林肯过从甚密。1860年，林肯竞选总统，戴维斯鼎力相助。林肯当选总统后，戴维斯又帮他起草就职演说，提供组阁建议。^②

1861年，林肯投桃报李，打算提名戴维斯任联邦地区法院法官，戴维斯对此职位本也心满意足。次年，国会重划巡回区，增加中西部比重。戴维斯及其在伊州的朋友，又开始为其谋求大法官职位。1862年12月，林肯满足了这位"总统缔造者"的要求，将提名交付参议院，很快获得通过。

进入联邦最高法院的戴维斯依然热衷政治，不断给林肯提建议，甚至打算接受一个无名小党的总统候选人提名。1877年选票争议，戴维斯作为唯一的中间派人士，入选仲裁委员会。但他却临阵脱逃，辞去大法官一职——因为伊州已将他选为本州联邦参议员。尽管戴维斯表示，如果他参加仲裁，也会像替补上来的布拉德利一样，支持海斯，但他为了个人政治前途，置国家命运于不顾，确实不太负责任。

六、刷新大法官任职记录的菲尔德

菲尔德是联邦最高法院里的传奇人物，不仅因为他是第十位大法官，更源于他的家庭与他的经历。菲尔德是康涅狄格州一个公理会牧师的儿子（1816年生），长兄戴维·菲尔德（David Field, Jr.）是美国著名法学家，法典化运动的领军人物；弟弟赛勒斯·菲尔德（Cyrus Field）是美国著名资本家，大西洋海底电缆的奠基人；另一个弟弟亨利·菲尔德（Henry Field）是著名牧师与作家。还有一个姐姐，是后来戴维·布鲁尔（David Brewer）大法官的母亲，1890—1897年的联邦最高法院，菲尔德与布鲁尔甥舅同席。

---

① Thomas Dent, "David Davis of Illinois–A Sketch", *American Law Review*, Vol. 53, No. 4 (July–August, 1919), pp. 535–560.

② Lisa Paddock, p. 99.

年少时的菲尔德曾随姐姐、姐夫（布鲁尔夫妇）前往希腊、土耳其，直到 17 岁（1833 年）回国上大学。① 大学毕业后（1837 年），又随其兄长学习法律，后加入律师协会。1848 年赴欧洲游历。次年回国，赶上 1849 年加州淘金热。菲尔德决定离开兄长荫庇，到广阔的西部大展身手。他到西部，不为黄金，而是希望稳定当地混乱的秩序。他购买土地，自任镇长，制定法律，惩罚罪犯，② 先后当选州议员、州最高法院法官。

内战爆发后，身为（北方）民主党的菲尔德，并不赞成南方分裂；他利用刚刚建成的东西部电报线路，电告林肯总统，加州将忠于联邦，支持总统将战争进行到底。③ 对于此时焦头烂额的林肯而言，这样的效忠电函无异于雪中送炭。

1863 年，内战的危急关头，国会再次就司法问题立法，除了改动几个司法巡回区外，最重要的变化是，增加了第十巡回区，负责太平洋附近的加州、俄勒冈、内华达，并增选第十位大法官。国会如此行为，一方面是为了阻止这些地方分裂，另一方面是要改变联邦最高法院的人员结构，保证其能支持总统的战时非常措施。④

菲尔德以其对西海岸的稔熟，当仁不让，成为第十位大法官的最佳人选。在加州的强烈支持下，林肯于 1863 年 3 月，提名这位民主党人进入联邦最高法院。

像林肯任命的其他大法官一样，进入联邦最高法院的菲尔德依然没有放弃自己的政治理想。他曾数次被加州提名为总统候选人，但均败北。1888 年，首席大法官莫里森·韦特（Morrison Waite）去世后，适逢民主党总统克利夫兰在任，在联邦最高法院历练二十余载的菲尔德，本以为首席大法官一职非己莫属，谁知半路杀出个名不见经传的梅尔维尔·富勒（Melville Fuller），横刀夺爱。那两年，对于七十多岁的菲尔德而言，确实

---

① Carl Brent Swisher, *Stephen J. Field, Craftsman of the Law* (Chicago: The University of Chicago Press, 1969), pp. 13–16.

② Paul Kens, *Justice Stephen Field: Shaping Liberty from the Gold Rush to the Gilded Age* (Lawrence: University Press of Kansas, 1997), pp. 11–43.

③ David M. Silver, p. 89.

④ Ibid., pp. 85–87.

流年不利，祸不单行，不但失去了心爱的首席大法官职位，而且险遭仇家刺杀。

菲尔德的仇家不是别人，正是他在加州最高法院任上的同事——当时的首席法官戴维·特里（David Terry）。两人同是在1849年到加州"淘金"，同任加州法官。1859年，特里因与一名加州联邦参议员发生冲突，愤而辞职，与其决斗，将其射杀。而这位惨遭不幸的参议员，正是菲尔德的密友；菲尔德立下毒誓，决不放过特里。当时的加州，地处美国边陲，决斗恶习尚未根除，决斗杀人并不犯法。后来，菲尔德荣升加州首席法官，继而擢任联邦最高法院大法官，主持包括加州在内的第十巡回区。离职后的特里，也开始自己开业。在他的客户中，有一位漂亮女子，自称是内华达州前联邦参议员的妻子，这位参议员刚刚去世，留下大笔遗产，此女子要求继承一部分。但她并没有充分的材料，证明她与这位参议员曾举行过合法的婚礼。参议员的儿子于是拒不承认有这样一位继母。双方对簿公堂，主审法官不是旁人，正是在此地巡回骑乘的菲尔德。此时，特里与他的女委托人，日久生情，竟结为连理。菲尔德的判决，对他们不利，特里夫妇在公堂之上，大打出手，遂被监禁数月。出狱后，旧恨新仇一起涌上心头，特里扬言要除掉菲尔德。鉴于此，1889年，当菲尔德要重返加州巡回骑乘时，总统和司法部长决定为他提供贴身保镖，并授权其相机行事。最终，当特里夫妇尾随菲尔德准备动手之时，保镖先发制人，将特里射杀。[①]

晚年的菲尔德，身心俱疲，他拒不退休，为的是超过约翰·马歇尔大法官创下的任职记录（34年5个月）。1897年12月，当他从联邦最高法院退休时，终于圆了这个梦（任职34年6个月）。

七、离职后发挥余热的斯特朗

1866年，为遏制约翰逊总统的影响，共和党人控制的国会规定，在

[①] Paul Kens, pp. 275–283. 总统授权保镖如此行为，是否存在宪法依据，也是随后一起著名案件（*In re Neagle*, 135 U.S. 1, 1890）的争论焦点。Lee Epstein & Thomas G. Walker, *Constitutional Law for a Changing America: Institutional Power & Constraints* (Washington D. C.: Congressional Quarterly Press, 3rd Ed., 1998), pp. 183–185.

联邦最高法院大法官减至七人前，总统不得任命新的大法官。1869年，共和党格兰特总统执政后，国会又将大法官人数恢复至九人。这样，格兰特甫一上任，就获得两次提名机会，斯特朗是第一个，但他并非格兰特的首选。格兰特最初提名的是与约翰逊抗争过的前陆军部长斯坦顿，遗憾的是，参议院通过没几天，斯坦顿就因心脏病离世。

与布拉德利一样，任命斯特朗也是为了"改组"联邦最高法院，改变其对法币的态度。他们两人同一天获得提名，布拉德利坐的是新设立的法官席，斯特朗则是接任。

斯特朗1808年出生于康涅狄格州一个长老会牧师家庭，从耶鲁获得学士、硕士学位，自学法律，后至耶鲁法学院任教。作为激进的杰克逊民主党人，他在第二次当选联邦议员时拒绝再任，之后选择任宾夕法尼亚州最高法院法官十余年。内战中，斯特朗坚定支持联邦和共和党。林肯曾考虑由他接任坦尼的首席大法官一职。尽管斯特朗在联邦最高法院任职十年并不出色，但他的离任却与众不同。当时的大法官退休后待遇菲薄，普遍坚持"活着干，死了算"，往往终老任上。斯特朗离任时虽然已年过七旬，但身体仍然健康，思维依旧敏捷，之后他又为长老会服务了15年。[①] 这算得上美国联邦最高法院大法官中的特例了。

八、任职未满十年的亨特

亨特是继斯特朗和布拉德利之后，由格兰特总统任命的第三位大法官。他生于纽约，接受过正规的学院教育，当过州议员、市长，协助组织纽约州共和党，但终身以司法为最大兴趣。1865年，他进入纽约州上诉法院（即州最高法院）。1873年进入联邦最高法院后，他忠于本党，勤勤恳恳。不幸的是，仅过六年，亨特即严重中风，但他拒绝退休，因为按照当时的规定，大法官任职未满十年，退休后拿不到一分钱养老金。亨特熬了几年后，眼看撑不下去了，前大法官戴维斯游说国会法外施恩，特准亨特破例享受养老金。这样亨特在联邦最高法院一共任职9年零8天。[②]

[①] Lisa Paddock, pp. 123–124.

[②] Ibid., pp. 125–126.

第二节 辩诉状

1873 年 2 月 3 日，星期一，屠宰场案开始第二次庭审，由于三案合一，[①] 又是第一次解释宪法第十四条修正案，大法官们破例延长了双方的庭辩时间。坎贝尔的陈述，从当天持续到第二天，新月公司律师的答辩，用掉了第二天剩下的时间。第三天（5 日），屠户权益协会的另一名律师，坎贝尔的搭档约翰·费洛斯（John Fellows），对坎贝尔的辩词作了补充。[②]

这次，律师和联邦最高法院的大法官们都遇到了前所未有的难题，第十四条修正案生效五个年头了，却没有可以借鉴的司法先例。为了说服大法官，双方律师必须充分发挥聪明才智，运用各种方法，调动一切手段，尽可能多地为自己的委托人寻找理由。

一、坎贝尔的诉状

为了起草诉状，坎贝尔把自己锁在屋子里，整整三天，足不出户。他钩沉古代历史，条析西欧传统；发微当代思想，缕清美国现实，遍寻一切可以利用的资源，广涉政治、法律、经济、哲学等方面的著作，为己所用。当他迈出办公室时，一篇不受特权干涉、自由劳动的宣言书随即诞生了。[③]

[①] *The Butchers' Benevolent Association of New Orleans v. The Crescent City Live-Stock Landing and Slaughter-House Company*; Paul Esteben, L. Ruch, J. P. Rouede, W. Maylie, S. Firmberg, B. Beaubay, William Fagan, J. D. Broderick, N. Seibel, M. Lannes, J. Gitzinger, J. P. Aycock, D. Verges, The Live-Stock Dealers' and Butchers' Association of New Orleans, and Charles Cavaroc v. The State of Louisiana, ex rel. S. Belden, Attorney-General; *The Butchers' Benevolent Association of New Orleans v. The Crescent City Live-Stock Landing and Slaughter-House Company*, 统称 *Slaughter-House Cases*, 83 U.S. 36 (1873).

[②] Charles Fairman, *Reconstruction and Reunion, 1864-1888*, part one (New York: Macmillan Publishing Co., 1971), p. 1343.

[③] Eva Doris Adams, "The Slaughterhouse Cases: The First Interpretation of the Fourteenth Amendment" (Ph.D. dissertation, Miami University, 1992), p. 72; Benjamin R. Twiss, *Lawyers and the Constitution: How Laissez Faire Came to the Supreme Court* (New York: Russell & Russell, Inc., 1962), p. 44.

在诉状的第一部分，坎贝尔大量引用历史材料，证明垄断的罪恶。

他首先引述了法国历史学家、政治家梯也尔的《论所有权》（*De la Propriété*）一文，认为人在运用自己的体能、智力方面，拥有不可否认的权利，其享受体能、智力劳动成果的权利也不可剥夺；劳动，不仅是义务也是职责，是上帝的差遣，是维系人类家庭的神圣使命。紧接着，他又以杜尔哥（Turgot）、托克维尔、柏克等人的著述为例，生动地讲述了西欧各国，尤其是法国下层民众的悲惨遭遇。

> 贪婪的政府如影随形，徘徊在屠户的案板旁、面包师的烤炉边。农民过条河也要向贵族缴税，自己生产的东西，如果没有得到许可，还不敢卖。他们衣不蔽体、食不果腹，更遑论自己酿酒。①

在坎贝尔看来，这一切都是政府垄断造成的。垄断无处不在。在苏格兰，附属于国王或贵族的农民，必须到指定的磨房加工自己的产品（thirlage），并缴纳不菲的加工费。在大不列颠，爱德华三世和理查德二世的继承者们，以政府垄断的形式，专营铁、油、煤、革、玻璃等物资，引起商人和下院不满。在托马斯·麦考莱（Thomas Macaulay）的《英国史》和当时的议会辩论中，这些问题都有详细的记载。

与议会的不满相比，法院的判决更值得注意。在垄断案（The Cases of Monopolies）中，大名鼎鼎的爱德华·柯克（Edward Coke）爵士就认为，垄断授权不符合普通法传统，也有违议会的成文法。②

殖民地时期的定居者，之所以远涉重洋，来到新大陆，就是为了寻求自由竞争的商业、不受约束地建立企业，远离国王的压迫，也没有垄断的困扰。

再看看路州的立法，除了组织公司的17人外，不让其他人合法地从事自己赖以为生的职业；在受限制的3个教区内，1000多屠户失去了财产，也不再拥有成功的梦想。这难道不是垄断吗？这样的行为既违反英

---

① *Slaughter-House Cases*, 83 U.S. 36, 45 (1873).
② Ibid., pp.47–48.

国普通法，也与美国历史上的先例不一致。①

在诉状的第二部分，坎贝尔引用宪法第十三条修正案，说明路州的立法属于该修正案所禁止的"奴役"。第十三条修正案中的禁止"奴隶制和强制奴役"一说，最先出现于美国邦联政府期间的 1787 年西北法令，当时的欧洲仍是君主专制的天下。法令的目的，是要防止在这些地方建立专制政权，"强制奴役"不仅仅指奴隶劳动，还包括其他形式的压迫。

为了证明奴役与奴隶制不同，坎贝尔引述了《圣经》中基遍人（Gibeonites）、古印度不可接触者、1770 年代撒丁岛上犹太人的生存状况。在坎贝尔看来，这些人都不是奴隶，但无一例外，他们均遭受着强制奴役。因此，"如果合众国，或其中一州的法律，将人分成三六九等，并牺牲某类人的自由、财产，以满足另一类人的，这样的法律就是宪法第十三条修正案所禁止的强制奴役"。②

但是路州的立法，不但让 17 人垄断 3 个教区的屠宰业务，连其他地方运来的牲口，都必须经过该公司的码头、栏圈，向他们缴税。严格地讲，这难道不是强制吗？这与苏格兰过去强收加工费有何区别？3 个教区 1 200 平方英里（约合 3 108 平方公里）的土地内的人们，从此不能以合法的方式、从事合法的职业，合理地增值自己的财产，这一切都是因为路州成立了一家特权公司。这样的特权公司，与往日的诸侯又有何分别？③

1799 年，大不列颠议会取消了苏格兰强征加工费的立法，法国通过大革命打碎了所有的封建特权。在美国，几年前（1867 年），伊利诺伊州最高法院也不同意芝加哥市将屠宰场集于一家。④ 路州的做法，明显有失公平。⑤

由此，坎贝尔进入诉状的第三部分、也是最重要的部分——宪法第

---

① Ibid., 48. 坎贝尔引述了康涅狄格、伊利诺伊、纽约三州的三案（The Norwich Gaslight Company v. the Norwich City Gas Company; The Mayor of the City of Hudson v. Thorne; The City of Chicago v. Rumpff），其中第二案，前文已有提及。在异议中，菲尔德大法官还有详细论述。

② Eva Doris Adams, pp. 76–78.

③ *Slaughter-House Cases*, 83 U.S. 36, 50–51 (1873).

④ 指前文提到的 *Chicago v. Rumpff*, 45 Ill. 90, (1867)。

⑤ Eva Doris Adams, pp. 79–80.

十四条修正案。在这一部分,坎贝尔首先讲述了该修正案制定的背景。

内战结束了美国的奴隶制,第十三条修正案使 300 万人获得了自由,但他们除了自由外,一无所有,没有任何政治权利、义务。第十四条修正案的目的之一,就是要赋予这些人一定的权利。但第十四条修正案还有一个更重要的目标:解决联邦与州之间的关系难题。在战前,约翰·卡尔霍恩(John Calhoun)等人认为,州才是合众国的最高政治实体,联邦建立在州同意的基础上,州有权否定联邦立法,也有权退出联邦;任何公民都是州的公民,不存在所谓的美国公民。[1] 但第十四条修正案对公民的定义,改变了联邦与州之间的关系。"所有在美国出生或归化,并接受其管辖的人,都是美国及其所在州的公民"。一个人,首先是美国公民,然后才是所在州的公民,联邦政府的权力直达个人,美利坚真正成为一个民族。[2]

作为一个传统的州权派,坎贝尔如此解释第十四条修正案第一句,心里满是凄凉与无奈。但是,一旦美国公民优先于州公民,美国公民的特权与豁免权就不受州政府干涉,这正是坎贝尔的苦心孤诣。

州政府的目的在于,保护个人生命、自由、财产不受无理侵犯。联邦政府与州政府相互支持、相互合作,以促进和平、保障安全。现在,获得公民身份,不靠出生,也不依赖于州认可。无论在哪一州出生的人,都是美国公民,其特权与豁免权都不受侵犯。这些权利源自《大宪章》,并在此修正案中得到体现,任何州均不得削弱或否定。[3]

当然,州政府不得侵犯联邦公民的特权与豁免权,只是坎贝尔解释第十四条修正案第一款的第一步,接下来,他要说明的是,这款修正案含义极广,其中的公民,并非特指黑人,也包括白人。

在坎贝尔看来,这款修正案用词仔细,大可推敲。其涵盖的人群,既包括刚获解放的黑人,也暗含其他人。美国有 37 个州政府,其立法影响着 4 000 万人,这些人,无论肤色,其权利受到侵犯时,都可以寻求联

---

[1] 关于卡尔霍恩及其州权理论,见任东来:《美国早期宪政史上的联邦法令废止权》,《美国研究》,2001 年第 2 期;邓蜀生:《美国历史上的州权》,《世界历史》,1982 年第 5 期。
[2] *Slaughter-House Cases*, 83 U.S. 36, 51–53 (1873).
[3] Ibid., pp.53–54.

邦政府的救济。因此，该修正案的最后一款说，联邦政府可以通过适当的立法，实施上述规定。

现在，唯一的问题是，何谓特权与豁免权。坎贝尔说，毫无疑问，特权与豁免权这一表达，指的是传统上的，社会默认的个人权利与民事权利；成文法中有规定，在建构我们国家基本原则的常识中，也有体现。第十四条修正案第一款，并没有将特权与豁免权与州的法律挂钩；这就说明，这些权利只属于美国公民，州不得侵犯。①

> 但是，路州的立法，影响了1 000多名屠户的生计，他们依靠自己的产业，诚实经营，遵纪守法，却无端地被17个人剥夺了工作的权利，州政府的行为难道没有损害这1 000多人的特权与豁免权？②

除了引用特权与豁免权外，坎贝尔还认为，路州的行为还违反了第十四条修正案第一款的另外两项规定：法律的平等保护（equal protection of law）与法律的正当程序。路州的立法，让17人大发横财，却使千余名屠户失去安身立命之所，显然有失公平，不符合法律平等保护所有人的要求。而且，劳动权以及安享劳动成果的权利，是一种财产权，神圣不可侵犯；路州立法，将这样的权利交给17人，显然是没经正当法律程序就剥夺了另外1 000多人的财产。③

在诉状最后，坎贝尔承认，州政府拥有治安权，可以用来管理州内的公共卫生。但治安权并非无限，在之前的判决中，联邦最高法院也曾对此有所限定。州政府不得以治安权为名，行侵犯联邦权力、个人权益之实。④

因此，坎贝尔恳请联邦最高法院推翻路州的立法，因为这样的立法，不但侵犯了个人权利，还危及联邦的权威，因为第十三条、第十四条修正案通过后，联邦的权威直达公民个人。路州如此行事，弃联邦权威于

---

① Ibid., pp.54–55.
② Ibid., p.55.
③ Ibid., p.56.
④ Ibid., pp.56–57.

不顾，与过去的奴隶制没什么两样。①

二、新月公司律师的答辩状

新月公司请来的首席辩护律师马修·卡彭特（Matthew Carpenter），也非等闲，为当时中西部律师之翘楚，人称"西部的韦伯斯特"；②曾代理过多起著名案件，并两度出任联邦参议员，直接参与了宪法第十四条修正案的起草过程，最后终老任上。③可惜的是，他的辩词没能保留下来，但可以想见，他在联邦最高法院的辩护，一定气势磅礴，不比坎贝尔逊色；要不然，大法官们也不会轻易支持路州的立法，让新月公司安然渡过险关。事实上，无论是撰写法院意见的米勒大法官，还是持异议的布拉德利大法官，都对卡彭特的辩护留下了极深的印象。1881 年，卡彭特去世时，米勒这样评价道："他是最出色的演说者"，"也是我所见过的最博学、最聪明的人，对任何事情都一丝不苟"。④布拉德利则说，"他特别善于抓住案件的动因与精髓，能够主导法庭辩论；当然，这一切都以他大量、细致的调查为基础，但是，功不唐捐，他的言行、举动都浑然天成"。⑤

第二个出场为路州政府与新月公司辩护的是托马斯·杜兰特（Thomas Durant）。杜兰特 1817 年生于宾夕法尼亚州，14 岁随家人移居新奥尔良；一生信奉傅立叶的学说，充满乌托邦思想；1846 年，进入路州议会，谴责奴隶制，反对强化联邦权力；后曾任路州司法部长，因不满 1864 年宪法，愤而辞职。⑥

在第一次庭辩时，杜兰特就援引联邦最高法院的一系列判决，证明

---

① Eva Doris Adams, p. 84.

② Edwin Bruce Thompson, *Matthew Hale Carpenter, Webster of the West* (Madison: State Historical Society of Wisconsin, 1954). 丹尼尔·韦伯斯特（Daniel Webster）为 19 世纪上半期美国政治家、律师。

③ Benjamin R. Twiss, p. 43; Charles Fairman, *Reconstruction and Reunion, 1864-1888*, part one, p. 453.

④ Charles Fairman, *Mr. Justice Miller and the Supreme Court, 1862-1890* (Cambridge: Harvard University Press, 1939), pp. 116–117.

⑤ Charles Fairman, *Reconstruction and Reunion, 1864-1888*, part one, p. 1348.

⑥ Joseph G. Tregle, Jr., "Thomas J. Durant, Utopian Socialism, and the Failure of Presidential Reconstruction in Louisiana", *The Journal of Southern History*, Vol. 45, No. 4 (Nov., 1979).

州的治安权不但涵盖州内的所有人、事，而且，州有权为了社会利益，采取适当的途径实施治安权。况且，路州并没有影响屠户的从业自由，只不过要求他们换个地方经营而已。①

在第二次辩论（2月4日）中，杜兰特重提集中屠宰是为了公众健康，维护公众健康又是州的首要职责，联邦宪法并没有将这一职责交给联邦政府。屠宰场法无意、也根本没有损害屠户的劳动权、财产权。至于牲口商，州委派了专人负责检疫他们的牲口，新月公司收费也一视同仁，不存在侵权问题。要说强制，新月公司必须在规定的时间内，建造合乎要求的大型屠宰场，这才是强行要求；而且，对任何来公司检疫、屠宰牲口的交易商、屠户，新月公司都不能拒绝，这也是硬性规定。对于坎贝尔所说的垄断问题，杜兰特也承认，屠宰场法确实给予了新月公司一定的排他性特权，但是出于公益目的，授予某些（市政）公司垄断某一行业，在英国历史上古已有之，在美国各州也颇有先例可循。②

至于宪法第十四条修正案，与布拉德利一样，杜兰特也将其与此前通过的1866年民权法联系起来，认为两者相互解释、目的一致。第十四条修正案将民权法宪法化，为的是让联邦法院能约束各州的行为。③

杜兰特的意思很明显，民权法也好，第十四条修正案也罢，都是保障黑人权益的，与已经拥有这些民权的白人无关。这无疑是针对坎贝尔的诉状而来，在坎贝尔看来，无论黑人、白人，第十四条修正案均一体适用。为了反驳这种观点，杜兰特特地解释了该修正案通过的历史背景和用词。

就历史背景而言，第十四条修正案显然是为了纠正对黑人的迫害。在司各特案的判词中，时任首席大法官坦尼认为，黑人天生低人一等，无权享受白人的权利。那时，坎贝尔在大法官席上，也同意坦尼的意见。但是，第十四条修正案推翻了司各特案，赋予黑人与白人同样的公民权。

---

① Ronald M. Labbe & Jonathan Lurie, pp. 198–199.

② Philip B. Kurland & Gerhard Casper, eds., *Landmark Briefs and Arguments of the Supreme Court of the United States: Constitutional Law, Vol. 6* (Arlington, Virginia: University Publications of America, Inc., 1975), pp. 720–722.

③ Ibid., pp. 723–724.

就用词而言，第十四条修正案虽冠之"所有人"（all persons），没有特指黑人，但所有人都知道，这里的 persons 就是黑人，宪法正文中就是这么用的。比如宪法第一条第一款，在确定众议员名额和直接税数额时，黑人按五分之三计算，这里的黑人用的是 other Persons；宪法第一条第九款，在规定奴隶贸易的最后期限时，用 such Persons 指代黑人奴隶。由此可见，第十四条修正案中的 persons，同样指的是黑人。因为各州对白人的公民身份并无特别限制，第十四条修正案第一款强调"所有人"的公民身份，毫无疑问是说黑人与白人一样，也是国家与各州的公民。[①]

杜兰特的这番话，的确很有道理。内战前的美国，虽是一个奴隶制国家，但宪法正文中并没有任何奴隶制或黑奴字眼，之所以如此避讳，一方面是因为制宪先贤们希望、也坚信最终能消除奴隶制，另一方面也是为了避免道德上的尴尬。

然而，杜兰特据此认定，第十四条修正案第一款只保护黑人，不包括白人，却也有失偏颇。此款修正案，虽然暗指黑人，是为他们而立，但用语却相当开放，并不排除其他人群。

具体到路州的屠宰场法，杜兰特重申，这是路州在行使其固有的治安权，各州均有例可遵，法院也有案可循，联邦不宜干涉。况且，该法用意良好，解决了新奥尔良的一大痼疾，并非如坎贝尔所说，立法动机不纯，暗藏猫腻。因此，联邦最高法院不能听信坎贝尔的片面解释，误用第十四条修正案，置需要雪中送炭的黑人于不顾，反而给白人锦上添花。这样不但颠倒了黑白，还会危及现有的联邦结构，过度膨胀联邦权力，导致中央集权，使大家挚爱的联邦宪法，变成人人唾弃的敌人。[②]

后来的事实证明，杜兰特的话有些危言耸听，但在当时，的确表达了很大一部分人的心声。这些人，包括某些激进共和党人，虽然不愿看到州政府践踏黑人权益，但他们更不希望改变传统的联邦和州关系的宪

[①] Ibid., pp. 726–728.
[②] Ibid., pp. 729–732.

法结构。^①事实上，这也是导致米勒等大法官作出狭隘解释的重要原因。

三、其他辩诉状

尽管杜兰特的危言符合时势，但总体而言，他的辩护词乏善可陈，并不出彩。[②] 其时，新月公司还聘请了另一位名律师——查尔斯·艾伦（Charles Allen）。艾伦1867—1872年任马萨诸塞州司法部长，后任该州最高法院法官多年。他没参加庭辩，幸运的是，辩护词保留下来了。[③]

艾伦认为，路州当前的宪法并不禁止州建立这样的公司，相反，州宪法授权议会为某些行业颁发特许状。而且，从各州（尤其是马萨诸塞）的历史与法院的相关判决来看，这样的特许状是一种惯例，法院也一直支持。[④] 在艾伦看来，新月公司虽然具有一定的垄断性，但该公司拥有这种特权是有前提的：它愿意、也能够拿出一大笔钱，建造大型屠宰场，为所有的屠户、牲口商提供便利。从某种程度上讲，新月公司降低了屠宰业的从业要求，让那些没有资金自己开业的人，都可以加盟；既缓解了重建时期路州的就业问题，又消除了瘟疫的重要传染源。[⑤]

如果按照坎贝尔的解释，用第十四条修正案来否定这样的立法，取消州议会颁行的所有特许与监管措施，无疑是误解了国会的修宪意图。解释宪法，不能仅看单个条文，应结合上下文，反观制定背景。如果第十四条修正案禁止一切特权与豁免权，不应干涉任何从业自由，那么，各州监管彩票交易、酒类销售的立法又作何解释呢？[⑥]

艾伦的反问，可谓直击坎贝尔的要害。坎贝尔的苦心，的确是希望将联邦公民特权与豁免权的内容扩大化、绝对化，使之涵盖屠宰业。但

---

① Michael Les Benedict, "Preserving Federalism: Reconstruction and the Waite Court", *The Supreme Court Review*, Vol. 1978 (1978), pp. 39–79; Michael Les Benedict, "Preserving the Constitution: the Conservative Basis of Radical Reconstruction", *The Journal of American History*, Vol. 61, No. 1 (Jun., 1974), pp. 65–90.

② Charles Fairman, *Reconstruction and Reunion, 1864-1888*, part one, p. 1346.

③ Ibid., p. 1346.

④ Philip B. Kurland & Gerhard Casper, eds., *Landmark Briefs and Arguments of the Supreme Court of the United States: Constitutional Law*, Vol. 6, pp. 589–595.

⑤ Ibid., pp. 596–598.

⑥ Ibid., pp. 599–602.

艾伦以宪法正文中早有特权与豁免权为例，说明联邦公民特权与豁免权，不过是从一州到另一州旅行、定居的自由。① 这一点，深得米勒大法官的赞同，他后来的判词，与此如出一辙。

除了上述几位的辩诉状外，费洛斯对坎贝尔的补充也值得一提。费洛斯 1825 年出生于北方的佛蒙特州，1850 年从佛蒙特大学毕业后，移居新奥尔良，并在路易斯安那大学获得法学学位；1864 年曾角逐路州州长一职，败于哈恩；1869 年开始专职律师生涯。②

费洛斯的诉状长 20 余页，题为《第十三条、十四条、十五条修正案与当代立法的历史、对象、目的与意图》。③ 他从美国独立、制宪讲起，极力降低历史上奴隶制因素的影响，将美国内战的起因，归根于两种不同宪法解释之间的冲突：一派要求维护、增强联邦权力，一派尽力扩大州权。这与美国独立战争为殖民地人民争权利的初衷，一脉相承。因此，内战后的三条修正案，主要不是为了黑人权益，而是保障每个人的基本权利；战前共和党的"自由土地、自由劳动、自由人"思想，④ 核心是自由劳动：不分肤色、地域，人人都应拥有不可剥夺的劳动权。正如第十四条修正案的起草者约翰·宾厄姆（John Bingham）所言，州法应平等保护所有人的生命、自由与财产；⑤ 激进共和党参议员查尔斯·萨姆纳（Charles Sumner）也说，该修正案废除了拥有各种特权的寡头、贵族和社会等级，让所有人在法律面前都享有同等的政治、民事权利。⑥

---

① Ibid., p. 603.

② Joe Gray Taylor, *Louisiana Reconstructed, 1863-1877*, p. 28; Ronald M. Labbe & Jonathan Lurie, p. 107.

③ Philip B. Kurland & Gerhard Casper, eds., *Landmark Briefs and Arguments of the Supreme Court of the United States: Constitutional Law*, Vol. 6, pp. 696-716.

④ Eric Foner, *Free Soil, Free Labor, Free Men: the Ideology of the Republican Party Before the Civil War* (New York: Oxford University Press, 1970); Harold M. Hyman & William M. Wiecek, *Equal Justice Under Law: Constitutional Development, 1835-1875* (New York: Harper & Row, 1982), pp. 115-159. 詹姆斯·M·麦克弗森：《火的考验：美国南北战争及重建南部》上册，陈文娟、卢艳丽、郑扩梅等译，白自然校，北京：商务印书馆，1993 年，第 129—131 页。

⑤ Philip B. Kurland & Gerhard Casper, eds., *Landmark Briefs and Arguments of the Supreme Court of the United States: Constitutional Law*, Vol. 6, p. 708.

⑥ Ibid., pp. 706-707.

换句话说，修正案的目的、目标或意图，就是让所有人共享生命、自由、财产诸权利，都能自由劳动，安享自己的劳动果实。这正是人类几个世纪以来浴血奋斗的基本目标。①

　　费洛斯的辩词，颇有"流自己的汗，吃自己的饭"的味道。在他看来，奴隶制的最大罪恶在于，自己不动手，却要占有别人的劳动果实；第十四条修正案，名义上是为了黑人，实质上是重申神圣的劳动权，每个人都有不受限制的劳动权。路州的屠宰场法恰恰背离了这一精神。

　　费洛斯高举自由劳动的大旗，引起了共和党大法官的共鸣。尽管当时联邦最高法院的九位大法官，有八位是林肯和格兰特两位共和党总统提名、任命的，但最后的判决却是5：4这样的微弱多数。

第三节　多数意见

　　1873年4月14日，林肯遇刺8周年，美国举国上下缅怀这位一代伟人。在空荡荡的审判庭里，米勒大法官宣读了屠宰场案的联邦最高法院多数意见。

　　他首先回顾了屠宰场案的前后经过，以及屠宰场法的几条主要条款，然后开始了否认该法具有垄断性的阐述。他认为，尽管该法赋予新月公司25年独家经营权，但是：

　　　　该法授予的是两种特权，一是牲口的卸载与栏圈，一是屠宰。为了人的健康与牲口的便利，所有的大宗牲口一律集中在固定位置卸载。这一点毋庸置疑。

　　有争议的是屠宰地点，对于这种特权，米勒接受了杜兰特与艾伦的观点：

---

① Ibid., p. 715.

屠宰场法限定了屠宰地点，禁止在其他地方屠宰，但并非如屠户们所言，从此不让他们从事屠宰行业。恰恰相反，该法要求新月公司接受所有愿意从事屠宰的人，否则将处以重罚，公司有责任为全城的屠宰提供便利。个体屠户们依旧可以屠宰、卖肉；只不过要固定在某一区域，缴纳一定的场地、设施使用费。①

而且，这类监管早已有之，正如美国法律先贤肯特（Chancellor Kent）在《美国法律评注》（*Commentaries on American Law*）中所言：

法律禁止在人口稠密之地从事不健康的行业，比如屠宰业，以及危险活动，比如储存炸药、安装蒸汽设备、制造燃烧材料、掩埋尸体等。众所周知，任何人在使用自己的财产时，都不应危及他人；私人利益应服从社区的普遍利益。

马萨诸塞法官莱缪尔·肖（Lemuel Shaw）这样评述治安权：

从性质上讲，这种权力没有明确的定义与范围。但在人口聚居之地，安全、稳定的社会秩序，公民的健康与舒适都离不开它，安享个人生活和财产也少不了它。②

检疫牲口，一向是各州的固有权力，在吉本斯案（Gibbons v. Ogden，又称汽船垄断案，1924年）③中，首席大法官马歇尔就说过：

只要没有将权力交付联邦政府，各州可在本州范围内，以最有利于自己的方式，就任何问题立法。比如检疫法、隔离法，以及各

---

① *Slaughter-House Cases*, 83 U.S. 36, 61 (1873).

② Ibid., p.62.

③ 详见任东来、陈伟、白雪峰等：《美国宪政历程：影响美国的25个司法大案》，北京：中国法制出版社，2004年，第71—84页。

种各样的健康立法。还有监管州内贸易的立法，包括收费公路、渡口。①

从后来的历史发展来看，这种权力一直为州独占，联邦无权侵犯。而且，"必须承认，路州为行使此权力所采取的手段，与其所要达到的目的，十分吻合，相当有效"。屠户们说，路州特许一家公司独享屠宰权，构成垄断，为什么不多成立几家公司呢？对此，米勒认为，州议会可以采取自己认为的最好方式，以最佳途径实现既定目的，即便联邦也无权置喙。②

现在，州议会的监管权力已经得到认可，唯一的问题是，这种权力是否无限，州授权某家公司独享屠宰权，是否超出了自己的权限？坎贝尔的辩词正是从这里开始，他认为柯克和麦考莱都反对垄断，垄断问题诱发了英国内战。米勒则认为，坎贝尔是在曲解英国历史，柯克、麦考莱只不过是借垄断问题抗议英国的专制王权。

> 我可以很自信地说，代表英国人民和整个国家行使立法权的大不列颠议会，从古至今，都在授予个人、公司某些排他性特权，这些权利都构成坎贝尔所言的垄断，从未有人质疑或否认。同样不可否认的是，这些公司利用这些特权所取得的巨大成功：没有特权，也不会有如此成就。③

上面这部分，米勒引用历史与先例，从传统的州权角度论述了屠宰场法的合法性。然而，他要面对的棘手问题是，坎贝尔在诉状中提出的前所未有的新司法难题：以第十四条修正案为中心的重建修正案，对州权有何影响？屠宰场法是否违背了第十三条修正案中的强制奴役，第十四条修正案中联邦公民的特权与豁免权、法律的正当程序、法律的平等保护？也就是屠宰场法的合宪性问题。这才是此案的关键，米勒对这

---

① *Slaughter-House Cases*, 83 U.S. 36, 63 (1873).
② Ibid., p.64.
③ Ibid., pp.65–66.

四款的解释，成为意见书的核心。

米勒承认，如何解释第十三、第十四、第十五这三条修正案，联邦最高法院无先例可循，但联邦最高法院要担负起时代责任，不能逃避，也无权回避。因此，他的意见书主要围绕重建修正案中的强制奴役、公民身份、不同公民的特权与豁免权，以及法律的正当程序、平等保护等问题依次展开。当然，最重要的还是第十四条修正案第一款中的公民身份及其特权、豁免权问题。

一、奴役问题

在简略回顾了前十三条修正案的制定过程后，米勒强调，联邦最高法院现在要解释的修正案，其历史记忆仍然鲜活。

> 在联邦的土地上，有一半的地方盛行奴隶制，一些人想要遏制并最终根除之，另一些人则拼命维护、捍卫它，并禁止联邦染指。两派之间的冲突愈演愈烈，终致内战。无论是否还有其他原因，奴隶制毫无疑问是内战最根本、压倒一切的起因。

内战中，联邦军队首先解放了奴隶，继而林肯的宣言将其合法化，但军令与总统的行政命令，很难经受时间的考验，为此，国会制定了第十三条修正案，禁止奴隶制与强制奴役（involuntary servitude）。

> 在"奴役"前加上"强制"一词，显然是针对人而言的，以奴役惩罚罪犯就是明证。"奴隶"一词在本国广为人知，尽管奴役的词义比奴隶更广泛，但它所禁止的也不过是各种强加于奴隶身上的压迫。①

在重建计划中，约翰逊总统以叛乱州废除各种奴役状态，作为其重返联邦的前提。国会的立法，也以恢复奴隶的自由、保障他们的权利，

---

① *Slaughter-House Cases*, 83 U.S. 36, 68–70 (1873).

作为重要目标。制定第十三条修正案的政治家们意识到，仅有自由是不够的，还必须为这些自由提供保障，所以有了后来的第十四条修正案。无论屠户们怎样误解或曲解，这两条修正案针对的都是前奴隶。

在解释第十四条修正案之前，米勒觉得应该先考察第十五条修正案的背景，以证明它们与第十三条修正案的共同特征。

> 内战以来的进程离我们太近，甚至不能称之为历史，但我们对此记忆犹新。揆据事实，对照条款，不可否认，这三条修正案都有一个共同的基础：赋予前奴隶们自由，给他们掌握自由的能力，让他们不再落入他人之手。是的，只有第十五条修正案才用种族（race）、肤色（color）、从前的奴役状态（previous condition of servitude）这样的字眼，表明其所调整的对象。但是，其他两条，也像这条一样，是为了消除这个种族的苦难。
>
> 我们并不否认，这些保障也可用于黑人之外的人群……。如果墨西哥的苦工（Mexican peonage）与中国的苦力（Chinese coolie），演变为对他们的奴役，第十三条修正案也同样适用。……但是无论如何，无论我们有怎样的理解偏好，在面对这三条修正案时，我们都应该看到其精髓，看到其希望消除的罪恶……①

二、何谓公民

我们最关心第十四条修正案第一款，这款以定义公民身份开头，不仅仅是联邦公民，还包括各州公民。宪法正文中并没有此类定义，国会也缺乏相关立法；在法院里、在执法部门中、在报纸杂志上，倒是有不少讨论。据说，有些杰出的法官认为，如果一个人不是组成联邦的州的公民，他就不是联邦的公民。由此，那些出生并一直居住在哥伦比亚特区或其他领地的人，虽然也在联邦范围之内，但却不是联邦公民。这种说法是否站得住脚，联邦最高法院并未表态。但就在内战爆发前不久判决的、著名的司各特案中，法院认为，非

---

① Ibid., pp.71–72.

洲后裔，无论是否奴隶，都不是、也不能成为州或联邦的公民。

这一判决，虽然遭到才华横溢的政治家和宪法律师的谴责，但至今并未被推翻。如果继续将其作为公民身份的限制，那么，新近成为自由人的黑人，就仍然不是公民，如果不修正宪法，他们就永远不能成为公民。

为了消除这一障碍，建立清晰而广泛的公民定义，明确联邦与州公民的构成要件，国会通过了第十四条修正案，其中第一款第一句说："所有在美国出生、归化，并受其管辖的人，都是联邦和他所居住州的公民。"对于这句，我们有两点看法：

其一，它平息了在公民身份问题上不同观点之间的争议。它宣布，所有人，无论居住于何州，只要在美国出生，并受其管辖，都是美国公民，这就推翻了司各特案。毫无疑问，这句是要赋予黑人公民身份。加上"受其管辖"一语，是要排除外国在美国的领事、参赞及其子女。

其二，对于本案辩论而言，更重要的是，这句明确承认并确立了联邦公民与州公民之间的区别。现在的问题，不再是成为联邦公民必须首先是州公民，恰恰相反，是如何将联邦公民身份转换为州公民身份。只要在美国出生或归化，就是联邦公民，但州公民身份要求必须在该州居住。

显然，联邦公民身份与州公民身份并不相同，它们有各自的特征与情况。①

三、特权与豁免权

1. 特权与豁免权的历史

在米勒看来，两种公民身份之间的区别，在于它们拥有不同的特权与豁免权。

我们认为，这种区分在此案中至关重要。因为第十四条修正案

---

① Ibid., pp.72–74.

第一款的第二句，只提到联邦公民的特权与豁免权，并未涉及州公民的此类权利。屠户一方的律师，希望淡化两者之间的差别，将两种公民身份、两种特权与豁免权等同起来。

"任何一州都不得制定或实施侵犯联邦公民特权与豁免权的法律。"如果将这句解释为州公民也不受本州立法侵犯，就忽视了其特别之处。前一句将联邦公民与州公民并举，这一句撇开州公民，单谈联邦公民，这种措辞上的变化，是经过深思熟虑的，也有明确目的。[1]

米勒认为，联邦公民的特权与豁免权、州公民的特权与豁免权各有各的内容。他强调说，只有联邦公民的特权与豁免权才受联邦宪法保护，州公民的类似权利，无论包括什么内容，都不受本修正案的额外保护。而且，鉴于联邦公民的特权与豁免权和州公民的特权与豁免各不相同，州公民只能寻求其居住地的保护。

接下来，米勒开始回顾"特权与豁免权"一词的宪法史：

这个词第一次出现在邦联条例的第四条："为了更好地促进邦联内各邦人民之间的交往，保证永久不灭的相互情谊，除了不受法律保护的乞丐、流浪汉、逃犯，任何一邦的自由居民，都应享有其他邦自由公民的所有特权与豁免权；一邦的人可以自由进出另一邦，与当地人一样，享受贸易、商务特权，缴纳同样的关税与内陆税。"

联邦宪法取代邦联条例后，该宪法的第四条第二款也包含类似的规定："一州公民应享有他州公民的所有特权与豁免权。"[2]

在说明这些条款目的一致、内容相同后，米勒从司法先例着手，论述其具体内容。在科菲尔德案（Corfield v. Coryell，1823）的判决词中，布什罗德·华盛顿（Bushrod Washington）大法官这样写道：

---

[1] Ibid., p.74.
[2] Ibid., p.75.

> 所谓州公民的特权与豁免权，就是所有自由政府公民所享有的基本权利，从联邦成为自由、独立的主权国家起，各州公民就一直拥有这种权利。这些权利很难列举，但论其大端，也不外如下两项：在政府保护之下，获得与占有各种财产的权利，追求与享受幸福、安全的权利；政府的保护或限制，只能出于维护社会整体的最大利益。①

接着，米勒又以另外两案为例，说明特权与豁免权并未增添任何新的权利，只是传统上公民已享有的各种权利的总括。各州给予自己公民怎样的待遇，对受自己管辖的外州公民，也应一视同仁。

2. 两种特权与豁免权

米勒承认，在联邦宪法正文中，联邦政府确实对州政府提出了某些限制，比如不得通过追溯既往的法律，不得通过剥夺公民权、损害契约义务的法律。但是，除此之外，联邦很少涉及州公民的特权与豁免权，州公民的这些权利完全掌握在州宪法与州议会手中，与联邦无关。尽管第十四条修正案宣称，任何一州都不得制定或实施侵犯联邦公民特权与豁免权的法律，国会有权制定相关实施法，但这并不意味着将保护上述所有权利的责任，从各州转移至联邦。

> 屠户们的解释，是想将州专有的权力转交联邦，继而推翻路州最高法院在这些案件上的判决。但这样一来，无异于让本院成为各州立法的永久仲裁者，裁决州对本州公民的立法，是否符合新近通过的第十四条修正案。我们也知道，屠户们的说法，并非最终解释。但是，面对此案，这样的解释，无疑是背离了我们整个制度的结构与精神。如果我们致力于降低州政府的地位，剥夺其原有的权力，使其从属于联邦国会，不但会完全改变州政府与联邦政府的关系，也会改变人民与这两种政府的关系，我们无论如何都不能接受。
>
> 我们相信，这也不是修正案制定者的本意，更非批准该修正案

---

① Ibid., p. 76.

的各州所愿。①

因此，米勒说，屠户们所享有的特权与豁免权属于州公民的特权与豁免权，由州政府负责保护，与第十四条修正案中的联邦政府没有关系。那么何谓联邦公民的特权与豁免权呢？米勒引述了克兰德尔案（Crandall v. Nevada）中的一段：

> 联邦公民的特权与豁免权包括：去政府所在地要求权利，在政府管辖范围内从事买卖，寻求保护，担任官职，以及自由进出海港，与外国人做生意，进入联邦设在各州的土地办公室、法院、银行。

此外，米勒还加上了自己的理解，联邦公民有权要求联邦政府，在公海保护自己的生命、自由与财产；有和平集会请愿的权利，申请人身保护的权利。当然，联邦公民在某州居住一定时间后，可以成为州公民，享有州所赋予的权利。但是，这两种特权与豁免权绝不相同。米勒重申，屠户们所称的权利是州公民的权利，并不在第十四条修正案所言联邦公民权利之列。②

四、法律的正当程序与平等保护

除了两种公民的特权与豁免权外，第十四条修正案第一款还规定，不经正当法律程序，各州不得剥夺任何人的生命、自由、财产，也不得在本州管辖范围内，拒绝给予任何人法律上的平等保护。在米勒看来，这两款并不太重要。正当程序条款在宪法第五条修正案中早已有之，当时是为了限制联邦政府，这次虽然是限制州政府，但并未改变联邦结构，也没有将限制州的权力置于联邦之手。生命、自由、财产其实就是特权与豁免权的核心内容。因此，联邦最高法院认为，路州限制屠户的法律，并不构成本款意义上的（不经正当法律程序的）财产剥夺。至于法律的

---

① Ibid., pp.77–78.
② Ibid., pp.79–80.

平等保护，米勒说：

> 正如我们刚才所言，考察这三条重建修正案的历史与首要目标，不难定义本款的含义：在新近获得解放的黑人所居住的州，其已有的法律，视黑人为一个阶级，施以大规模的不公与压迫性歧视，才是本款所要纠正的罪恶，才受平等保护性法律的禁止。①

如果州法不符合这些要求，第十四条修正案第五款授权国会，可以适当地立法实施之。但是，如果州法并没有视黑人为一个阶级或种族而加以歧视，"我们十分怀疑，这样的州法是否也在本款的监管范围之内"。因此，米勒拒绝在本案中适用平等保护条款，而建议等待州法否认黑人的平等正义之后，联邦最高法院再在合适的案件中加以阐述。

在意见书的最后，米勒又回到联邦结构问题，认为在组织美国政府之时，政治家们就在全国政府与州政府之间划了一条线，这条线一直延续至今。内战前，主要是为了防止联邦权力膨胀；内战证明，邻近州之间的联合、抵制，也是对这个永久联盟的巨大威胁。尽管内战后加强联邦政府权力的呼声很高，但重建修正案绝不是要破坏联邦制度的主要特征。米勒说，我们的政治家依然相信，让州控制地方事务、掌管人身与财产权利，对于我们复合政府（complex form of government）的有效运行至关重要。无论大众对于联邦制的观点如何变换，联邦最高法院都有责任掌握好州权与联邦权之间的平衡。②

第四节　菲尔德大法官的异议

在持异议的四位大法官中，菲尔德、布拉德利与斯韦恩单列了各自的不同意见，其中菲尔德的异议最长，也最为重要。他首先驳斥了米勒

---

① Ibid., pp.80–81.
② Ibid., pp.81–82.

对治安权与强制奴役的解释，然后强调两种公民之间并无差别，第十四条修正案第一款保护的是所有人的基本权利，主张取消路州的垄断性屠宰场法。

一、治安权与强制奴役

在概述了屠宰场法的基本内容后，菲尔德从该法的影响范围着手，论证新月公司的垄断性：受屠宰场法监管的 3 个教区——奥尔良、杰斐逊、圣·伯纳德，面积 1 154 平方英里（约合 2 989 平方公里），人口 20 万至 30 万；1869 年 6 月 1 日屠宰场法生效后，在此范围内，所有的个体屠户、牲口商将不能再像往常一样，自由地交易、屠宰牲口，而必须到指定的地点，缴纳一定的费用后，才能重操旧业，谁都不能说这很公平。

菲尔德也承认，州政府拥有治安权，可以为了市政利益，为了公共健康，施以各种监管措施；只要这些措施不超越宪法限制、不违背基本原则，一般都能得到联邦最高法院支持。但是路州的法律，恰恰侵犯了公民的宪法权利，这也正是他不能赞同多数意见的原因。在他看来，路州的屠宰场法只有两条可以算在治安权范围内——统一到城南（河下游）屠宰，对行将屠宰的牲口进行检疫。做到这两点，该法保护民众健康的目的也就达到了。可是，路州法律不但设立了一个新月公司，而且授予该公司诸多垄断性特权，这难道没有超出治安权范围吗？

在菲尔德看来，以前州政府虽也授予过类似特权，比如收费公路、渡口、桥梁，比如一定时期的专利，但这些都是为了便利公众，而路州的法律给一家公司带来利益，却损害了 1 000 多屠户的权益。按照该法的逻辑，既然它能授权 17 人组建公司，也就能将同样的权利赋予 1 人；既然它能授予 25 年的特权，也就能授予 1 个世纪乃至永久性特权；既然能在屠宰、加工领域授予特权，也就能在其他任何领域建立特权。如此一来，州的治安权可谓无边无际。[①]

接着，菲尔德笔锋一转，跳出具体问题，直指核心："现在的关键问题是，最近增加的宪法修正案是否保护美国公民的权利不受州立法的侵

---

① Ibid., pp.86–89.

犯。在我看来，第十四条修正案确实提供了这种保护，制定该修正案的联邦国会和批准该修正案的州，也是如此打算的"。① 由于坎贝尔提出第十三条修正案也禁止路州如此立法，菲尔德于是从该修正案谈起：

> 除非是为了惩罚罪犯，第十三条修正案禁止奴隶制与强制奴役，但我并不怀疑该修正案也禁止本案中所涉及的立法。大家都知道，这条修正案与引发内战的奴隶制有关……，但该修正案的用语并不只限于非洲奴隶，其含义相当广泛。同样禁止黑奴与白奴，不仅包括奴隶制，也包含其他各种形式的强制奴役。②

强制奴役不仅指奴隶，还包括家奴（serfage）、家臣（vassalage）、农奴（villenage）、债奴（peonage）等各种被迫服役形式。菲尔德也认为，废除奴隶制与强制奴役的目的，是使这个国家的每个人都能生而自由，都有不受限制地从事正当职业的自由，都能平等地享受自己的劳动果实。如果剥夺了这种劳动的权利，当然是一种奴役；如果将这种劳动的权利固定于某一地，尽管算不上是奴隶制，也不能否认是一种奴役。因为这些人不再拥有一个自由人所享有的自由与特权。因此，他同意坎贝尔的看法，路州的屠宰场法属于第十三条修正案所禁止的强制奴役。

为了进一步论证自己的观点，菲尔德还举了两个例子：1866年民权法与莱曼·特朗布尔（Lyman Trumbull）在参议院的发言。菲尔德说，1866年民权法紧接着第十三条修正案而来，该法第一条宣布：除了不纳税的印第安人外，所有在美国出生、不受外国管辖的人，都是美国公民；这些公民，除因犯罪、审判而受惩罚外，不论种族、肤色，不计先前是不是奴隶，或曾遭受强制奴役，在美国的任何州或领地上，都拥有同样的权利：签署与实施契约的权利，起诉、应诉、作证的权利，继承、购买、出租、出卖、保有或转让不动产与动产的权利，以及制定法与衡平程序赋予白人的所有与平等的人身与财产保护。该法赋予所有公民同样

---

① Ibid., p.89.
② Ibid., pp.89–90.

的权利与特权（rights and privileges），任何否认这种平等公民权的法律，无疑是将某些公民置于强制奴役地位。菲尔德接着说，积极倡导1866年民权法的特朗布尔参议员，也认为该法是为了给予自由公民真正的自由。针对南方仍然存在歧视自由民的法律，特朗布尔曾说："任何法律，如果不是人人平等，如果剥夺了一部分公民的民权，都是对其自由的侵犯，事实上也构成了宪法所禁止的奴役印记。"① 因此，路州的这项法律，影响到3个区1 100余平方英里（约合2 849平方公里）200多万人的餐桌，致使1 000多屠户及牲口商被迫放弃原来的自由职业，将自己交给一家垄断公司管理，这还不是奴役吗？

当然，第十三条修正案与所谓的强制奴役并不是菲尔德所要论述的重点。他的异议，最出彩的地方是他对第十四条修正案中公民特权与豁免权的论述。

二、公民身份与公民权利

菲尔德也认为，制定第十四条修正案是为了强调1866年民权法的合宪性，并将美国公民的权利置于联邦政府的保护之下。该修正案第一款第一句界定了何谓美国公民，但在此之前，对于是否存在独立于州公民的美国（联邦）公民身份，可谓众说纷纭。多数政治家与法官持否定态度，其中最著名的当然是卡尔霍恩与坦尼大法官。卡尔霍恩根本不承认有所谓的联邦公民；坦尼则认为宪法中的"美国人民"（people of the United States）与公民同义，这里的人民指的是各州的自由居民，因此，贩卖到这个国家来的奴隶及其后裔不是，也不可能是宪法意义上的公民。然而，菲尔德认为：

> 第十四条修正案第一款第一句颠覆了这种观点，也终止了所有的辩论与怀疑。该条款明白无误地创造或者说承认了美国公民身份，这种公民身份不取决于其出生何地、是否被收养，也不依赖于某一州的法律或其身世血统。现在，州公民只不过是居住在该州的联邦

---

① Congressional Globe, 1st Session, 39th Congress, part 1, p. 474. Ibid., pp.89–90.

公民。自由人与自由公民所享有的基本权利、特权与豁免权，随之转移到联邦公民身上，而不再依赖于州公民身份。①

在菲尔德看来，原先州公民能享受什么样的、何种程度的特权与豁免权，要取决于地方官员的态度与能力；现在，有了联邦公民身份，以及与这种身份相伴随的各种权利，地方政府也不能随便干涉。他说：

> 是的，这款修正案并不打算赋予联邦公民任何新的特权与豁免权，也没有列举或定义已有的权利；它只是保证联邦公民能享有这些特权与豁免权，使其免遭各州侵犯。但是，如果真如多数意见所言，该款不是要禁止州侵犯联邦公民的这类特权与豁免权，而只是为了说明，美国公民的特权与豁免权就是美国人在立宪前一直享有的权利，那么，制定和通过这样的修正案就毫无意义，没起任何作用，也完全不必要。②

那么，不受州立法侵犯的联邦公民特权与豁免权到底包括哪些内容呢？菲尔德重述了1866年民权法第一条的具体内容，认为第十四条修正案是其在宪法上的体现；而且，"特权与豁免权"也不是新词，宪法正文（第四条第二款）中早已有之："一州公民应享有他州公民的所有特权与豁免权"。接着，菲尔德也引述了科菲尔德诉科里尔案中华盛顿的著名判词："州公民的特权与豁免权，就是所有自由政府公民所享有的基本权利。"菲尔德说，特权与豁免权虽无法列举，但以合法的方式从事合法的职业，无疑是其中之一种；国会在讨论通过1866年民权法时，特朗布尔参议员也引用了这句判词，并认为，该民权法就是要将华盛顿所说的"基本权利"授予每一个联邦公民。③

---

① Ibid., p.95.
② Ibid., p.96.
③ Ibid., pp.97–98.

如果说宪法正文第四条中的特权与豁免权是保护一州公民不受他州立法的敌视与歧视,那么,第十四条修正案中的类似条款则是保护联邦公民不受本州或他州偏颇性法律的敌视与歧视;如果说宪法正文第四条中的特权与豁免权是由不同州的公民平等地享有,那么,第十四条修正案中的特权与豁免权则是平等地存于联邦公民之中。①

三、垄断与职业问题

菲尔德承认,在第十四条修正案通过之前,各州有权在某些行业中建立垄断,只要这些垄断措施按照宪法正文第四条要求,对本州与外州公民一视同仁。第十四条修正案生效后,州政府设立的任何垄断都将侵犯联邦公民的特权与豁免权,因为"该修正案已将联邦公民这些权利置于联邦政府保护之下,所有贸易与制造行业的垄断行为损害了联邦公民获取财产、追求幸福的自由,不符合英国的普通法传统"。②

接着,菲尔德给垄断下了一个定义:由主权政府授予的,某一个人、委员会或公司专造某种产品、专营某一行业,限制其他人参与的行为。由此可见,垄断不仅授予专营、专造权,而且还限制、阻碍其他人从事相关职业的权利与自由。应用这一解释,路州屠宰场法将专营屠宰场与码头的垄断权利授予17人组建的新月公司,无疑是侵犯了个体屠户们从事合法职业的自由。这样的特权已被英国著名的垄断案所否定,英国人民反对垄断的斗争也在其历史上写下了浓墨重彩的一页。③不但英国普通法谴责各种形式的垄断,以英国法律为基础的美国从一开始就反对垄断,1774年的大陆会议重申了英国内战时期反对垄断的经历,认为不受限制地、平等地追求幸福是英国臣民,也是新大陆人民最珍视的权利。

针对路易斯安那曾受法国法律影响的特点,菲尔德接着说,就算是在法国,路易十六也在1776年下令,废除贸易领域的所有垄断,取消团

---

① Ibid., pp.100–101.
② Ibid., pp.101–102.
③ Ibid., pp.102–104.

体、行会、公司的一切特权，授权每个人不受限制地从事自己的职业。路易斯安那领土卖给美国后，这些法律一直保留至今。现在，第十四条修正案只不过是要将这些权利宪法化，让联邦承担起保护职责。① 联邦公民的从业自由是他应该享有的基本权利，无疑在特权与豁免权之列。路州的屠宰场法侵犯了联邦公民的权利，联邦最高法院理应宣布其无效。本院的多数意见以联邦公民特权与豁免权难以列举为由，拒绝救济，实际上是否认了联邦公民的基本权利。

为了进一步论证自己的观点，菲尔德还从州法院的判决中寻找先例，他引用了坎贝尔在诉状中提到的三起州案，② 认为，这些案例都承认公民拥有平等的从业权，所有授予一部分人排他性特权的法律，都违背了这些基本权利，因而无效。③

在意见书的最后，菲尔德重申公民的从业自由不受限制，在任何地方，所有的职业都应对所有的人平等开放。州可以监管，但必须是出于维护公序良俗、提升公共健康的目的，而且监管措施应该对所有的公民一视同仁。

> 这正是我们的制度赖以生存的基本理念，如果不能在立法中自始至终加以贯彻，我们的共和政府将徒具虚名。在我看来，第十四条修正案要求各州的立法平等地尊重所有公民的权利。路州的法律完全背离此道，本院多数意见竟然认可这样的法律，我对此深表遗憾……④

---

① Ibid., p.105.
② The Norwich Gaslight Company v. the Norwich City Gas Company; the Mayor of the City of Hudson v. Thorne; The City of Chicago v. Rumpff.
③ *Slaughter-House Cases*, 83 U.S. 36, 106–109 (1873).
④ Ibid., p.110.

第五节 布拉德利与斯韦恩的异议

此时布拉德利刚到联邦最高法院两三年，是最早接触这宗案子的大法官，该案的纠错令就是他发的，囿于程序上的障碍，他没能满足屠户们的禁令请求，致使路州屠宰场法和区法院的判决一直有效。现在，终审的时间到了，尽管大势已去，忠于法律的布拉德利还是决定重申自己对第十四条修正案的看法。紧接着布拉德利的异议而来的是另一位大法官斯韦恩的不同意见。斯韦恩的异议是法院判决书的最后一部分，并非最不重要，恰恰相反，斯韦恩在他的意见书中对第十四条修正案正当程序条款的宽泛解释，预言了美国宪法日后发展的方向。

一、布拉德利的异议

在简要陈述了双方的立场与主要辩护理由后，布拉德利直指核心，问了两个问题：第一，联邦公民都可以从事自己喜欢的合法职业，这些职业也只受合理的法律监管，这属不属于联邦公民的权利与特权？第二，在一个将近1 200平方英里的大城市内，让一家屠宰场垄断经营，是不是该议会有权作出的合理监管？

> 第一个问题至关重要，它构成了我们政府的根本基础。现在这个问题已由第十四条修正案解决了，该修正案指出，联邦公民身份是这个国家的首要公民身份，州公民身份是次位的、派生的，要取决于联邦公民身份及公民的居住地点。现在，州政府已无权限制本地居民的公民身份。联邦公民拥有充分的宪法权利，可以自由地选择居住地，并在当地获取公民资格，享受平等的权利，这种权利受国家权力保护。[①]

在布拉德利看来，从事合法职业的权利正是联邦公民最值得珍视的权利，州立法机构无权侵犯。而且，从历史上看，任何自由政府的公民

---

① Ibid., pp.112-113.

都享有这样的基本权利。《大宪章》有言:"任何自由人,如未经其同级贵族之依法裁判,或经国法(the law of the land)审判,皆不得被逮捕、监禁、没收财产、剥夺法律保护权、流放,或加以任何其他损害。"研究英国宪法的学者解释说,这款是指只有经过正当的法律程序,才能干涉自由人的生命、自由、财产。英国法权威威廉·布莱克斯通(William Blackstone)将这些不可侵犯的基本权利归纳为三种:人身安全权、人身自由权、私有财产权;并认为最后一种绝对权利,是指自由民在国法之下自由使用、享受、处置自己财产的权利。布拉德利接着说,英国的不成文宪法保障这些权利不受任何侵犯;美国的《独立宣言》也重申,所有人都平等地享有某些不可剥夺的权利,这其中就包括生命、自由和追求幸福的权利。

> 为了延续、行使、享受这些权利,个体公民必须拥有自由选择职业、行业的自由。没有这种自由,就不成其为自由公民。选择职业的自由属于上述自由权的主要组成部分,受政府保护;而经过自由选择的职业,又应该是被保护的财产权。①

谈完自由民基本权利的历史后,布拉德利回到联邦公民身份这个核心问题。"公民身份并非空洞无物,任何公民身份都与一定的权利相连";尽管米勒与菲尔德两位大法官都说州公民的特权与豁免权难以列举,布拉德利还是尽力罗列了几种,以证明其内容实际上相当广泛,并强调,这些权利不但是最基本的,而且应由所有州公民平等享有。由于第十四条修正案已将联邦公民身份置于州公民身份之上,州公民所有的权利也就随之转移至联邦公民;上述这些既基本又平等的权利也是联邦公民的特权与豁免权。

对于州的治安权问题,布拉德利基本上同意菲尔德的看法,州固然拥有治安权,但此种权力不但要以公共利益为目的,而且应该合理、公正地行使。以这种标准观察,路州的屠宰场法只有两条,集中屠宰和统

---

① Ibid., pp.114–116.

一检疫，可以算在治安权范围内；其他的排他性权利，完全是垄断，与英国传统不符，也有违美国法律。①

除了这两个问题外，布拉德利还发人所未发：如果联邦公民的特权与豁免权受到州的侵犯，联邦法院是否有权施加救济？布拉德利的回答是，在第十四条修正案通过前，这是一个问题，但是现在，已经不是问题。在第十四条修正案通过后，联邦公民同时也是各州公民，各州公民的特权与豁免权也就成为联邦公民的特权与豁免权。"在我看来，全国人民都希望利用新的修正案，让联邦保护公民的基本权利不受州的侵犯。"②第十四条修正案最后一款也说得很明白，联邦政府可以通过适当的立法，实施上述各款（包括第一款）的规定。

而且，第十四条修正案第一款还要求，不经正当法律程序，不得剥夺任何人的生命、自由、财产。布拉德利说，"选择和从事什么样的职业是一种自由，而职业本身也是一种财产"，以此看来，路州的法律也不符合正当程序条款。

由此，布拉德利得出一个三段论式的结论：联邦有责任保护联邦公民的基本权利，州政府侵犯了这种权利，联邦法院应该提供救济。到此，布拉德利的意见可以说是逻辑严密、论证完整。但他未就此止步，而是回马一枪，进一步反驳当时一些人的担忧：对第十四条修正案的宽泛解释会导致联邦干涉州内事务，使联邦法院完全取代州法院。布拉德利认为，相对于州法而言，联邦法律只占很小一部分，而且，一旦州认可了联邦公民的基本权利，它们也不会故意通过损害这些权益的立法，因此，州在国家事务中的地位不会削弱；联邦法院案件增加，也可以通过增加人手加以解决。"关键问题是，在解释第十四条修正案时，要将国家意志与国家利益放在第一位"。③

---

① Ibid., pp.119–121.
② Ibid., pp.121–122.
③ Ibid., pp.122–124.

二、斯韦恩的异议

斯韦恩首先简单追溯了前面十一条修正案与最近三条修正案的制定过程，明确说，"最近的这几条修正案是一个全新的开端，开启了美国宪法史上的一个重要时代；它们直接触及州权，与最初的十一条完全不同"；他甚至断言，"这些修正案简直可以与《大宪章》媲美"。①

在这三条修正案中，最重要的当数第十四条，而该条的第一款又是重中之重，自然也是斯韦恩异议的核心。在斯韦恩看来，第十四条修正案第一款简洁明了，毫无歧义，每个字都有明确的含义，基本上用不着解释。尽管如此，由于不同意前面几位大法官的解释，他还是有话要说。与菲尔德一样，他也认为州公民实际上就是联邦公民，没有后者，前者也不能成立；联邦公民的特权与豁免权保障联邦公民的生命、自由、财产等基本权利，州公民也拥有类似的权利。因此，可以说每一个公民都有双重公民身份。②

但是，这并不是第十四条修正案第一款的全部。如果说这款的前两句是要确定联邦公民身份，保障公民（citizens）的特权与豁免权，那么接下来的两句，则是要保护任何人（any persons）的生命、自由与财产；使任何人都能享受法律的平等保护。斯韦恩觉得，这种用词变化说明，生命、自由、财产这些基本的权利，是任何人——无论是不是美国公民，都可以也应该享有的。

> 生命是上帝的礼物，保存生命是人最神圣的权利；自由就是远离一切限制，不受暴君与寡头的统治；财产则是一切具有交换价值（exchangeable value）的东西，财产权包括财产所有者根据自己的意愿自由处置的权利。劳动也是一种财产，同样值得保护。因此，财产权的重要性仅次于生命权与自由权。个人的富裕、国家的富强，在很大程度上依赖于各种形式的财产。③

---

① Ibid., pp.124–125.
② Ibid., p.126.
③ Ibid., p.127.

接下来，斯韦恩也问了两个问题：路州的屠宰场法是否侵害了屠户们的特权与豁免权？是否未经正当法律程序就剥夺了他们的自由与财产、没有给予他们法律上的平等保护？斯韦恩的回答是肯定的。他说，众所周知，最近这三条修正案是内战的结果。内战前，大家都不信任联邦政府，希望由州政府来管理各自的民众。但是现在，新的修正案（第十四条修正案第一款）明确规定，所有在美国出生或归化的人都是美国公民，州不得侵犯其特权与豁免权；所有的人都享有法律上的平等保护。这就意味着，人不分地区、不论种族，在新修正案面前都具有平等的权利。而且，一国之政府必须承担起保护辖区内所有人基本权利的责任，这些基本权利源自社会契约，植根于理性与正义的根本原则。然而，多数大法官的意见，企图将新修正案的适用范围限于某种人群，这是一种误解；斯韦恩认为他们不是在解释宪法，而是在制定法律。因此，他最后主张，联邦政府应该取代州政府，担负起保护民众基本权利的职责。①

第六节　反响与评论

联邦最高法院宣布屠宰场案判决结果时，格兰特总统刚刚开始他的第二个任期，整个国家的形势是树欲静而风不止，南方依然离不开联邦军队的保护。

在路州，沃姆斯已被弹劾、免职，但共和党中敌对两派的斗争愈演愈烈，双方各拥一人，各开议会，都宣布己方赢得州长选举。除了党内倾轧外，种族矛盾也愈演愈烈，就在联邦最高法院宣判的前一天（1873年4月13日），科尔法克斯大屠杀造成近百名黑人死亡，全国的目光都在关注南方的种族冲突，看联邦政府如何应对。当时，几乎没有报纸在意，在华盛顿的一个角落里，那些"顽固"的屠户们命运如何。

---

① Ibid., pp.128–129.

一、时人的评论

敏锐的学者们密切关注着屠宰场案的进程,早在 1871 年联邦最高法院刚刚驳回个体屠户们的申请时,库利就在他的《论宪法限制》一书的第二版中增加了一个脚注:"新奥尔良的诉讼要求扩大联邦法院的管辖权,使其能够审查州在行使治安权时,是否侵犯了第十四条修正案所保护的公民权利。库利认为,从联邦政府所受到的宪法限制来看,它并不拥有超越与审查州治安权的权力。"① 但是,另外一名学者,阿瑟·塞奇威克(Arthur Sedgwick)②并不这么看,他在《国家》(Nation)杂志上写了一篇名为《垄断与第十四条修正案》的文章,评论布拉德利在巡回法院的判决。他说,如果联邦最高法院支持布拉德利的意见,那么全国的公司都将遭受灭顶之灾,因为这些公司大多是为了公共利益而得到州或联邦授予的特权;当然,他相信联邦最高法院不会支持布拉德利的判决。③

1873 年,屠宰场案尘埃落定,在负责编辑斯托里《宪法评注》第四版时,库利特意增加了与重建宪法修正案相关的三章:解放奴隶、第十四条修正案、建立公平的选举权,并引用了屠宰场案,表示他赞同联邦法院多数意见对两种公民身份、两种特权与豁免权的区分。次年,库利在《论宪法限制》的第三版中继续强调,他支持联邦最高法院的判决。但是,霍姆斯对此表示怀疑,他在 1873 年 7 月出版的《美国法律评论》上提醒人们"特别注意屠宰场案对于未来州与联邦关系的重要性":"当执法部门派遣联邦军队进入路州管理州事务时,联邦最高法院却从中抽身,让州法院与议会决定自己公民的特权与豁免权"。④

与此同时,联邦国会中的共和党激进派议员对此判决也多有批评,曾任职于十五人重建委员会(Joint Committee of Fifteen on Reconstruction)、参与修改第十四条修正案的罗斯科·康克林(Roscoe Conkling)参议员

---

① Charles Fairman, *Reconstruction and Reunion, 1864-1888*, part one, p. 1368.
② 阿瑟·塞奇威克(1844—1915),美国著名法律学者,当时是《国家》杂志的助理编辑,后来与霍姆斯一起主编《美国法律评论》。
③ Charles Fairman, *Reconstruction and Reunion, 1864-1888*, part one, p. 1370.
④ "Summary of Events", *American Law Review*, Vol. 7, No. 4 (Jul., 1873), p. 732; Ibid., pp.1368-1370.

就认为，宪法（第十四条修正案）起草委员会的意思是，该修正案不仅保护挣脱束缚的黑人，还包括努力摆脱立法干涉的公司与商业企业。[①] 重建委员会的另一名参议员乔治·鲍特韦尔（George Boutwell）则表示，联邦最高法院"错误地将个人权利分为联邦与州两个等级"。蒂莫西·豪（Timothy Howe）更是发出耸人听闻的言论，"美国民众会像评价司各特案一样评论屠宰场案：联邦最高法院的判决不是法律，也不应该成为法律"。[②]

这些激进议员的言辞不可避免地带有明显的党派色彩，相形之下，一些著名杂志、报纸的评论则要公允得多。《国家》杂志说，屠宰场案表明，"联邦最高法院走出了战争狂热，开始抛弃感情用事的解释标准"；《纽约世界报》（New York World）则说，联邦最高法院面对的核心问题是，"那些修正案是否改变了原有的州与联邦关系，联邦最高法院非常得体地说'没有'"。《纽约时报》评论说，米勒的判决让人更加尊敬联邦最高法院。《纽约论坛报》则说，屠宰场案是联邦最高法院"最重要的判决，它建立了一个屏障，让联邦政府不能插手属于州管辖的事务"。《芝加哥论坛报》（Chicago Tribune）的评论是，屠宰场案表明了两点："联邦最高法院不会让新的修正案干扰各州政府；各州民众应通过制定州宪法、选举州议会反对垄断"。[③]

1878年，罗亚尔在《南方法律评论》发表研究屠宰场案的长篇论文，[④] 他十分肯定地说，"第十四条修正案第一款禁止州制定和实施损害公民——无论是联邦还是州公民——特权与豁免权的法律"；他赞同菲尔德等大法官的异议，认为这才是修正案制定者的本意。而且，在仔细研读

---

① 在美国历史上，康克林最早提倡将公司人格化，纳入第十四条修正案保护范畴。有学者怀疑，康克林等议员接受了铁路公司的好处，希望利用第十四条修正案实现铁路公司的阴谋。这一"阴谋说"（Conspiracy Theory）的来龙去脉与相关分析，见 Howard Jay Graham, "The 'Conspiracy Theory' of the Fourteenth Amendment", *Yale Law Journal*, Vol. 47, No. 3 (Jan., 1938), pp. 371–403; *Yale Law Journal*, Vol. 48, No. 2 (Dec., 1938), pp. 171–194。

② Charles A. Warren, *The Supreme Court in United States History, Vol. 3, 1856-1918* (Boston: Little, Brown & company, 1922), p. 257, pp. 262–263.

③ Ibid., pp. 265–267.

④ "The Fourteenth Amendment: the Slaughter House Cases", *Southern Law Review (New Series)*, Vol. 4, No. 4 (Oct., 1878), pp. 558–584.

第十四条修正案的制定过程后,罗亚尔得出结论:第十四条修正案就是要实现 1866 年民权法的宪法化,让《独立宣言》中造物主所赋予的基本权利,受到联邦政府的保护;但是,联邦最高法院害怕中央集权,不愿增加联邦权力,故意曲解第十四条修正案。①

当国会进一步立法,实施第十四条修正案等重建修正案时,民主党人也开始意识到屠宰场案的价值。1874 年 9 月 17 日,在评论国会新近讨论的民权法草案时,《国家》杂志上民主党人的一篇文章认为,联邦最高法院的屠宰场案判决,给了那些希望改变联邦—州关系的人一记闷棍,新宪法修正案并不是一场革命;强加于黑人的苦难,固然要谴责,但不能以恶抗恶,以联邦的暴力,强迫前主人还债。②

然而,没有联邦的实施法,黑人就没法获得真正的公民身份。正如黑人运动领袖弗雷德里克·道格拉斯(Frederick Douglass)所言:两种公民身份就是没有公民身份,其中一种必然摧毁另一种,破坏对方的所有成果;国家肯定,州否定,不会有任何进步;唯一的原则只能是,一个民族、一个国家、一种公民身份,所有人都遵守同样的法律。③

二、当代学者的观点

美国著名重建史专家埃里克·方纳(Eric Foner)认为,米勒大法官对两种公民身份及其不同特权与豁免权的区分,"让每个读过 1860 年代国会辩论的人都深表怀疑"。④方纳的名著出版十年后,学者帕梅拉·布兰德温(Pamela Brandwein)在解释重建的法律社会史著作中写道:"米勒大法官是在用北方民主党对奴隶制的看法来解释公民的特权与豁免权",体现的是北方民主党的奴隶史观。⑤

---

① Ibid., p. 563, p. 581. 由于非常认同菲尔德的观点,罗亚尔后来亲自办报纸为菲尔德竞选总统鼓吹。Charles Fairman, *Reconstruction and Reunion, 1864-1888*, part one, pp. 1372–1373.

② Xi Wang, *The Trial of Democracy: Black Suffrage and Northern Republicans, 1860-1910* (Athens: University of Georgia Press, 1997), p. 124.

③ Ibid., p. 124.

④ Eric Foner, *Reconstruction: America's Unfinished Revolution, 1863-1877*, p. 530.

⑤ Pamela Brandwein, *Reconstructing Reconstruction: The Supreme Court and the Production of Historical Truth* (Durham, N.C.: Duke University Press, 1999), p. 67.

第三章　联邦最高法院的解释

从党派的观点看，米勒等多数大法官毫无疑问地背离了共和党，尤其是激进共和党的重建计划。那么，共和党主导的联邦最高法院为什么违背本党的激进重建议程呢？一部分学者认为，北方共和党人厌倦了高压下的激进重建，屠宰场案是1877年妥协的前奏，通过此案，共和党人实际上承认了自由黑人的二等公民地位，将他们的命运重新交给南方白人。① 另一部分学者则认为，联邦最高法院的多数大法官，也十分关切黑人的地位，但他们并不希望联邦政府过多干涉州内事务。米勒大法官的意见，并非要侵蚀或结束重建，只是对第十四条修正案的保守反应，他们所不愿改变的，是原有的联邦结构。②

以研究米勒大法官见长的罗斯提出了第三种解释。③ 从分析米勒的个人经历入手，罗斯认为，米勒并非如费尔曼所描绘的那样，只是一个农业社会的民间英雄（agrarian folk hero），从艾奥瓦州农民的观点和立场出发，拼命抵制由铁路、金融家控制的新经济秩序。在他看来，像内战前的其他共和党人一样，米勒也具有自由劳动思想，希望工业化、城市化能让落后的艾奥瓦更富裕。但是，内战后的共和党，基本上是工业家与金融家的舞台，像艾奥瓦这样的落后地区并没有太大改善。④ 因此，他并不太相信，联邦权力能给路州带来太大的改善。况且，米勒早年从医，

---

① Frank J. Scaturro, *The Supreme Court's Retreat from Reconstruction: a Distortion of Constitutional Jurisprudence* (Westport, Conn.: Greenwood Press, 2000), pp. 22–36; Xi Wang, *The Trial of Democracy*, pp. 121–124; Harold M. Hyman & William M. Wiecek, *Equal Justice Under Law: Constitutional Development, 1835-1875* (New York: Harper & Row, 1982), pp. 475–476.

② Michael Les Benedict, "Preserving Federalism", *The Supreme Court Review*, Vol. 1978 (1978), pp. 39–79; Michael Les Benedict, "Preserving the Constitution", *The Journal of American History*, Vol. 61, No. 1 (Jun., 1974), pp. 65–90; Wendy E. Parmet, "From Slaughter-House to Lochner: The Rise and Fall of the Constitutionalization of Public Health", *The American Journal of Legal History*, Vol. 40, No. 4 (Oct., 1996), pp. 476–505; Richard C. Cortner, *The Supreme Court and the Second Bill of Rights: The Fourteenth Amendment and the Nationalization of Civil Liberties* (Madison, Wisconsin: The University of Wisconsin Press, 1981), pp. 9–10.

③ Michael A. Ross, "Justice Miller's Reconstruction: The Slaughter-House Cases, Health Codes, and Civil Rights in New Orleans, 1861–1873", *The Journal of Southern History*, Vol. 64, No. 4 (Nov., 1998), pp. 649–676; Michael A. Ross, *Justice of Shattered Dreams: Samuel Freeman Miller and the Supreme Court During the Civil War Era* (Baton Rouge: Louisiana State University Press, 2003), pp.201–203.

④ Michael A. Ross, *Justice of Shattered Dreams*, preface.

深知屠宰场与传染病之间的利害关系,路州屠宰场法能有效减少传染源,维护公众健康,理应支持。由此,罗斯认为,米勒等多数大法官的意见,只是在特定时间、特定环境下的实用主义判决;但后来被误解,无意间竟然成为联邦政府退出重建的第一步。[1]

罗斯的分析固然有理有据,但以米勒一个人的经历与思想代替五名大法官的意见,未免有些失之偏颇。从整个联邦最高法院的历史来看,在那个内战硝烟刚刚散去,南方欲静不静的政治急剧变动时期,联邦政府的政治家们尚未找到治国良策,联邦最高法院更是很难有所作为。正如麦克洛斯基所言,"全盘接受坎贝尔的论据可能会使联邦最高法院不堪重负","而且,这还会让联邦最高法院缺少回旋余地,无法用自己的方式在可能的政治限度内来实现自行选定的目标。当米勒看上去排除了对这一问题所有的宪法制约时,他实际上使美国的宪政制度得以有可能以'伯克式'缓慢的自生自长而非单一的突变来演化,以前美国宪政制度的发展也一向如此。米勒让联邦最高法院自己去自由地确定其在国家政策中的角色,这又是跟以前的做法一样"。联邦最高法院"巧妙地把机会主义与理想主义混合在一起"。[2]

如果放在内战后这个特定的背景下分析,联邦最高法院如此谨小慎微,还有另一个重要因素:司各特案的阴影——内战爆发,司各特案是重要动因。虽然米勒并不否认第十四条修正案也保护黑人之外的人群,[3]也不反对联邦主动立法,在适当的时候出手干预各州立法。[4]但这是国会的事,主动权在别人手中。第十四条修正案前景不明,前途未卜,他不能像坦尼一样,拿联邦最高法院的尊严与声望去冒险。

---

[1] Ibid., pp. 202–203; Michael A. Ross, "Justice Miller's Reconstruction", pp. 649–659.
[2] 罗伯特·麦克洛斯基:《美国最高法院》,第 95 页。
[3] *Slaughter-House Cases*, 83 U.S. 36, 72 (1873).
[4] Ibid., p.81.

第七节 结局

屠宰场案判决后半个多月（1873年5月7日），首席大法官蔡斯带着未实现的总统梦离开了人世。次年，更保守也更平庸的韦特继任首席大法官。米勒虽然未能如愿荣升首席大法官，但事实上却是联邦最高法院的核心，直到1890年死于任上，他都小心翼翼地维护着自己在屠宰场案中的立场。

1877年2月，在听取了双方的陈述与辩论后，由米勒等15人组成的选举委员会宣布共和党总统候选人海斯赢得了1876年的总统选举。3月4日，海斯宣誓就职，成为美国第19任总统。

同年1月，尼科尔斯就任路州州长。4月，联邦军队撤出路州，当地的共和党反对派迅速瓦解，路州又回到了内战前的状态。商人们企盼的和平似乎已经到来，但形形色色的政客们又开始蠢蠢欲动。

1879年4月，路州召开新的制宪会议，134名制宪代表中只有30名共和党人。与1867年一样，胜利者骄傲地将自己的要求写进了州宪法：政府的所有权力来自于人民，为人民谋福祉是其唯一宗旨，保护公民的生命、自由与财产是其唯一目的，除此之外的活动都是篡权与压迫；[①]州议会不得通过建立公司或授予公司特权的法律；[②]各区、市政府有权管理本区、市内的屠宰行业；[③]本州内现存的垄断性公司特许状一律撤销。[④]

由此可见，1879年的路州宪法实际上是取消了新月公司的垄断地位，并将管理这类公司的权力交给了区、市政府。1880年3月，在新奥尔良市政府的同意下，个体屠户与牲口商又建立了一家新的屠宰公司——屠户联合屠宰与牲口货运公司（以下简称联合公司）。新月公司认为自己先前从州议会获得的特许状是公司与州政府之间的契约，依据联邦宪法

---

① Article 1, Francis Newton Thorpe, *The Federal and State Constitutions, Colonial Charters, and Other Organic Laws of the State, Territories, and Colonies Now or Heretofore Forming the United States of America* (Washington, D.C.: Govt. Print. Off., 1909), Vol. Ⅲ, p. 1471.
② Article 46, Francis Newton Thorpe, p. 1478.
③ Article 248, Francis Newton Thorpe, pp. 1512–1513.
④ Article 258, Francis Newton Thorpe, p. 1514.

第一条第十款,①州不得立法侵犯这类契约;于是将新奥尔良市政府告上路州最高法院,要求法院禁止联合公司继续运营。但是,路州最高法院驳回了新月公司的诉讼请求,理由是路州政府就影响公共卫生的问题进行立法,是其行使治安权的合理体现;1879年宪法相关条款并没有超出这一权限;新月公司先前获得的特许状是州政府授予的,不能算作契约,州政府有权授予也有权更改,这样的例子在其他州都曾有过。②

无奈之下,新月公司转而寻求联邦法院的救济。1881年11月,新月公司在联邦地区法院起诉联合公司,12月,巡回法院作出判决:1879年路州宪法的上述条款不在其治安权范畴之内,新月公司建立后,该地区的卫生状况已有明显改观,不必建立新的屠宰公司。③

联合公司不服,将案子上诉至联邦最高法院,是为1884年屠宰场案④。在法院意见书中,米勒大法官再次引用了肯特的《美国法律评注》,说明州政府的治安权十分广泛,1879年路州宪法并没有超出其治安权范畴;州议会有权建立公司,授权公司在一定的区域内享有排他性屠宰权,这一点在屠宰场案中已经讲得很清楚。

> 但是,出于公共利益上的考虑,州议会同样有权取消这类授权,代之以更符合实际情况的新法律。⑤
>
> 1879年路州宪法以及新奥尔良市的相关法规,并没有损害所谓的契约义务,联邦巡回法院的判决不能成立。⑥

对比前后两个屠宰场案,米勒的意思很明显:路州授权给新月公司

---

① "州不得通过损害契约责任的法律",也称"契约条款"。
② *Crescent City Live Stock Landing and Slaughter-House Company v. City of New Orleans*, 33 La. Ann. 934 (1881).
③ *Crescent City Live Stock Landing and Slaughter-House Company v. Butchers' Union Live Stock Landing and Slaughter-House Co.*, 9 F. 743–747 (1881).
④ *Butchers' Union Live Stock Landing and Slaughter-House Co. v. Crescent City Live Stock Landing and Slaughter-House Company*, 111 U.S. 746 (1884).
⑤ Ibid., p.751.
⑥ Ibid., p.754.

也好、取消其特权也罢,都是路州自己的事,民选的州议会可以根据本州的公共利益,作出最优判断,联邦无权、也不必过问。

菲尔德与布拉德利两位大法官赞同联邦最高法院的立场,却不同意米勒的推理。在菲尔德看来,公众健康与公共利益固然重要,更为关键的仍是行业垄断问题。"所有的排他性授权都限制了一部分人的从业自由,使他们无法通过诚实劳动获取财富,这样的做法,不符合普通法传统"。①

> 人与人之间的关系建立在一定的道德基础上,没有这样一些基础性原则,社会也不可能存在。要维护我们的自由体制,就必须承认某些与生俱来的权利。《独立宣言》开宗明义,我们所享有的生命、自由与追求幸福的权利,不是帝王们的恩赐,也并非议会或国会的特许,而是造物主赋予的,是谁也无权剥夺的。②

菲尔德重申了自己在屠宰场案中的立场——追求幸福的权利就是自由地从事合法职业的权利,并引用亚当·斯密的《国富论》,证明劳动权也是一种财产权,是其他一切财产的来源,因而是最珍贵的、不得侵犯的权利;穷人的财产来自勤劳、灵巧的双手,阻止他们的劳动权,就是侵犯其最珍贵的财产权。第十四条修正案第一款禁止各州制定任何类似法律。③

布拉德利同样强调新月公司的垄断性质不符合英美普通法传统,并认为从业自由是联邦公民最重要的权利,受第十四条修正案第一款保护。非但如此,在他看来,联邦公民的特权与豁免权含义广泛,囊括了自由人的所有基本权利。新月公司的垄断地位不但侵犯了联邦公民的权利,而且违背了第十四条修正案第一款最后一句的要求——任何一州都不得在本州管辖范围内,拒绝给予任何人法律上的平等保护。④

---

① Ibid., pp.755–756.
② Ibid., pp.756–757.
③ Ibid., pp.757–758.
④ Ibid., pp.760–766.

如果算上 1870 年那次禁令之争，1884 年屠宰场案是联邦最高法院第三次就路州的屠宰场立法作出判决，这在美国历史上非常少见，而且这还不是最后一次。

1884 年 5 月，联合公司以新月公司滥用诉讼（malicious prosecution）为由，将其告上地方法院，要求其赔偿数额不菲的损失费与律师费。新月公司当然不干，案子几经波折，最后又到了联邦最高法院案头，是为 1887 年屠宰场案①。联邦最高法院认为新月公司 1881 年的两次诉讼，起诉的对象与要求均不一样，依据的法律也不同，不属于滥用诉讼。②新月公司再次逃过一劫，屠宰场案最终尘埃落定。

---

① *Crescent City Live Stock Landing and Slaughter-House Company v. Butchers' Union Live Stock Landing and Slaughter-House Co.*, 120 U.S. 141 (1887).

② Ibid., pp.152–154.

第四章

屠宰场案的历史影响

时至今日，在审理相关案件时，美国联邦最高法院还会不时引用屠宰场案，[①]可见其作为先例，仍具有法律效力，其历史影响不容忽视。

屠宰场案的关键问题有两个：何谓公民身份？第十四条修正案能在多大程度上约束各州？对于第一个问题，米勒大法官先是将联邦公民与州公民区别对待，然后用列举的方法限制了联邦公民的特权与豁免权。由于联邦只能保护联邦公民的基本权利，具有实质内容的州公民权仍掌握在各州手中，这就涉及第二个问题——第十四条修正案如何约束各州？根据联邦最高法院在屠宰场案以及随后几起案件中的解释，第十四条修正案只能约束各州的政府行为，对于私人之间的侵权行为无能为力。

与第十四条修正案一样，《权利法案》的约束对象也是政府行为，保护的是所有人（people）的基本权利，而第十四条修正案既保护联邦公民的特权与豁免权，也保护任何人（person）的生命、自由与财产。这样一来，《权利法案》中的基本权利也可以逐步吸收进第十四条修正案，《权利法案》也能约束各州。屠宰场案中，菲尔德与布拉德利两位大法官的异议，实际上已经涉及这个问题。

[①] 在1999年的萨恩兹案（*Saenz v. Roe*, 526 U.S. 489, 1999）中，联邦最高法院的多数意见引用屠宰场案，证明各州公民就是联邦公民；2006年12月，联邦最高法院在庭辩梅雷迪思案（*Meredith v. Jefferson County Board of Education*, www.oyez.org/cases/2000-2009/2006/2006_05_915/argument）时，也有大法官引述屠宰场案说明所有的黑人都是美国公民。

第一节 界定公民身份

屠宰场案中，米勒大法官司法意见书的核心部分，是界定联邦公民身份。此前，1787年宪法的正文曾提及"合众国公民"①和"州公民"②字眼，但"并没有此类定义，国会也缺乏相关立法"③。1866年民权法第一次界定了美国公民身份：除了不纳税的印第安人外，所有在美国出生、不受外国管辖的人，都是美国公民；并列举了美国公民应享有的一系列权利。第十四条修正案第一款将这一定义上升到宪法高度，规定："所有在美国出生或归化，并接受其管辖的人，都是联邦和他所居住州的公民。"这是美国联邦政府第一次明确提出出生地公民身份原则（Birthright Citizenship）。屠宰场案也是联邦最高法院第一次解释出生地公民身份原则。在此之前，联邦最高法院虽然偶尔涉及公民身份，但基本上是移民与归化问题，与移民法和移民相关，不在本书的论述范围。

一、第十四条修正案之前的公民与公民身份问题

公民（citizen）一词乃是臣民（subject）的对称物。臣民是君王统治的对象，而公民则是民众主权（popular sovereignty）的产物。当然，无论是臣民还是公民，都是"民"。作为个体，要成为集体的一员，取得臣民或公民资格，就存在一个效忠（allegiance）问题。所不同的是，臣民效忠君王，且此种效忠一般是天生的、永久的，所谓"普天之下，莫非王土；率土之滨，莫非王臣"；而公民的效忠对象则是民众主权的国家，且此种效忠基于社会契约理论，系自愿形成，可以解除，公民有权放弃、转移效忠对象。对于这两类效忠的理论阐述，前者以英国法学家柯克为代表，④后者则以英

---

① 宪法正文第一条第二款第一节关于众议员资格的规定，第一条第三款第三节关于参议员资格的规定，第二条第一款第五节关于总统资格的规定。

② 宪法正文第三条第二款关于异州司法管辖权的规定，第四条第二款关于各州公民特权与豁免权的规定。

③ *Slaughter-House Cases*, 83 U.S. 36, 72 (1873).

④ 详见柯克在卡尔文案（Calvin's Case）中的判决意见，参见 James H. Kettner, *The Development of American Citizenship, 1608-1870* (The University of North Carolina Press, 1978), pp. 16–20。

国思想家约翰·洛克为嚆矢。①

近代以来的世界历史，如以民众作为主体来看的话，大抵是从臣民向公民转变的历史。具体到美国经验，殖民地时期，来自英国本土的定居者普遍存在着两种效忠（即所谓的双重效忠，double allegiance）：一种是对大洋彼岸英王的效忠，这种效忠是与生俱来的；另一种则是对所在殖民地的效忠，此种效忠是基于契约（团契）的自愿效忠。值得注意的是，除了来自英国本土的移民外，殖民地还有大量的非英国移民，他们对殖民地的繁荣与发展贡献不小，因此各殖民地纷纷主动采取措施将其归化（naturalization）。

但是，各殖民地的这种做法可谓自行其是，不但缺乏明确的法律授权（建立各殖民地的令状、章程并未赋予此种权力），同时也带来一个严重的身份问题：这些效忠于某一殖民地的非英国人，在归化时是否也就同时效忠了英王，从而享有英国人（不论是本土的，还是殖民地的）的一切权利与特权？对此，殖民地的回答一般是肯定的，但是，远在伦敦的英王并不这么看。他认为殖民地的做法只是一种地方性行为，这些"外国人"不配成为其臣民，因此，伦敦采取措施，逐渐限制并最终取消了殖民地当局的归化权。英王的行为激起了各殖民地的强烈反对，成为《独立宣言》中所历数的罪状之一。②

殖民地独立后，随着美利坚合众国的成长，英王的臣民逐渐转化为美国的公民，效忠对象自然也随之从英王转向联邦宪法及其建立的合众国，但同时，原来已有的对所在殖民地的效忠依旧，只不过昔日的殖民地变成了组成联邦的各州。③因此，双重效忠的问题依然存在：一方面，各州都有自己的宪法，而且联邦宪法也将规定选民资格（公民身份的主要内容和特征）的权力交由各州行使；④另一方面，联邦宪法又明确授权

---

① 约翰·洛克：《政府论·下篇》，瞿菊农译，北京：商务印书馆，1982年。
② 《独立宣言》中有如下字句：他（英王）阻止各殖民地增加人口，为此，他对（各殖民地）归化外国人的法律设置重重障碍，拒绝批准鼓励外国移民的法案，提高新分配土地的条件。
③ 当然，这其中也夹杂着忠诚派（loyalist，仍效忠英王的人）的效忠选择问题。
④ 联邦宪法第一条第四款第一节明确规定：参众两院议员选举的时间、地点和方式由各州立法机构自行决定。

国会制定统一的归化标准（Uniform Rule of Naturalization，联邦宪法第一条第八款第四节），而依据宪法制定的联邦法律又是全国的最高法律（联邦宪法第六条）。普通公民既效忠于州又效忠于联邦的现实，在联邦与州和睦相处时，自然可以相安无事；然而，一旦州与联邦产生利益冲突，势必导致忠诚撕裂。最典型的就是1860年代的美国南北内战。当时，在南部就有大量依然效忠于联邦的国家主义者，在北方也有不少坚决支持南部叛乱州的"铜头蛇"[①]。战后通过第十四条修正案，实现了使美国公民首先效忠于联邦，并在归化基础上确立了出生地公民身份原则。

正如前文所言，从1808年开始，美国停止了官方奴隶贸易，所有的黑奴基本上都是美国本土出生的，第十四条修正案的主要目的显然是为了给予这些自由黑人公民资格。

二、黑人的公民身份问题

美洲的黑奴贸易源于西班牙人和葡萄牙人，兴盛于英国殖民者。18世纪末19世纪初，英国开始考虑停止奴隶贸易，并着手解放本土境内的黑奴。1772年，在萨默塞特案（Somerset v. Stewart）中，曼斯菲尔德（Mansfield）勋爵认为，奴隶的地位（受人奴役）与普通法和自然法的原则（人人生而自由）相冲突；除非有某种实证法（positive law）支持奴隶的被奴役地位，否则，任何人本质上都应该是自由的。此案的判决以英国不存在奴隶制法律为由，解放了一个被主人带入英国领土的奴隶，由此建立了一个司法先例，即当奴隶主将奴隶带到一个法律上禁止实施奴隶制的地区，该奴隶的法律地位将自动恢复到自然人的状态；而奴隶一旦获得了自由人的地位，他将始终是自由的。这就是所谓"一旦自由，永远自由"（once free, always free）原则。[②]

美国独立、制宪时，奴隶贸易仍在继续，黑奴的地位也成为制宪过程中争论的焦点。最终，他们被当作"其他人口"（all other persons），按

[①] copperhead，美洲蝮蛇，有剧毒，此处代指美国南北战争中支持南方的北方人。
[②] 王希：《德雷德·司各特案：一个美国奴隶争取自由的故事》，《美国法通讯》第1辑，北京：法律出版社，2003年，第56—57页。

白人的五分之三进行统计，作为联邦国会众议院议席分配和纳税的依据，并允许奴隶贸易可以再延续20年。[①]1808年以后，美国停止了海外奴隶贸易，但是葡萄牙、西班牙的奴隶走私仍在进行（1820年代，两国官方先后宣布禁止奴隶贸易）。1839年，一群黑奴在"阿姆斯达"号（Amistad）西班牙贩奴船上起义，杀死船长，后来船随风漂至美国。美国人释放了船上的奴隶，认为西班牙人违反了国际协定，这些黑人已经不再是西班牙人的财产，而是自由人。[②]

美国人虽然在涉外案件上大义凛然，但在国内案件中则显得有些英雄气短。明知奴隶与奴隶贸易有违人性和自然法，但囿于宪法的明文限制和有限的权力，联邦政府只能听任各州自行处置。[③]随着奴隶贸易停止，海外奴隶来源断绝，加上国内奴隶繁衍有限，市场上奴隶的价格节节攀升，为此，蓄奴州追捕逃奴的行动日趋急迫。与此同时，北方的废奴主义者拼命鼓动、帮助奴隶逃跑，为其争取自由。就在双方激烈斗争之时，联邦最高法院出手，表达了自己的态度。1851年，在斯特拉德案中，联邦最高法院认为，奴隶的身份自由与否，取决于他最后居住地的州法。[④]这就是说，逃往北方自由州的奴隶，一旦被奴隶主抓回，其自由身就立即丧失，重新恢复到被奴役状态。这实际上是背离了萨默塞特案原则。

尽管联邦最高法院作出了有利于南方奴隶主的判决，但其做法对联邦政府来说却相当明智。因为在奴隶问题已经成为当时全国争论焦点的情况下，将奴隶的公民资格这个烫手的山芋推给了州，由各州的法律和法院自行解决，从而将问题地方化，要比联邦最高法院主动出击更为稳妥。

在联邦最高法院审理斯特拉德案的同时，蓄奴州密苏里州最高法院受理了黑人德雷德·司各特（Dred Scott）的上诉。司各特最初是一位联邦军医的奴隶，曾随主人在自由州和联邦自由领地上居住过数年；按照这些地方的法律，司各特认为自己应该享有自由权利。1852年，密苏里州

---

① 联邦宪法第一条第二款第三节、联邦宪法第一条第九款第一节。
② 王希：《原则与妥协：美国宪法的精神与实践》，第210—211页。
③ *Groves v. Slaughter*, 15 Pet. 449 (1841); James H. Kettner, pp. 309-310.
④ *Strader v. Graham*, 51 U.S. 82 (1851); James H. Kettner, p. 310.

最高法院作出判决，认为司各特仍是奴隶。其理由是：每个州有权决定尊重他州法律的范围和程度；密苏里州法院不能根据他州的法律来剥夺本州公民的财产权；奴隶制是一项上帝恩准的事业，目的是将野蛮的黑人融入到文明国家的范围之内。1854年7月4日（美国独立日），司各特的支持者以他的名义，公布了一份长达12页的请求信，除了讲述自己的身世和本案前几次的审理外，还在信中表示，要将案件上诉到联邦最高法院，"我只能祈祷一些善良的人心会为慈悲怜悯所打动，帮我做我自己力所不及的事，如果正义在我这一边，祈请最高法院按照正义的原则来进行宣判"。

然而，正义再一次与司各特擦肩而过。当时联邦最高法院的九位大法官中，有五位来自南部蓄奴州，他们坚决支持宪法所保护的奴隶制。其中首席大法官坦尼不仅支持拥有奴隶的权利，而且坚决反对任何形式的种族平等。余下的四位大法官虽然来自北部自由州，但其中两位是民主党人，他们既不想赋予司各特自由，也不想面对联邦自由土地上奴隶的地位这一难题。① 这七名民主党大法官构成了联邦最高法院的多数派。

1857年3月，在经过两次庭审之后，联邦最高法院就司各特案作出判决：司各特不能成为美国公民。在法院的多数意见中，首席大法官坦尼界定了公民概念，他认为"公民"与"美国人民"同义，都是相对于拥有权力、通过代议制进行管理的主权实体而言的；州和联邦是两种不同的主权实体，因此州公民与联邦公民并不相同；联邦创立时，州公民自动成为联邦公民，但在那时，"世界上所有的文明国度和区域"，都将非洲人视为"一个极为低贱的人种"，无权"享有白人必然享有的一切权利"；所以，非洲人"被合法地和正当地"降低到做奴隶的地位。至于联邦建立之后，坦尼承认各州有权赋予本州居民公民身份，但是，这种州公民身份并不能自动地转化为联邦公民身份，只有国会才有权授予联邦公民身份。1787年宪法以来的国会立法，从来就是将公民身份限制在自由白人（free white）的范围内，根本没有打算将黑人（尤其是奴隶）包括

---

① 王希：《德雷德·司各特案：一个美国奴隶争取自由的故事》，第59—60、62—63、66页。

在内。①

坦尼自视甚高，本希望以联邦最高法院的巨大威望和自己的司法智慧，化解一场全国性的纷争，但他高估了司法机构在解决重大社会纷争中的力量。司各特案的判决不但没有解决任何问题，反而加速了内战爆发，并使联邦最高法院和坦尼的声誉跌入历史谷底。

四年的血腥内战，六十余万生灵的代价，黑人才得以解放。内战后重建时期的首要任务，就是保护和巩固这一来之不易的自由。1866年、1868年，共和党人控制的国会，先后通过了1866年民权法和宪法第十四条修正案（提案），授予黑人联邦公民权，规定各州不得侵犯联邦公民的特权与豁免权。在屠宰场案中，米勒大法官也明确表示，第十四条修正案推翻了司各特案的判决。

虽然第十四条修正案界定了何谓联邦公民，并有意将联邦公民置于州公民之前。但是，美国联邦制政治构架所决定的二元公民资格：联邦公民—州公民，给联邦最高法院留下了巨大的解释空间。米勒撰写的判决词在承认了自由黑人的公民身份后，笔锋一转，"对于本案（屠宰场案）而言，更重要的是，这句（第十四条修正案第一款第一句）明确承认并确立了联邦公民与州公民之间的区别，联邦公民身份与州公民身份并不相同，它们有各自的特征与情况。"在他看来，"这种区分在此案中至关重要。因为第十四条修正案第一款第二句，只提到联邦公民的特权与豁免权，并未涉及州公民的此类权利。"② 联邦公民的特权与豁免权十分有限，而且是名义上的，不具有实质性内容；而州公民资格的特权与豁免权则相当广泛，而且是"货真价实"的个人自由与权利。这实质上是将联邦公民身份"空洞化"，极大地限制了第十四条修正案的作用，有意无

---

① 王希：《德雷德·司各特案：一个美国奴隶争取自由的故事》，第68—69页。事实上，美国独立之时，已经有不少自由黑人，其中很多人还为独立战争做过贡献。独立之后，联邦最高法院也曾多次在判决中，以出生地公民身份原则赋予黑人公民身份。坦尼的判决完全是歪曲历史、不顾先例，将推理建立在自己对黑人的偏见和歧视之上，因此遭到了少数派大法官针锋相对的驳斥。两名来自北部的大法官本杰明·柯蒂斯（Benjamin Curtis）和约翰·麦克莱恩就认为，自由黑人在1787年联邦成立之前就已经是各州的公民，州公民身份和地位先于、并可以自动转换成联邦公民。王希：《原则与妥协：美国宪法的精神与实践》，第238页。

② *Slaughter-House Cases*, 83 U.S. 36, 74 (1873).

意中为南部各州重新剥夺黑人权利打开方便之门。

1877 年，重建结束，联邦军队从南部撤出。南部各州的政权很快又落入前奴隶主之手，其所控制的州立法机构用各种手段限制和损害黑人的人身自由与政治权利。首当其冲的便是黑人的选举权。虽然第十四条修正案的第二款规定年满 21 周岁并且是合众国公民的男性居民（male inhabitants），都有选举权。但上有政策下有对策，为了规避这款修正案，南部各州纷纷采取征人头税（poll tax）、识字测试（literacy test）等变相手段，剥夺黑人的选举权；而联邦最高法院则对此充耳不闻、听之任之。

因此，解放后的黑人，虽然有公民之谓，却无公民之实。直到半个多世纪后，黑人民权运动爆发，厄尔·沃伦（Earl Warren）法院一力推进，联邦才重新介入南部的民权保护，并通过 1957 年和 1965 年两个选举权法，真正"落实"了黑人的选举权。而内容更为广泛的 1964 年民权法，则从法律上彻底保障了黑人的平等公民权。

第二节　第十四条修正案的限制对象

在界定了公民身份之后，第十四条修正案第一款紧接着提出了三项不得立法条款："任何一州都不得制定或实施侵犯联邦公民特权与豁免权的法律；不经正当法律程序，各州不得剥夺任何人的生命、自由与财产；也不得在本州管辖范围内，拒绝给予任何人法律上的平等保护。"这三项条款有一个共同点：限制的都是州政府。这是自 1787 年制宪以来，联邦宪法首次明确约束州政府，也是内战后限制州权的最重要举措。修正案的制定者本希望以此阻止南部各州政府侵犯黑人权利，但米勒认为，该款保护的只是联邦公民的特权与豁免权，州公民的相应权利完全掌握在州宪法与州议会手中，与联邦无关；[①]重建修正案绝不是要破坏联邦制度的主要特征，让州控制地方事务、掌管人身与财产权利，对于复合政府

---

① Ibid., p.77.

的有效运行，至关重要。①米勒的意思很清楚，各州的问题还要由州政府自己解决。

米勒的这番话，针对的虽然不是自由黑人，却为第十四条修正案定下了基调，极大地限制了联邦政府的行动范围。十年后，在屠宰场案基础上，联邦最高法院又发展出一套州政府行为理论，认为只有在州政府损害公民权时，联邦最高法院才有权干涉；保障第十四条修正案权利的主体应该是州政府，国会的权力只是救济性的。此后，南部各州更加肆无忌惮地制定歧视、隔离黑人的法律，而联邦最高法院则以"隔离但平等"理论为其张目，认为州制定隔离法，虽属政府行为，但提供的设施是平等的，故不存在歧视问题，也就不违反宪法第十四条修正案。到19世纪末，美国南部遍布"吉姆·克劳式"的种族隔离法，大部分黑人又回到无权、不平等的境地。

一、第十四条修正案通过前后的联邦政府

1866年，美国国会讨论通过第十四条修正案时，正值重建的领导权从总统转向国会之际。尽管共和党人在国会中占据多数，但共和党也并非铁板一块，对于重建的目标和手段，党内的激进派、温和派之间存在很大分歧；民主党人更是磨刀霍霍，希望通过1866年的国会中期选举，与共和党中的保守派联手，重启约翰逊总统的温和重建方案。在这种情况下，共和党主导的第39届国会，一方面希望以修正案的形式，巩固既有成果，使之不受变化的政治多数和总统否决的影响；②另一方面希望控制前南部叛乱者的选举权与被选举权，使之不能重掌政权。第十四条修正案的前三款正体现了共和党的这方面愿望。共和党还要求南部叛乱州只有在批准此修正案（提案）之后，方能回到联邦。

虽然要等到两年之后，第十四条修正案才正式生效，但1866年中期选举的胜利（共和党获得两院三分之二以上的席位，牢牢掌握了国会），给共和党以极大的鼓舞，他们将选举的胜利看作民众支持国会领

---

① Ibid., pp.81–82.
② Eric Foner, *Reconstruction: America's Unfinished Revolution, 1863-1877*, p. 251.

导重建的信号,提出了激进重建(Radical Reconstruction)方案。1867年3月2日,国会通过重建法,全面推翻约翰逊总统的重建计划,该法规定,对南部10个州(叛乱11州中,田纳西已于1866年7月批准第十四条修正案,重返联邦)实施军管,一切案件均由军事法庭审理;在联邦军队的监护下,各州重新制宪,年满21周岁的白人和黑人男性公民都有权参加制宪,新宪法必须给予黑人同等的政治权利;各州的新政府必须批准第十四条修正案。此后,国会又通过了三个补充性的重建法,赋予联邦军队指挥官以极大的权力,决定南部各州前联盟官员的选举资格。①

这种激进的重建措施,引起了多方不满,其中就包括约翰逊总统,他虽然极力反对国会的激进重建,但作为最高执法者,又不得不执行国会的重建立法。在这种情况下,唯一能改变国会重建方案的只能是最高司法机构——联邦最高法院,但在密西西比诉约翰逊案中,面对要求约翰逊总统停止执行重建法的请求,联邦最高法院以对总统的执法和政治职权缺乏管辖权为由,予以回避。在接下来的另外两起类似案件中,② 联邦最高法院又以政治问题为由,拒绝解释重建法的合宪性。③

第十四条修正案正式生效两年后,第十五条修正案通过(1870年),这两条修正案的最后一款都规定,国会有权通过适当立法实施本宪法修正案。在1870年5月至1872年6月这两年间,共和党主导的国会连续制定五个实施法(Enforcement Acts),并建立独立的联邦司法部(Department of Justice),负责实施这些法律。④ 其中,1870年5月的实施法保护所有联邦公民享有平等的政治权利(主要是选举权),并具体规定

---

① *Reconstruction Act of 1867*, U.S. Statutes at Large, 40th Cong., Sess. I, Chp. 6, pp. 2-5. 王希:《原则与妥协:美国宪法的精神与实践》,第295页。

② *Georgia v. Stanton*, 73 U.S. 50 (1868); *Ex Parte McCardle*, 74 U.S. 506 (1869).

③ *The State of Mississippi v. Johnson, President*, 71 U.S. 475 (1867). Frank J. Scaturro, *The Supreme Court's Retreat from Reconstruction: a Distortion of Constitutional Jurisprudence* (Westport: Greenwood Press, 2000), p. 19.

④ 在此之前,美国有司法部长(总检察长)一职,但无独立建制的司法部。

了联邦地区检察官、法警的职责。①1871 年的《惩治三 K 党法》(*Ku Klux Klan Act*，又称 1871 年民权法) 规定，所有违反 1866 年民权法的案件都应由联邦法院统一审理；州内出现的剥夺公民宪法权利、阻碍联邦法律实施的阴谋与暴力行为，都是州政府没有提供平等法律保护、违反第十四条修正案的表现。② 这些实施法有一个共同的特点：联邦直接保障各州的公民权利；不仅阻止州政府侵犯公民权利，而且规定联邦政府可以惩罚个体公民侵犯其他公民权利的行为。

这种绕开州政府，联邦直接作用个体公民的做法，破坏了传统的联邦结构，不仅招致共和党内保守派的反对，而且引起联邦最高法院的不满。屠宰场案就是其最初反应。

屠宰场案的判决虽然无法动摇或推翻第十四条修正案的宪法地位，但它对该修正案的狭隘解释，还是极大地限制了联邦政府对公民权利的保护，成为重建时期以及重建结束后相当长一段时间内联邦最高法院判决民权案件的前奏。

就在联邦最高法院宣判屠宰场案的前一天（1873 年 4 月 13 日），路州发生了震惊全国的科尔法克斯大屠杀，造成近百名黑人伤亡。联邦政府检察官根据 1870 年的实施法，起诉了包括威廉·克鲁克香克（William Cruikshank）在内的九名嫌疑人。1874 年 2 月、5 月，联邦地区法院经过两次审判，认定克鲁克香克等四人系阴谋破坏非裔公民和平集会（并非谋杀罪）。四人不服，诉至联邦巡回上诉法院，主持巡回法院的布拉德利大法官，与同席审判的另一位法官意见不一。案子随即进入联邦最高法院，是为克鲁克香克案③。1876 年，联邦最高法院就此案作出判决。新任首席大法官韦特按照米勒大法官在屠宰场案中确立的原则，认为克鲁克香克等人所侵犯的黑人权利不在联邦宪法规定的联邦公民权利范围之内，

---

① *An Act to Enforce the Right of Citizens of the United States to Vote in the Several States of this Union, and for Other Purposes*, United States Statutes at Large, 41st Congress, Session 2, Chp. 114, pp. 140–145.

② *An Act to enforce the Provisions of the Fourteenth Amendment to the Constitution of the United States, and for Other Purposes*, United States Statutes at Large, 42rd Congress, Session 1, Chp. 22, pp. 13–15.

③ *United States v. Cruikshank*, 92 U.S. 542 (1876).

因此，联邦法不能保护那些不属于自己权限之内的公民权；韦特强调，第十四条修正案只能用于惩罚州侵犯公民权的行为，而不能用于制裁个人的侵权行为；1870年的联邦实施法含有对个体公民侵犯他人权利行为的惩罚，超出了第十四条宪法修正案赋予国会的权利，该法中的相关条款因而违宪，不能继续使用。尽管韦特深知，南部的州法院掌握在民主党人手中，他仍然宣布，类似克鲁克香克案的审理应该由州法院主持进行，这实际上是为南部白人对黑人的暴力行为开了绿灯，使联邦政府强制实施重建宪法修正案的工作陷入瘫痪。①

二、州政府行为理论

克鲁克香克案不仅继承了屠宰场案中联邦公民—州公民两分的思路，而且进一步强调，宪法第一条修正案保护集会自由针对的是联邦政府，第十四条修正案也包含类似的自由权，但限制的是州政府；至于个人之间的侵权行为，不在第十四条修正案的保护之列，联邦政府无权过问。② 也就是说，第十四条修正案只限制州政府行为（state action），与私人行为无涉，这也就是所谓的政府行为理论。③

克鲁克香克案前后，由于种种原因，④1870—1872年的一系列实施法未能得到长期坚持。民主党人趁机在南部进行大量宣传和恐吓，威胁黑人必须投民主党的票，否则将遭到报复。这种情况在1875年密西西比州

---

① Ibid., 542-569; Xi Wang, *The Trial of Democracy: Black Suffrage and Northern Republicans, 1860-1910* (Athens: University of Georgia Press, 1997), pp. 125-127. 王希：《原则与妥协：美国宪法的精神与实践》，第326—327页。

② *United States v. Cruikshank*, 92 U.S. 542-545 (1876).

③ state action 多译作"州行为"或"国家行为"，不确切，实际上指的是 governmental action，包括联邦政府行为和州政府行为两种，意思是《权利法案》以及重建时期的三条修正案只能禁止与政府相关的侵权行为；本文讨论的 state action 仅限于重建修正案，集中于州层面，故称为"州政府行为"。参见 Robert J. Glennon, Jr. & John E. Nowak, "A Functional Analysis of the Fourteenth Amendment 'State Action' Requirement", *The Supreme Court Review*, Vol. 1976 (1976), pp. 221-261. 彭亚楠：《谁才有资格违宪——美国宪法的"政府行为"理论》，《宪法与公民》，上海人民出版社，2004年，第231—280页。

④ 王希认为主要原因是共和党的内部分裂、南部白人势力过于强大、联邦财力不足，（《原则与妥协：美国宪法的精神与实践》，第313页）；方纳认为主要是1873年的经济危机、共和党在1874年州一级选举中失利（Eric Foner, p. 523）。

的州长选举过程中尤为严重，面对该州针对黑人的暴力行为，格兰特总统认为，在州没有穷尽救济措施之前，联邦不宜干预，拒绝动用联邦军队。联邦逐步撤出重建。[①]1875 年，南部 11 个州中有 8 个州为民主党所掌控，共和党仅控制着南卡罗来纳、佛罗里达、路易斯安那 3 州。白人开始从黑人手中"赎回"（Redemption）对州的领导权。

在 1874 年的国会中期选举中，共和党不仅失去了对众议院的控制，在参议院的力量也大为削弱。正如纽约的一家报纸所言，这次选举不光意味着民主党的胜利，它更是一场革命。[②]1874 年 12 月，第 43 届国会召开最后阶段会议，这也是十年来共和党最后一次同时控制国会两院和白宫，面对南部此起彼伏的暴力、党内的严重分歧，以及前景堪忧的激进重建计划，国会决定在新一届国会开幕前（也就是民主党人控制国会众议院前），制定新的民权法和实施法。

共和党人提出的民权法草案十分激进，不但授权总统镇压破坏投票的密谋行为，暂停人身保护令状，而且进一步扩大联邦法院的管辖权，甚至要求黑人学生和白人学生合校上学。[③]1875 年 2 月，国会正式通过的 1875 年民权法，取消了黑人白人学生合校的要求，进一步强调了重建法以及几个实施法的基本原则，并明确规定：任何人不得在公众场所（places of public amusement）和公共交通工具（public conveyances）歧视其他公民。[④]

1875 年民权法的宪法基础实际上仍是第十四条修正案第五款：国会有权通过适当立法实施本宪法修正案。但是国会立法适当与否，最终的裁决权在联邦最高法院手中。北部诸州虽然不存在奴隶制问题，但种族隔离问题十分严重，1875 年民权法要求黑白融合，让白人与黑人肩并肩，在南北双方都不乏反对者，这些人不断地将实验性案件（test case）推向联邦最高法院，希望其解决 1875 年民权法的合宪性问题。最终有五

---

① Eric Foner, pp. 560–563.
② Eric Foner, p. 523.
③ Ibid., pp. 553–554.
④ *Civil Rights Act of 1875*, United States Statutes at Large, 43rd Cong. Sess II. Chp. 114, pp. 335–337.

起涉及黑人在公众场合和公共设施遭种族歧视的案件到达联邦最高法院，1883 年，最高法院五案并审，史称民权案（Civil Rights Cases）。[1] 在这组案件中，政府一方辩称，宪法第十三条修正案不但废除了奴隶制，而且赋予了前奴隶自由公民的所有权利；第十四条修正案则授权联邦国会为保障这些权利而立法。[2] 布拉德利大法官认为，并非对黑人的任何歧视行为都可以解释为奴隶制的复活，第十三条修正案并不能保证禁止所有的种族歧视；第十四条修正案的确是要求保障自由黑人的公民权，但保障措施的实施主体应该是州政府，国会的权力只是救济性的，只有在州立法限制黑人权利的情况下，联邦才能立法干预；至于发生在旅馆、饭店、俱乐部等公众场所的私人歧视行为，与州政府行为无关，国会无权干涉。布拉德利认为，第十四条修正案并没有剥夺州在原宪法第十条修正案下保留的一切权力，1875 年民权法违宪。[3]

约翰·哈伦（John Harlan）大法官在组案中发表了长篇异议。他认为多数大法官使第十四条修正案意义尽失，联邦最高法院的多数意见包含了由来已久的偏见，因为在内战前联邦最高法院就曾一再支持国会制定逃奴法。虽然哈伦认同布拉德利的州政府行为理论，但他推论的结果却与布拉德利完全不同。他认为，铁路、饭店、剧院等公共设施、公众场所承担着重要公共功能，与公共利益紧密相关，如果在这些地方存在种族歧视，至少说明是得到州政府默许的，这实际上也是一种州政府行为，理应受到第十四条修正案的禁止。[4]

就在判决民权案同一年（1883 年）的早些时候，联邦最高法院还在哈里斯案中宣布，《惩治三 K 党法》部分无效。接替斯特朗出任大法官的威廉·伍兹（William Woods）在法院意见中说：

---

[1] *United States v. Stanley; United States v. Ryan; United States v. Nichols; United States v. Singleton; Robinson & Wife v. Memphis & Charleston Railroad Co.*, 109 U.S. 3–62 (1883).

[2] Melvin I. Urofsky & Paul Finkelman, *A March of Liberty: a Constitutional History of the United States, Vol.II: from 1877 to the Present* (New York: Oxford University Press, Inc., 2002), p. 481.

[3] *Civil Rights Cases*, 109 U.S. 3, 9–26 (1883).

[4] Ibid., pp.26–62.

第十四条修正案第一款限制的是各州的行为,米勒大法官在屠宰场案的多数意见中已经言明,该款第二句只是保护联邦公民的特权与豁免权免受各州立法侵犯;只有当各州不遵循该修正案时,联邦才能动用该修正案第五款赋予的权力,加以纠正。

在克鲁克香克案的上诉过程中,布拉德利大法官也明确表示,第十四条修正案只限制州政府行为,阻止州政府立法过分专横、膨胀,无权遏制个人犯罪行为;联邦国会的立法权——无论是明示的还是暗含的,都不能直接作用于州内的犯罪行为,因为这是各州的分内之事。

克鲁克香克案进入联邦最高法院后,韦特首席大法官也表达了类似的观点。他说:"第十四条修正案的确是限制各州(不经过正当法律程序)侵犯任何人的生命、自由与财产,或拒绝给予任何法律上的平等保护,但并没有增加某个公民的权利;增加的只是每个公民的基本权利都不受州政府立法侵犯。保护公民享有平等基本权利从来就是州政府的职责,现在也仍然是。联邦政府的唯一责任是督促州政府,使其不至于践踏联邦公民的基本权利。这就是第十四条修正案的全部内容,该修正案给予联邦政府的权力十分有限。"①

哈里斯案是联邦最高法院第一次就第十四条修正案的适用问题,全面阐述州政府行为理论。从伍兹的论述中可以看出,第十四条修正案中包含的政府行为理论在屠宰场案判决时已经初现端倪,只不过大法官们没重点论述而已。

与第十四条修正案一样,第十三条、第十五条修正案针对的也是州政府,在解释这两条修正案(尤其是第十五条修正案)时,这一时期的联邦最高法院遵循的也是狭隘的政府行为标准。比如在里斯案中,联邦最高法院就认为,第十五条修正案并没有将选举权直接赋予黑人,黑人选举权不是联邦政府管理的公民权利;第十五条修正案只允许联邦政府

---

① *United States v. Harris*, 106 U.S. 629, 637–639 (1883).

干预那些带有明确种族歧视意图的、剥夺黑人政治权利的行为。①在哈里斯案中，韦特也说，虽然第十三条修正案禁止奴役黑人，但并非针对个人，也没有授权联邦通过《惩治三K党法》这样直接作用于个人的法律；②韦特还引用里斯案，说明第十五条修正案只保护联邦公民的选举权不受州政府侵犯，并不能禁止一个公民侵害另一公民的政治权利。③

1880年代，南部形成一股大规模的剥夺黑人选举权运动。面对如此明目张胆的违法行为，联邦最高法院仍然坚持克鲁克香克、哈里斯等案中的州政府行为原则，认为第十五条修正案仅授权国会干预州政府或州政府官员的违法行为，并不惩戒纯粹的私人行为（private action）。④自由黑人的政治权利丧失殆尽。

直到1950年代至1960年代，联邦最高法院才开始大规模扩大政府行为的内涵，将与公共职能相关的所有行为都算作政府行为，对各州的限制也空前加强。正如汤姆·克拉克（Tom Clark）大法官（1949—1967年在任）所言，任何与政府权威有牵连的个人行为都属于政府行为。⑤现代社会的各种证照都需要备案，各类合同也离不开国家机构的认可，政府行为无处不在；联邦最高法院的判决几乎可以直达社会的任何角落。1964年民权法通过后，秉承司法自由主义理念的沃伦法院（1953—1969年）更是无往而不利，黑人的公民权最终得到革命性改善。

第三节　政治问题的司法化与司法问题的政治性

1869年的屠宰场法可谓公共需要与个人野心相结合的产物。就公众而言，定点、集中屠宰可以极大地降低黄热病的发病概率，改善本地卫

---

① *United States v. Reese*, 92 U.S. 214–256 (1876). 王希：《原则与妥协：美国宪法的精神与实践》，第327页。

② *United States v. Harris*, 106 U.S. 629, 641 (1883).

③ Ibid., p. 637.

④ *James v. Bowman*, 190 U.S. 127 (1903), Frank J. Scaturro, p. 153.

⑤ *Burton v. Wilmington Parking Authority*, 365 U.S. 715 (1961), Melvin I. Urofsky & Paul Finkelman, p. 801.

生状况；对"包袱客"来说，成立专门公司可以实现发财梦想；沃姆斯也想借此名利双收。但新月公司获得的排他性授权无疑损害了广大个体屠户与牲口商的利益与生计，他们必然会通过各种途径寻求保护。这些途径包括集会抗议、在报刊上发表批评文章、游说州议员不支持该法、请求州或联邦法院推翻该法。其中前三种是政治性的，主要出现在屠宰场法通过之前；后一种是司法性的，用于该法制定之后。

1869年2月，屠宰场法在州议会获得通过，3月由州长签署，预定6月1日正式实施。在政治途径走不通的情况下，个体屠户和他们的律师开始奔波于路州的基层法院，请求法院签发禁令，停止实施该法，他们希望通过司法途径，挽回在政治程序中失去的权益。政治问题开始司法化，这也正好印证了托克维尔的一句话，"在美国，几乎所有政治问题迟早都要变成司法问题"，[1] "简直没有一个政治事件不是求助于法官的权威的"。[2] 在托克维尔看来，美国的"法律很少不涉及私人利益，而且诉讼当事人在涉及他的利益时也可以并且必然会向法院提出异议"，因此，"法律很少能够长期逃脱法官的验证分析"。[3]

但是路州基层法院与最高法院的判决对个体屠户非常不利，他们只好利用新通过的宪法第十四条修正案，求助于联邦法院。主持联邦巡回法院的布拉德利大法官先是慨然同意签发纠错令，答应联邦最高法院会择日重审。但经过一番思考，他没有贸然下令停止执行州法院的判决。个体屠户们只得请求联邦最高法院下令终止州法院的司法程序，但同样遭到拒绝。

1873年，联邦最高法院就屠宰场案作出判决：1869年屠宰场法是路州改善卫生状况，行使固有治安权的体现，不属于强制奴役；联邦公民的特权与豁免权不同于州公民的特权与豁免权，第十四条修正案只保护联邦公民的特权与豁免权不受各州侵犯；个体屠户们所要求的权利属于州公民的特权与豁免权，不在第十四条修正案的保护范围之内。

---

[1] 托克维尔：《论美国的民主》，董果良译，北京：商务印书馆，1997年，第310页。
[2] 托克维尔：《论美国的民主》，第109页。
[3] 托克维尔：《论美国的民主》，第113页。

尽管苦等三年，结果仍败诉，但个体屠户们并没有揭竿而起，而是默默地接受了这个他们不愿看到的结果。为什么屠户们如此信任本州与联邦的司法体制、相信司法途径能救济他们在政治斗争中失去的利益？根本原因在于美国具有独立，而且能够制衡立法与行政部门的司法机构。正如托克维尔所言，"美国的联邦最高法院，不管从其职权的性质来说，还是从其管辖的受审人范围来说，均远远高于已知的任何法院"；如果没有不受干预的大法官，"宪法只是一纸空文。行政权依靠他们去抵制立法机构的侵犯，而立法机构则依靠他们使自己不受行政权的进攻。联邦依靠他们使各州服从，而各州则依靠他们抵制联邦的过分要求。公共利益依靠他们去抵制私人利益，而私人利益则依靠他们去抵制公共利益"。①

但是，"司法部门既无军权、又无财权，不能支配社会的力量与财富，不能采取任何主动的行动"②，为何具有如此巨大的权力，能够平衡立法与行政、联邦与各州、公共利益与私人利益之间的冲突呢？最主要的原因是，法院的判决与解释一般能够做到道义上的公正性与舆论上的可接受性。道义上的公正性使法院的解释与判决具有更高的合法性，"一般来说，各国政府只有两种制服被统治者反抗的手段：政府本身拥有的物质力量，法院的判决给予政府的道义力量"，"司法工作的最大目的，是用权利观念代替暴力观念"，③这正是美国的成功之处。舆论上的可接受性则保证法院的判决与解释能得到有效执行。法官的权力虽然巨大，"但这是受舆论支持的权力；只要人民同意服从法律，他们就力大无穷，如果人民忽视法律，他们就无能为力"。④"徒善不足以为政，徒法不能以自行"⑤，任何法律都是人制定的，由人解释的，也需要人来执行。正是由于美国的司法机构相对独立，又有品行端正、德高望重、博闻强识的法官，判决与解

---

① 托克维尔：《论美国的民主》，第163—164页。
② 汉密尔顿、杰伊、麦迪逊：《联邦党人文集》，程逢如、在汉、舒逊译，北京：商务印书馆，1980年，第391页。
③ 托克维尔：《论美国的民主》，第155—156页。
④ 托克维尔：《论美国的民主》，第169页。
⑤ 《孟子·离娄上》。

释也具有公正性与可接受性，美国才成为所谓"司法统治"的国度，[1] 政治问题才有可能司法化。

政治问题司法化只是问题的一个方面，司法化后的政治问题，仍具有不可摆脱的政治性。在重建这样的特殊时期，从法院的设立、法官的任命，到法官的司法哲学，无不带有鲜明的政治烙印。

从法院的设立看，当个体屠户与新月公司大打禁令战时，他们选择的法院、法官都是在政治上倾向于自己一方的；1870年3月，沃姆斯干脆说服议会设立一个全新的第八区法院，专门负责处理与禁令和选举争议有关的案件。一方面将屠宰场案的禁令之争收归专门法院管辖，另一方面为1870年的选举做准备——重建时期路州的选举，没有一次不是充满争议，如果能将裁决争议的法院掌握在自己手中，即便面对再大的争议，也能保证胜券在握。

从法官的任命看，沃姆斯任命的第八区法院法官就是自己的亲信；格兰特总统任命斯特朗和布拉德利为大法官主要是为了改变联邦最高法院对法币问题的态度；林肯提名戴维斯是犒赏他为自己竞选总统立下的汗马功劳，任命菲尔德为独一无二的第十位大法官看重的是他支持国家统一。时至今日，政治因素依然是美国法官，尤其是大法官任命过程中的首要考虑。

从法官的司法哲学看，这一时期的大法官多是政治上的知名人物，虽然身在联邦最高法院，心却依然停留于政治场。首席大法官蔡斯为了竞选总统，竟然打算投向对立的民主党；民主党的克利福德大法官拒绝参加共和党海斯总统的就职典礼；戴维斯为了出任联邦参议员，竟在紧要关头挂冠而去；菲尔德也曾角逐总统候选人。几位参加1876年总统选举争议仲裁委员会的大法官也完全按照自己的党派立场投票。司法活动依然难以完全逃脱政治干扰。对此，托克维尔认为，"尽管它（联邦最高法院）的组织完全是司法性的，但它的职权却差不多完全是政治性的"[2]。

---

[1] Raoul Berger, *Government by Judiciary: the Transformation of the Fourteenth Amendment* (Cambridge: Harvard University Press, 1977).

[2] 托克维尔：《论美国的民主》，第168页。

总而言之，政治问题的司法化让政治斗争中失败的一方能够通过司法途径寻求救济；而司法问题的政治性，又使制衡立法与行政的独立司法结构也能受到某种程度的制约，不至于一意孤行，偏离整个国家的政治主体。这也许正是美国宪法这部能够"自行运转的机器"[①]的精妙之处。

[①] Michael Kammen, *A Machine That Would Go of Itself: the Constitution in American Culture* (New York: Alfred A. Knopf, 1986).

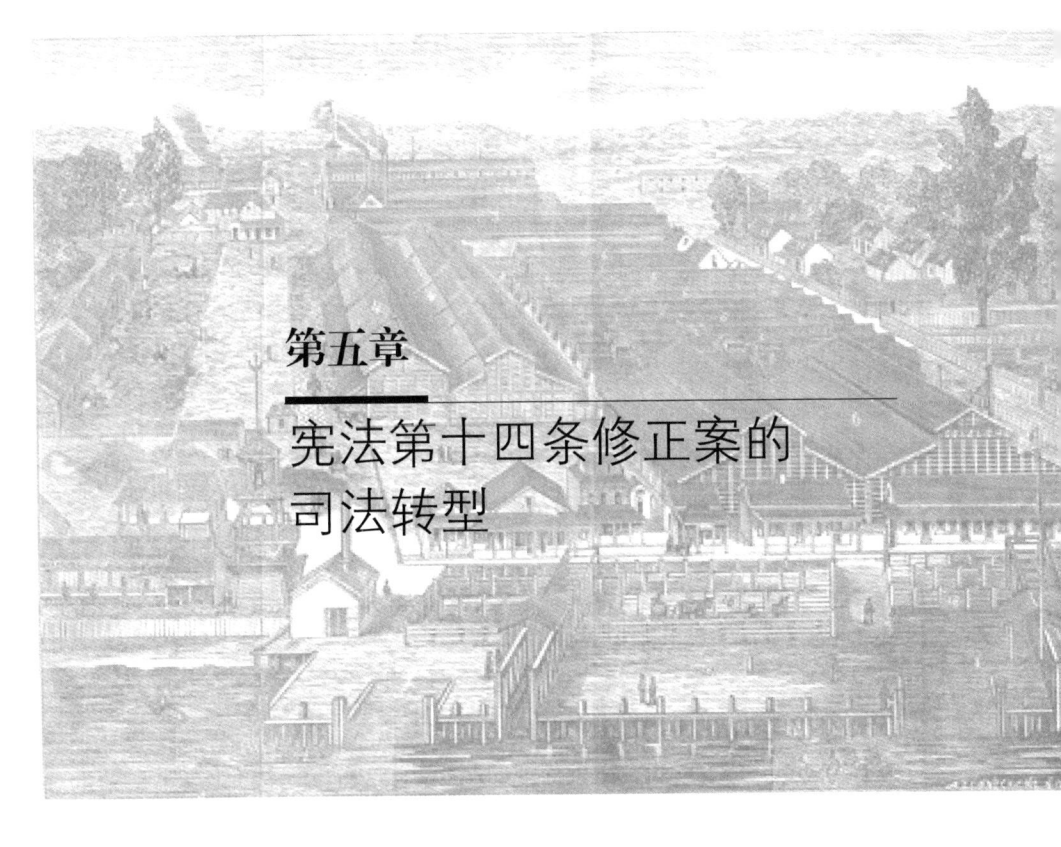

第五章

宪法第十四条修正案的司法转型

1866年6月13日，经过半年多断断续续的讨论和修改，由宾厄姆和雅各布·霍华德（Jocob Howard）等共和党参议员提出的宪法第十四条修正案提案，终于在国会两院获得通过。1868年7月，提案得到全国四分之三的州批准，正式成为美国宪法第十四条修正案。修正案共五款，第一款规定：所有在合众国出生或归化合众国并受其管辖的人，都是合众国和他们居住州的公民。任何州，都不得制定或实施限制合众国公民特权与豁免权的法律；不经正当法律程序，不得剥夺任何人的生命、自由或财产；在州管辖范围内，也不得拒绝给予任何人以平等的法律保护。第二款规定：一州年满21周岁（宪法第二十六条修正案将其降低为18周岁）、并且是合众国公民的男性居民，都有选举权。第一款界定了美国公民概念，使印第安人、黑人和妇女都获得了公民资格，第二款赋予男性黑人与男性白人同样的选举权。但是事实上，黑人根本无法享受这些权利，联邦最高法院通过"尊重传统"的保守性解释，建立了所谓的州政府行为理论、"隔离但平等"原则，使南部黑人陷入"吉姆·克劳法"的罗网。直到1930年代的"宪法革命"之后，在逐步吸纳《权利法案》罗列的诸多公众自由和公民权利之后，第十四条修正案才真正成为保障每个美国公民权利的首要宪法条款。

第一节　第十四条修正案与公民资格的界定

美国内战以武力的方式解决了推理和逻辑无法解决的问题。战后，胜利的北方又将战争的成果以三条宪法修正案（第十三条、第十四条和第十五条修正案）巩固下来，实现其"胜利者的正义"。其中最重要的第十四条修正案规定："所有在合众国出生或归化合众国并受其管辖的人，都是合众国和他们居住州的公民"，而且，"任何一州都不得制定或实施限制合众国公民特权与豁免权的法律"。这一修正案，一方面使得美国公民首先效忠于联邦，另一方面也在归化的基础上确立了另一项获取公民资格的重要原则——出生地公民身份原则。虽然第十四条修正案的主要目的是赋予黑人公民资格，但无疑对美国的另两类群体——印第安人和妇女——也产生了重要影响。

一、印第安人的公民资格问题

印第安人（Indians）一词系欧洲白人殖民者对美洲原住民（native Americans）的称呼，本身就是一个历史的误会——哥伦布等欧洲探险家误以为到了东方的印度，之所以这个误会流传至今，正反映了白人强势文化的话语霸权。在北美殖民地建立和扩张的过程中，白人一方面称印第安人为野蛮人，另一方面却以更野蛮的方式掠夺他们的土地。美国立宪、建国时，印第安人被排除在宪法保护之外，形同外国人。[①] 立国之后，在处理与印第安人的关系问题上，联邦政府通常采取签订条约的形式；虽然形式上对等，但由于印第安人没有文字，需要白人翻译，为了骗取印第安人的同意，翻译的过程往往是曲解、省略关键条款的过程；而且即便签订了条约，随着白人的扩张，践踏、撕毁、强行重定条约也是家常便饭。在许多印第安人部落的记忆里，条约实际上是欺诈、哄骗和背信弃义的代名词。[②]

1920年代至1930年代，美国人口快速增长，西进运动全面展开。印

[①] 联邦宪法第一条第二款第三节规定：自由人总数包括必须服一定年限劳役的人，但不包括未被征税的印第安人。虽然这一节后由第十四条修正案第二款所修正，但印第安人地位没变，仍然被排除在选民之外。联邦宪法第一条第八款第三节规定：国会有权调控与外国的贸易、各州之间的贸易以及与印第安部落的贸易。

[②] 李剑鸣：《文化的边疆——美国印第安人与白人文化关系史论》，天津人民出版社，1994年，第222页。

第安人的部落领地与白人社区大量交织，在土地、主权、印第安人与联邦政府的关系等问题上，出现了众多纠纷，并转化为由联邦最高法院管辖的法律案件。通过一系列案件的审理，联邦最高法院逐渐明确了印第安人的法律地位和身份。

在 1823 年判决的约翰逊案（Johnson v. McIntosh）中，联邦司法部认为印第安人是低等人种（inferior race of people），不享受公民特权；将永远处于联邦政府的保护和监护（protection and pupilage）之下。联邦最高法院也认为印第安人不享受他们土地的完全主权，土地的最终所有权（ultimate title）在联邦政府手中。①

顺着这一思路，在 1831 年和 1832 年两个涉及印第安人切诺基部落的案件（Cherokee Cases）②中，联邦最高法院第一次明确阐述了联邦与印第安人的关系。马歇尔首席大法官在判决书中认为，印第安人部落既非独立国家，又非从属国家，而是"国内依附民族"（domestic dependent nations）；他们与联邦的关系类似于监护与被监护对象之间的关系，他们处于子女地位（state of pupilage）。③联邦最高法院的这一判决产生了两方面的深远影响：其一，剥夺了印第安部落的独立主权，部落由原来表面上与联邦政府平等的地位沦落为名副其实的"被监护者"。1871 年，联邦政府正式宣布，今后不再将部落视为独立的民族（nation）或国家（power），废止与之签订的条约，联邦将直接以立法的形式，管理印第安人事务。其二，由于印第安部落（保留地）没有取得州的地位，部落内出生的印第安人，不能直接成为美国公民。在 1884 年埃尔克案（Elk v. Wilkins）中，联邦最高法院裁定，印第安人首先属于并效忠于部落；而部落为非美国性实体，联邦政府没有为其制定归化程序；故印第安人个体，即使离开自己的部落，过上白人的生活，也不能自动成为美国公民；印第安

---

① 在后来的两次判决（Mitchel v. United States, 1835; Clark v. Smith, 1839）中，联邦最高法院又强调了这一立场。参见 James H. Kettner, *The Development of American Citizenship, 1608-1870*, p. 295。

② 分别是 *Cherokee Nation v. Georgia*, 30 US 1 (1831) 和 *Worcester v. Georigia*, 31 US 515 (1832)。

③ James H. Kettner, *The Development of American Citizenship, 1608-1870*, pp. 295–296。

人是否有资格获得公民的特权和义务，其决定权不在印第安人自己，而在联邦政府。①

随着美国西部边疆开拓完毕，印第安人所剩无几的保留地成为土地投机者觊觎的对象；与此同时，印第安人内部主张"美国化"的改革派，也极力要将部落土地分成小块，分配给部落成员个人占有、使用，使他们成为拥有私有财产的个人，更快地融入白人社会。这种迅速实现印第安人个体化和部落土地私有化的改革要求，在1887年得以实现。是年2月，联邦国会通过了《道斯法》(Dawes Act，又称《印第安人土地专有法》)。除了详述部落土地的分割方式外，该法还规定了印第安人获取公民资格的程序：取得份地的人，经过25年时间，确认具有经济独立的能力和承受公民资格的条件，即可成为美国公民；在此之前，他们仍然是联邦政府的监护对象。②

此后，联邦政府开始大规模地授予印第安人公民资格。1919年，国会通过立法，凡在第一次世界大战中服役过的土著退伍军人，可以申请成为美国公民；1924年，国会又通过《印第安人公民权法》，宣布："在美国境内出生的非公民印第安人，就此宣告为美国公民"，"授予这种公民权，不得以任何形式损害或影响任何印第安人对部落或其他财产的权利"。③至此，从形式上讲，所有印第安人都获得了美国公民资格。

然而，名义上获得公民资格的印第安人，并没有能够像白种美国公民一样，享有平等的权利、承担同样的义务。长期的部落生活，以及被排斥于美国社会主流的经历，使印第安人缺少主动参与美国政治活动的素质。而一些印第安人较为集中的州，非但不为他们行使政治权利提供便利，反而施加种种限制。结果，先天不足，加之后天障碍，造成印第安人在获得公民资格后，仍身处美国政治大门外。这一现象也使联邦最高法院有理由认为，联邦政府有权利和责任继续监护获得独立的印第安人。在1895年和1911年两次有关案件的判决中，联邦最高法院认定，

---

① 李剑鸣：《文化的边疆——美国印第安人与白人文化关系史论》，第226页。
② 李剑鸣：《文化的边疆——美国印第安人与白人文化关系史论》，第227页。
③ 李剑鸣：《文化的边疆——美国印第安人与白人文化关系史论》，第230页。

联邦政府仍需对印第安人承担保护义务，对印第安人的土地进行监护；这样的做法与印第安人的公民身份并不矛盾。①

二、妇女的公民资格问题

无论从哪个方面讲，第十四条修正案的通过和实施都可谓黑人的巨大胜利；这条修正案不但授予黑人公民资格（第一款），而且将选举权一并交给他们（第二款）。但对于妇女而言，第十四条修正案带来的是公开的歧视。因为此修正案第二款公然将选举权限于男性居民，明确规定以性别作为能否享有某项权利的前提，这在美国宪法史上还是第一次。

在美国内战前，争取女性选举权的妇女运动领袖曾经和激进的废奴主义者并肩战斗。借助废奴主义者的话语，她们认为男性对女性的奴役，如同奴隶主对奴隶的奴役，希望通过解放黑奴实现自身解放。但第十四条修正案却令妇女运动领袖大失所望，在她们看来，这条修正案实际上是将白人统治的政府变成男人统治的政府，品质再低劣的男人都比最高尚的女人享有更多的权利。面对男性一统天下的政治格局，女权运动领袖伊丽莎白·斯坦顿（Elizabeth Stanton）悲哀地预言，"要将男性（male）一词从宪法中拿掉，至少要再花上一百年时间"。②

后来的历史发展证明斯坦顿过于悲观了。半个世纪后，美国宪法第十九条修正案明确授予妇女选举权。③然而，若从美国妇女开始争取到真正获得选举权，也几乎是经历了一个世纪。

早在美国独立革命前后，妇女就曾发挥过巨大作用。④建国后，第二任总统亚当斯的夫人阿比盖尔·亚当斯（Abigail Adams）曾公开呼吁：妇女在合众国创建时期表现出来的牺牲精神和高尚品德，完全有理由让她

---

① 李剑鸣：《文化的边疆——美国印第安人与白人文化关系史论》，第228—229页。
② Ellen Carol DuBois, "Outgrowing the Compact of the Fathers: Equal Rights, Woman Suffrage, and the United States Constitution, 1820–1878", *The Journal of American History*, Vol. 74, No. 3, The Constitution and American Life: a Special Issue (Dec., 1987), p. 848.
③ 联邦宪法第十九条修正案规定："合众国公民的选举权，不得因性别而被合众国或任何一州加以拒绝或限制。"
④ 比如，成立"自由之女"（Daughters of Liberty），与"自由之子"（Sons of Liberty）携手战斗。

们从家务里走出来，与男性一起从事国家、人类乃至上帝所关心的事务，以帮助美利坚民族走向崇高的目标。①

亚当斯夫人要求新生的合众国给予妇女政治权利的呼吁，一定程度上反映了一部分妇女的觉醒。然而，在当时的社会环境下，这种觉醒太超前了。19世纪的美国妇女习惯于自己的家庭角色，顺从和持家是她们的美德。废奴主义的勃兴，促使一部分妇女政治意识觉醒。一位主张废奴的女性主义者就表示："我们确实应该感谢奴隶，正是在为他们砸碎镣铐的斗争中，我们才恍然大悟，发现自己也在枷锁之中。"②

1848年7月，来自全美的妇女运动代表，在纽约附近的塞尼卡·福尔斯（Seneca Falls），召开了美国历史上第一次以女权为主题的妇女大会。大会通过了美国妇女运动史上具有深远历史意义的文件——《（妇女）感受宣言》（Declaration of Sentiments）。在措辞上，宣言刻意模仿《独立宣言》，先是陈述妇女权利的自然法基础，"我们认为下面这些真理是不言而喻的：男人与女人生而平等；造物者赋予她们若干不可剥夺的权利，其中包括生命权、自由权和追求幸福的权利"。然后历数男性统治的暴虐，"人类的历史是一部男人对妇女不断伤害与掠夺的历史，其直接目的是在妇女之上建立绝对专制暴政"。最后，要求给予妇女选举权，"现在，占国家人口一半的民众完全没有选举权，……我们坚决要求立刻给予妇女所有属于美国公民的权力和特权"。③

尽管妇女运动领袖曾经为废奴奔走呼号，但是第十四条修正案的起草者对妇女关于自身权益的呼声却充耳不闻，毫不留情地背弃了她们及其女权事业。为此，她们也曾对这条令她们深感失望的修正案表示过强烈反对，但她们的抗议声很快被赞扬给予黑人选举权的欢呼声所淹没。

第十四条修正案通过后，为了从联邦层面保障黑人的选举权，共和

---

① 王恩铭：《20世纪美国妇女研究》，上海外语教育出版社，2002年，第8页。
② Nancy Woloch, *Women and the American Experience* (3rd ed.) (Boston: The McGraw-Hill Companies, Inc., 2000), p.193.
③ Winston E. Langley and Vivian C. Fox (eds.), *Women's Rights in the United States : a Documentary History* (Westport: Greenwood Press, 1994), pp. 82-85. 美国驻华大使馆网页上有《（妇女）感受宣言》的中文译本，详见 http://www.usembassy-china.org.cn/infousa/AmReader/GB/p194.htm。

党人在尚能控制国会两院的情况下，又酝酿讨论起草了宪法第十五条修正案，规定：合众国公民的选举权不得因种族、肤色或以前是奴隶而被合众国或任何一州加以拒绝或限制。就在它付诸表决之前，妇女运动积极分子要求，在不可限制或拒绝选举权的理由前加上"性别"一词。对此，共和党人不予理睬，执意认为此次仅解决黑人选举权问题，妇女选举权以后再说。妇女运动领袖又一次感觉受到了贬低和侮辱。①

经过第十四条、第十五条修正案的挫折后，妇女运动领袖在斗争策略上发生了明显分歧。以斯坦顿为代表的激进派认为，只有联邦才有权修改或解释宪法修正案，因此，她们一方面要求国会立即通过第十六条修正案，给予妇女选举权，另一方面寄希望于联邦最高法院对第十四、第十五两条修正案作出有利于妇女的解释。结果，制定新修正案的愿望没能实现，联邦最高法院的解释对她们也很不利，在1875年判决的迈纳案（Minor v. Happersett）中，联邦最高法院以9:0的投票一致认为，第十五条修正案不适用于妇女选举权，只适用于反对种族歧视，只有州才有权决定妇女是否有权投票。②首席大法官韦特还对选举权和公民资格作了区分，他认为选举权并不是公民资格附带的一项必然权利。③

这一判决似乎关闭了妇女获取选举权的大门，而实际上，像众多类似的判决一样，这是一扇没有关死的门。第十五条修正案的确没有给予妇女选举权，但各州仍可通过修改自己的州宪法，将作为本州公民的妇女纳入选民之列，这也正是以露西·斯通（Lucy Stone）为代表的温和派所努力的方向。她们希望依靠州和地方的力量，逐州突破，争取妇女的选举权。事实证明，这种策略相当成功。19世纪末，怀俄明、犹他、科罗拉多和爱达荷等西部4州，相继给予本州妇女选举权。④到一战前夕（第十九条修正案通过前），共有14个州给予本州妇女平等的政治权利。⑤

---

① 王恩铭：《20世纪美国妇女研究》，第32—33页。
② 王希：《原则与妥协：美国宪法的精神与实践》，第315页。
③ 王希：《原则与妥协：美国宪法的精神与实践》，第326页。
④ 万心蕙：《美国妇女选举权始于西部四州》，《九江师专学报（哲学社会科学版）》，1995年第2期。
⑤ 王希：《原则与妥协：美国宪法的精神与实践》，第394页。

迈纳案还涉及另一个关键性问题：公民资格（citizenship）与选举权的关系，或者说公民资格是否必然包括选举权。虽然联邦最高法院当时的回答是否定的，但现代学者一般认为，公民资格至少包括民权（与个人自由相关的一些基本权利）、政治权（公民参与国家和社会政治权力运作的权利）、社会权利（公民享有国家提供的经济保障、教育、基本的生活和文明条件的权利）三层意思。其中政治权指的就是选举权。①

如果回过头来看，以公民资格的这三层意思反观第十四条修正案与美国公民资格的界定，可以发现，印第安人的公民资格依然停留在民权层次，黑人的公民资格兼有民权与政治权两方面的要求，而妇女的公民资格则基本上属于政治权范畴。这种差序格局正反映了上述三种群体在美国社会发展中的不同历史地位。

第二节 第十四条修正案与 19 世纪美国民权问题

无论从哪个方面讲，第十四条修正案都可以称得上是美国历史上最为激进的宪法修正案，但这条雄心勃勃的修正案在整个 19 世纪却显得毫无生机。修正案生效没几年，联邦最高法院就在 1873 年屠宰场案中限制了联邦公民权利的范围，认为保护公民特权与豁免权主要是州的事。

内战前的南部，绝大部分黑人都是奴隶，他们世代为奴，地位低下，一生下来就被视为主人的财产。除了传统的主奴法，南部并不需要专门的种族隔离法。在北部，大量的黑人虽然是自由身，却深陷恶劣的劳动环境，其中一些人的生活状况甚至不如南部的某些黑奴。北部也存在一定程度的种族隔离，但并不算严重，集中体现在公共教育等少数领域。

1866 年民权法、1867 年重建法，尤其是 1868 年第十四条修正案通过后，南部各州纷纷制定新的州宪，这些在联邦高压之下制定的宪法，堪称南部各州历史上最为进步的立法，几乎无一例外地赋予黑人与白人

---

① Thomas H. Marshall, *Class, Citizenship and Social Development*, 转引自王希：《美国公民权利的历史演变》，《读书》，2003 年第 4 期。

同等的公民权。与此同时，重新选举的南部各州议会也制定相关反歧视法，为黑人行使公民权提供便利。因此，在1870年代初的南部，虽然不时出现针对黑人的种族暴行，但在日常生活中，黑人基本能与白人同车船、共饭桌、同游公园。

但是这种状况并没有持续多久。1878年，在霍尔案（Hall v. DeCuir）中，联邦最高法院一致认为，路州的反歧视法对州际贸易（interstate commerce）造成了不能允许的负担，否定了路州的这项法律。克利福德在赞同意见中表示，尽管州和联邦的法律都要求平等，但平等并不意味着同等（equality does not mean identity）；隔离更符合黑白分离传统。①

与联邦最高法院的保守判决同步发展的是南部各州的种族隔离立法。随着南部各州政府被前白人奴隶主"赎回"，黑人的地位每况愈下，许多州以维护社会秩序为名，制定种族歧视、隔离法规，规定黑人与白人必须分开使用公共设施。联邦最高法院否决1875年民权法后，种族隔离的法律进一步发展，南部的一些州相继通过乘车隔离法，严禁黑人和白人混坐同一节车厢或同一车厢的同一部分。② 这些法律基本上都得到联邦最高法院的支持，③ 理由是，这些州制定隔离法，虽然属于政府行为，但提供的设施是平等的，不存在歧视问题，因而并不违反宪法第十四条修正案。在这些乘车隔离案例中，最为典型的要数1896年联邦最高法院判决的普莱西案（Plessy v. Ferguson）。

与民权案一样，普莱西案也是一个试验案，涉及1890年路州议会通过的《乘车隔离法》（Separate Car Act），该法要求铁路公司在州内运营时，将黑人和白人乘客分开，黑人只能乘坐为其专设的车厢（这些车厢往往简陋、肮脏、拥挤）。仅有八分之一黑人血统的荷马·普莱西（Homer Plessy），在民权组织的安排下有意乘坐白人车厢，拒绝移入黑人车厢，

---

① Frank J. Scaturro, *The Supreme Court's Retreat from Reconstruction: a Distortion of Constitutional Jurisprudence*, p.63.

② 王希：《原则与妥协：美国宪法的精神与实践》，第330页。

③ 比如在 *Louisville, New Orleans & Texas Railway v. Mississippi* (1890) 中支持密西西比州通过《乘车隔离法》（但布拉德利坚决不同意联邦最高法院在此案中的多数意见，坚持自己在民权案中的立场，认为密西西比州的《乘车隔离法》属于政府性歧视行为，应该受到第十四条修正案的禁止）。

并因此被捕。官司打到联邦最高法院。

联邦最高法院以7:1的判决驳回普莱西的上诉，大法官亨利·布朗（Henry Brown）在法院的多数意见中认为，实施种族隔离措施是州为了保障本州公共安宁和良好的秩序而正常行使的治安权，只要能保证给黑人和白人提供相同的设施，就不存在违反联邦宪法原则的问题；况且南方社会习俗由来已久，单靠法律不可能改变社会偏见，黑人和白人的融洽相处和绝对平等需要时间，那种想通过立法来强制性地改变社会偏见的做法不能为联邦最高法院所接受。① 联邦最高法院的这一判决后来被称为"隔离但平等"原则。

虽然联邦最高法院将"平等"与"隔离"并举，但无论从南部的立法意图，还是从历史发展的事实来看，隔离是实实在在的，平等却无从谈起。设施上的不平等以基础教育为例，早在重建时期，南部黑人建立学校时，为了独立自主，很自然地主动选择了黑白分校。重建结束后，联邦撤出，不再给这些黑人学校提供资助，北部民权分子的捐助也越来越少，一些黑人学校不得不面临被关闭的命运。佐治亚州里士满县教育委员会（School Board of Richmond County）为了留下经费给黑人提供初等教育，决定停办本县唯一一所黑人高中（Ware High），引发了一场如何分配教育资源的诉讼。联邦最高法院在里士满县教育委员会案②中沿用普莱西案所确立的"隔离但平等"原则，一致认为里士满县教育委员会的决定没有歧视黑人，并不违宪。

里士满县教育委员会案是联邦最高法院第一次支持公立学校的种族隔离，也是"隔离但平等"原则第一次延伸到公共交通以外的领域。几年后，联邦最高法院又在另一起案件中支持了针对私立学校的隔离立

---

① 王希：《原则与妥协：美国宪法的精神与实践》，第331页。

② *Joseph W. Cumming, James S. Harper, and John C. Ladeveze v. School Board of Richmond County* (1899), 关于此案的来龙去脉，详见 J. Morgan Kousser, Separate but not Equal: the Supreme Court's First Decision on Racial Discrimination in Schools, *The Journal of Southern History*, Vol. 46, No. 1 (Feb., 1980), pp. 17–44。

法。①而且，不但黑人受隔离，其他有色人种也受到排斥。②19世纪末20世纪初，这些隔离措施全面扩展，成为各州的通用立法，形成了所谓的"吉姆·克劳法"。③

"吉姆·克劳法"的内容相当广泛，不但包括种族隔离法，而且含有大量损害黑人公民选举权的立法。1898年，在威廉斯案（Williams v. Mississippi）中，联邦最高法院宣布支持密西西比州在选民登记时进行识字能力测试、征收人头税，否认这些做法含有种族歧视的内容。约瑟夫·麦克纳（Jesoph McKenna）大法官在法院的多数意见中说，从形式逻辑的角度看，宪法从头到尾既没有禁止识字能力测试，也没有规定不能征收人头税；地方官员以带有偏见的方式应用法律，并不意味着法律本身不具有合宪性。④

在这种氛围下，从1900年代到1920年代，"吉姆·克劳式"的合法的、系统的种族隔离、歧视措施在前蓄奴州大为盛行；印有"白人专用"（White Only）、"有色人种使用"（Colored）的标志在剧院、饭店、火车车厢，甚至饮水池上随处可见。南卡罗来纳州禁止黑人和白人在一个工厂的同一车间工作；密西西比州对医院实施隔离，白人护士不得照顾黑人患者。这些措施很快为其他州所效仿。

成百的"吉姆·克劳法"被制定和应用，但是字面上的法律远不能体现实际的情形，生活中的隔离、歧视大大超出了文本上的法律。制度化的隔离在黑人与白人之间埋下了深深的仇恨，甚至在经历了历史性判决⑤之后，还是久久难以弥合。

---

① *Berea College v. Kentucky* (1908)，这一次，约翰·哈兰（John Harlan）大法官表示了激烈反对。

② *Gong Lum v. Rice* (1927)，联邦最高法院支持密西西比州将一名华人学生从专为白人设立的高中中排斥出去。

③ 吉姆·克劳（Jim Crow）原是1797年在波士顿上演的一部滑稽剧中黑人的名字，1830年成为一首黑人流行歌曲的名字，重建结束后成为美国种族主义者对黑人的蔑称，因此南方各州相继制定的种族隔离法律也被统称为"吉姆·克劳法"。张福运：《美洲黑奴》，福建人民出版社，2000年，第136页。

④ Melvin I. Urofsky, Paul Finkelman. *A March of Liberty: a Constitutional History of the United States, Vol.II: From 1877 to the Present* (New York: Oxford University Press Inc., 2022), p. 484.

⑤ 指1954年联邦最高法院判决的布朗案。

第三节　第十四条修正案对《权利法案》的吸纳

第十四条修正案紧接第十三条修正案而来，旨在保护刚刚获得解放的黑人的政治权益免受州政府的侵犯。与《权利法案》不同，第十四条修正案第一款并未列举各州不得侵犯的各项权利，而是采用了抽象的原则性提法。①因此，要有效保护各项权利不受州侵犯，就必须通过解释条款中的抽象原则，将制约联邦政府的《权利法案》吸纳进来，使其中列举的各项权利对各州具有同样的制约作用。由于《权利法案》涉及众多的公众自由与公民权利，第十四条修正案第一款的规定又过于抽象，因此，吸纳之路曲折坎坷，吸纳的基础、渠道、方式等方面充满争议，吸纳的过程与影响也复杂深远。

方纳曾用"自由民主化"（democratization of freedom）一词来描述个人自由在美国独立革命、立宪建国过程中的演变。他认为，独立革命、立宪建国使自由从"英国人的权利"演变为"天赋人权"，②成为普通公民都可以享受的东西。同样，宪法第十四条修正案第一款对《权利法案》的吸纳，使原本只能约束遥不可及的联邦政府的《权利法案》，也可以约束州政府，个人的权利变得"触手可及"。因此，吸纳的过程也可以称得上是美国"个人权利民主化"的过程。

一、吸纳的基础——从"联邦公民"到"任何人"

虽然1787年宪法的正文曾提及"合众国公民"③和"州公民"④，但并未作出具体的定义和区分；《权利法案》保障的是任何人的权利与自由不受联邦侵犯（无论是不是联邦或州的公民）。此种有意或无意的回避，为后

---

①　为什么没有详细列举，有一种解释认为，国会共和党人在讨论这一条时，有一个基本共识：管理公民基本活动和权利的权力仍留在州政府手中，也就是说，州仍是公民自由和民权的首要管理者。参见王希：《原则与妥协：美国宪法的精神与实践》，第290页。

②　埃里克·方纳：《美国自由的故事》，王希译，北京：商务印书馆，2002年，第39页。

③　参见美国宪法正文第一条第二款第一节关于众议员资格的规定、第一条第三款第三节关于参议员资格的规定、第二条第一款第五节关于总统资格的规定。

④　参加美国宪法正文第三条第二款关于异州司法管辖权的规定、第四条第二款关于各州公民特权与豁免权的规定。

来的争论埋下了伏笔。

1857年，在判决司各特案时，联邦最高法院首席大法官坦尼和大法官柯蒂斯（1851—1857年在任）曾经就何为公民权问题展开激烈的争论。依据宪法第四条第二款，坦尼认为州公民权（资格）不同于联邦公民权（资格）；当宪法制定时，联邦本身并没有公民，当宪法批准生效后，联邦内各州的公民在宪法生效时转化成联邦公民。① 而柯蒂斯则根据宪法第二条第一款第五节（关于总统资格的规定），认为州公民权（资格）可以自动转换，并等同于联邦公民权（资格）。不过，无论是坦尼还是柯蒂斯，他们都认为州公民权优先于联邦公民权。

内战结束后，为保障黑人权利，美国国会通过了1866年民权法，这是1791年《权利法案》以来的第一个民权法。该法明确规定，"所有在美国出生的人（除印第安人外），只要不受任何外国法律的管辖，都是美国公民（citizens of the U.S.）"。美国公民资格第一次有了明确的界定。该法同时宣布，所有美国公民，无论肤色以及从前是否受过奴役，都将在联邦境内各州和领地上享有同样的权利，这些权利包括：签订和履行合同的权利，向法院提出上诉和在法庭作证的权利，以及继承、买卖、出租和拥有财产的权利。该法还规定，所有公民的人身和财产将一视同仁地享受到与白人同等的法律保护；任何人如侵犯其他公民的权利，都将受制裁和惩罚；联邦法院将有专门的权力来审理涉及该法的一切案件。②

尽管1866年民权法缺乏足够的宪法依据（因为宪法第十条修正案明确规定，宪法未授予合众国、也未禁止各州行使的权力，由各州各自保留或由人民保留），但却成为第十四条修正案的先声和基础；第十四条修正案的目的之一，就是要赋予1866年民权法以宪法依据。③

实际上，1866年民权法和第十四条修正案都将联邦公民置于比州公民更重要的位置。修正案的起草者希望明确界定合众国公民权（资格），并由《权利法案》统一约束各州。④ 当然，所有人都承认，存在着合众国

---

① 王希：《原则与妥协：美国宪法的精神与实践》，第235页。
② 王希：《原则与妥协：美国宪法的精神与实践》，第285页。
③ Horace Flack, *Adoption of the Fourteenth Amendment*, p. 94.
④ Horace Flack, *Adoption of the Fourteenth Amendment*, p. 94.

（联邦）和州两种公民权——所谓的"双重公民资格"，这一区分为米勒在屠宰场案中所继承。米勒认为，第十四条修正案第一款第一句确立合众国公民权和一州公民权之间的区别。一个人只要出生在合众国或归化合众国并受其管辖，就能成为合众国的公民，而要成为某一州的公民，就必须居住在这个州。显然，存在两个公民权，一个是合众国公民权，一个是州公民权。① 所以，第十四条修正案第一款第二句只涉及合众国公民的特权与豁免权，并不涉及各州公民的特权与豁免权。米勒在援引第二句时着重强调"合众国"三个字。他认为，如果第二句条文同时包含保护一州公民免遭本州立法侵害的话，那么第一句中与合众国公民相对应的"州公民"一词，就应该删去。显然，修辞上的变化是精心斟酌和意味深长的。第十四条修正案第一款只是把合众国公民的特权与豁免权，置于联邦宪法的保护之下，各州公民的特权与豁免权，无论如何都不能得到第十四条修正案第一款的额外保护。正因为属于合众国公民的特权与豁免权不同于属于各州公民的特权与豁免权，因此要保护各州公民的特权与豁免权，只能根据各州的情况。②

在屠宰场案中，多数大法官都拒绝将联邦公民权等同于州公民权，《权利法案》无法约束各州。由此可见，以公民权（资格）为基础的吸纳之路走不通，必须另辟蹊径。1884年，联邦最高法院判决的赫塔多案（Hurtado v. California），体现了这种努力。此案中，上诉人的上诉理由不但包括公民特权与豁免权，而且提出了保护所有人（all person）的正当程序。尽管当时联邦最高法院驳回了上诉人的重审请求，但三年后，在芝加哥铁路公司案③中，它肯定了这一趋势，即在事关自由与正义基本原则（the fundamental principals of liberty and justice）的问题上，所有人（any person）的权利都应得到保护。④ 约翰·哈兰大法官（1877—1911年在任）

---

① 邱小平：《法律的平等保护——美国宪法第十四修正案第一款研究》，第57页。
② 邱小平：《法律的平等保护——美国宪法第十四修正案第一款研究》，第57页。
③ *Chicago, Burlington & Quincy Railroad v. Chicago* (1897).
④ 此案中的"人"指的是铁路公司，联邦最高法院在圣克拉腊县诉南太平洋铁路公司案（*Santa Clara County v. Southern Pacific Railroad Co.*, 1886）将公司（corporation）与个人（person）的法律地位等同起来，最终使公司人格化。

特别强调，公正补偿构成了"共和政体的根本原则"，无论是联邦还是州在征用时都应该提供公正的补偿，否则其他所有权利都毫无意义。

至此，第十四条修正案第一款吸纳《权利法案》的基础从公民转向所有人。

二、吸纳的渠道——从特权与豁免权条款到正当程序条款

与公民权（资格）紧密相连的是公民的特权与豁免权。由于存在双重公民权（资格），也就有州公民的特权与豁免权和联邦公民的特权与豁免权。州公民的特权与豁免权出现于宪法第四条第二款，"任何州的公民都享有各州公民享有的特权与豁免权"。这一条款的目的在于防止歧视外州公民，相当于州之间的最惠待遇；至于特权与豁免权的具体内容并没有形成统一认识。联邦公民的特权与豁免权则见于第十四条修正案第一款，哪些权利属于联邦公民的特权与豁免权，修正案也没有明确说明。①

在屠宰场案中，联邦最高法院试图界定这两种特权与豁免权所包含的内容。米勒认为，两种公民资格都包含各自特定的公民权利，联邦和州分别管理属于联邦和州公民资格的公民权利；属于联邦公民的公民权，即所谓特权与豁免权，只有为数不多的几种（包括出入首都华盛顿、在公海上要求联邦政府保护、使用联邦水域、集会请愿和要求人身保护权的权利）；而属于州政府管理的公民权利则十分广泛和丰富，包括了个人自由、财产以及其他涉及日常生活与行为在内的许多基本权利。第十四条修正案的目的只是将联邦公民资格的权利置于联邦政府的保护之下，并无意将原来由州政府管理的、属于州公民资格的日常公民权利交由联邦政府管理。因此，联邦政府无权过问或改正州政府为管理本州人民日常权利而制定的法律。②

米勒对联邦公民特权与豁免权的这一狭隘解释，堵塞了通过特权与豁免权条款来实现《权利法案》约束各州这条渠道；但是，在异议中，

---

① 在讨论这一条款的初稿时，国会重建委员会最初使用的"政治权利"（political rights）与"特权"（privileges），但在定稿时，委员会将"政治权利"一词删去，代之以"豁免权"（immunities）。参见王希：《原则与妥协：美国宪法的精神与实践》，第290页。

② 王希：《原则与妥协：美国宪法的精神与实践》，第321—322页。

布拉德利大法官却通过对正当程序条款的解释，打开了另一扇窗，真可谓"山重水复疑无路，柳暗花明又一村"。他认为，美国政治传统中的"生命权、自由权和追求幸福的权利"实际上等于"生命权、自由权和财产权"；这些权利是公民"最基本的权利"，非经"正当的法律程序"，不得取消；干预和修改这些权利，必须通过"合法和适当的规定"来进行。[①]

赫塔多案的辩护律师无疑是捕捉到了布拉德利所传递的信息，他在上诉中采取了"正当程序条款"和"特权与豁免权"双管齐下的辩护策略。尽管没能得到联邦最高法院多数大法官的支持，但斯坦利·马修斯（Stanley Matthews）大法官（1881—1889年在任）在多数意见中也承认，州权的行使应限制在"自由与正义的诸项基本原则之内，因为这些基本原则构成了我们公民和政治体制的基础"。[②] 正如科特纳所言，法院认为，正当程序条款禁止州侵犯自由与正义的诸项基本原则。[③] 但问题是，这些基本原则是否就是《权利法案》中列举的诸项权利呢？

在芝加哥铁路公司案中，联邦最高法院认为，对征用的合理补偿，构成了"共和体制的一项基本原则"，属于第十四条修正案正当程序条款的保护范围，从而将第五条修正案中的征用与合理补偿条款纳入州的层面。不过，在三年后的另一起案件中，[④] 联邦最高法院却认为，各州陪审团的规模并不受第十四条修正案的正当程序条款的统一要求约束。

经过十余年前后不一的摸索与尝试，在特文宁案（Twining v. New Jersey, 1908）中，联邦最高法院对此终于提出了三条原则：第一，《权利法案》中的某些条款可以通过第十四条修正案中的正当程序实现对各州的约束；第二，《权利法案》中的这些条款可以约束各州，并不是因为它们名列前八条修正案，而是因为它们是"基本的和不可剥夺的权利"（fundamental and inalienable rights）；第三，联邦最高法院不会吸纳整个

[①] 王希：《原则与妥协：美国宪法的精神与实践》，第324页。

[②] Lee Epstein & Thomas G. Walker, *Constitutional Law for a Changing America: Rights, Liberties, and Justice* (Washington D. C.: Congressional Quarterly Press, 1998), 3rd ed., p. 72.

[③] Richard C. Cortner, *The Supreme Court and the Second Bill of Rights* (Madison, University of Wisconsin Press, 1981), p.21. 转引自 Lee Epstein & Thomas G. Walker, *Constitutional Law for a Changing America: Rights, Liberties, and Justice*, 3rd ed., p. 74。

[④] *Maxwell v. Dow* (1900).

《权利法案》,只会在必要的时候进行个案考虑。[①]

至此,正当程序条款取代特权与豁免权条款,成为吸纳的主要渠道。

三、吸纳的方式——选择性吸纳还是全盘吸纳?

特文宁案的判决,实质上是正式启动了第十四条修正案对《权利法案》的吸纳进程。虽然当时的大法官们并没有使用吸纳(incorporation)一词,但敏锐的诉讼律师和刚成立不久的全国有色人种协进会(NAACP)却清醒地认识到,改善各州民权状况的机会已经来临。通过不懈的努力,他们将一系列案件推向联邦最高法院,逐步扩大各州基本民权和自由的保护范围。在这些案例中,最为有名的要数吉特洛案(Gitlow v. New York, 1925)和鲍威尔案(Powell v. Alabama, 1932)。

吉特洛案与纽约州的《无政府主义犯罪法》(Criminal Anarchy Act)有关。为了控制无政府主义活动,该法限制了第一条修正案所保障的言论和出版自由;鲍威尔案则涉及贫穷犯罪嫌疑人获得律师帮助的权利(the right to counsel,简称律师权)。[②]但是,这两条修正案只适用于联邦政府,纽约和亚拉巴马州并无义务遵守。

在吉特洛案中,联邦最高法院的多数大法官虽然支持了纽约州法院的有罪判决,但同时认为,"言论和出版自由是受第十四条修正案正当程序条款保护的基本人权和自由,各州不得侵犯"。在美国宪政史上,这是第一次将言论和出版自由纳入(第十四条修正案的)正当程序范围。

在鲍威尔案中,联邦最高法院推翻了亚拉巴马州的判决,认为在审理这类涉及重罪的案件时,应该为无钱雇佣律师、无法为自己辩护的贫穷被告提供律师;亚拉巴马州无视和忽视被告的律师权,违反了宪法第十四条修正案的正当程序要求。鲍威尔案第一次将律师权纳入(第十四条修正案的)正当程序条款,以约束各州(后来有反复,下文将详述)。

[①] Lee Epstein & Thomas G. Walker, *Constitutional Law for a Changing America: Rights, Liberties, and Justice*, 3rd ed., pp. 75-76.

[②] 吉特洛的辩护律师包括人称"魔鬼律师"的克拉伦斯·达罗(Clarence Darrow);鲍威尔案中的九个黑人男孩则得到了全国有色人种协进会和著名律师塞缪尔·莱博维茨(Samuel Leibowitz)的大力支持。

第五章　宪法第十四条修正案的司法转型

虽然吉特洛案和鲍威尔案均秉承特文宁案中的个案原则，吸纳了两项重要权利，但仍未明确界定第十四条修正案正当程序的内涵和适用范围。正当程序对《权利法案》中某些权利的吸纳看上去还是缺乏法理和逻辑上的理论支持。当时进入联邦最高法院不久的本杰明·卡多佐（Benjamin Cardozo）大法官（1932—1938年在任）对此十分清楚，借审理波尔柯案（Palko v. Connecticut, 1937）之际，试图说明（第十四条修正案）正当程序条款与《权利法案》的关系。在波尔柯案的判词中，卡多佐追溯了有关《权利法案》的案例，指出：言论自由、宗教自由已经被联邦最高法院视为第十四条修正案权利的一部分，这些自由之所以通过第十四条修正案应用于各州，是因为《权利法案》中的某些权利"在自由序列的框架中处于核心地位"；损害这些自由就是侵犯"植根于传统的根本性正义原则"。关于《权利法案》中的权利如何变成了第十四条修正案的权利，卡多佐的回答是，前者经历了为后者"吸收的过程"（a process of absorption）。①

在吉特洛案和鲍威尔案中，虽然联邦最高法院将言论、出版自由、刑事被告的律师权纳入正当程序，但在波尔柯案中，卡多佐却认为，《权利法案》第五条（即第五条修正案）中的"双重惩罚条款"（double jeopardy）②不受（第十四条修正案）正当程序条款的保护，不能纳入；因为只要审判本身没有问题，两次或多次惩罚，并没有侵害"作为公民和政治制度基础的自由和正义诸原则"。③卡多佐的意思很清楚：并非《权利法案》中列举的所有权利都"代表了我们社会中自由序列的核心"。联邦最高法院所应选择的是那些构成核心的权利，显然，这实际上是主张（第十四条修正案）正当程序条款对《权利法案》的选择性吸纳（selective incorporation）。

---

①　王希：《原则与妥协：美国宪法的精神与实践》，第467—468页。王希在书中将ordered liberty 理解为"有秩序的自由"。在卡多佐看来，《权利法案》前八条所列举的自由和权利是有优先、次要之分的（a proper order and coherence），某些基本性的权利才应该得到吸纳。感谢任东来教授在这一点上的提示。

②　条款内容："任何人不得因同一犯罪行为而两次遭受生命或身体的危害"。

③　直到1969年判决本顿案（Benton v. Maryland）时，"双重惩罚条款"才最终为第十四条修正案正当程序条款所吸纳。

与卡多佐的选择性吸纳理论不同，雨果·布莱克（Hugo Black）大法官（1937—1971年在任）提出了全盘吸纳（total incorporation, wholesale incorporation）理论。在亚当森案（Adamson v. California, 1947）的异议中，布莱克强烈反对卡多佐提出的吸纳标准，他表示，有选择的吸纳赋予法院太大的自由裁量权，容易使法院陷入司法能动；要使州和联邦的法院保持一致，唯一的办法就是通过第十四条修正案的正当程序条款，将前八条修正案列举的权利完全应用于各州。

如果说布莱克的全盘吸纳理论是一种极端，那么费利克斯·弗兰克福特（Felix Frankfurter）大法官（1939—1962年在任）的完全不吸纳主张则代表了另一个极端。在亚当森案的附议中，弗兰克福特坚持严格解释（第十四条修正案）正当程序条款。他认为，第十四条修正案对各州的要求与《权利法案》对联邦的要求，也许存在重合，但这并不意味着，两者之间存在吸纳与被吸纳的关系。宪法第十四条修正案中的正当程序具有独立的意义，不同于第五条修正案中的正当程序，在此问题上，法院应保持克制。①

整个1940年代，布莱克的全盘吸纳理论，在联邦最高法院一直处于少数地位。1950年代后期，随着力主选择性吸纳的威廉·布伦南（William Brennan）大法官（1956—1990年在任）进入联邦最高法院，选择性吸纳理论似乎"一统天下"、不可动摇了，实则不然。因为进入1960年代后，沃伦法院的司法自由主义已经形成，一贯珍视个人权利而又务实的布伦南，之所以主张选择性吸纳，实际上是考虑到锋芒毕露的全盘吸纳理论难以为多数法官所接受，也与美国尊重州权的传统不符，因此，他希望"曲线护权"，通过选择性吸纳，逐步实现正当程序对《权利法案》的全盘吸纳。与此同时，在联邦最高法院历练二十余年的布莱克也学会了通过妥协赢得多数大法官的支持。在1963年判决的吉迪恩案（Gideon v. Wainwright）中，布莱克代表联邦最高法院起草了多数意见。为此，他

---

① 当然，弗兰克福特大法官也不否认用某些根本性权利来约束各州，他的所谓完全不吸纳，只是不承认吸纳关系，但他承认存在基本权利，实际上是坚持一种"基本公正"原则。在两年后的沃尔夫案（Wolf v. Colorado, 1949）中，弗兰克福特再次表达了这种观点。

调整了自己的全盘吸纳理论，转而倾向于选择性吸纳。不过，他并没有用"选择性吸纳"一词，而是坚持认为，"对司法制度而言，最根本的就是保障《权利法案》，并用它来抵制各州的权力，就像用来抵抗联邦政府的权力一样"。①事后，布莱克这样解释自己妥协的原因："我永远都坚持认为，制定第十四条修正案的目的就是要把《权利法案》适用于各州；我很愿意支持选择性吸纳原则，尽管这是一个变通性规则，但它已充分发挥了作用，大部分权利保护条款适用于各州了"。吉迪恩案的判决是一个实用主义的判决，尽管布莱克的全盘吸纳观点从未得到大多数人同意，但随着沃伦法院关于选择性吸纳方面的判决不断增多，积累起来，最后也越来越达到与全盘吸纳相同的效果。②

四、吸纳的过程——从表达自由、宗教自由到刑事正义

《权利法案》所保障的自由与权利主要有两类：第一条修正案所保护的表达自由（freedom of expression）和宗教自由（freedom of religion），第四条、第五条、第六条修正案所保护的刑事犯罪嫌疑人（被告）的权利，即刑事正义。从时间上讲，第十四条修正案吸纳《权利法案》，也大致经历了一个从表达自由、宗教自由到刑事正义的过程——1920年代至1930年代以表达自由、宗教自由为主，1950年代至1960年代以刑事正义为主。

宪法第一条修正案保障的表达自由包括三个方面：言论和出版自由（freedom of speech and press）、（和平）集会自由（freedom of assembly）和请愿自由（freedom of petition）。③虽然吉特洛案从理论上承认了（第十四条修正案）正当程序可以吸纳（第一条修正案中）的言论和出版自由，但联邦最高法院当时并没有践行这一理论，而是维持了纽约州的有罪判决。这在很大程度上与威廉·塔夫脱（William Taft）等保守派大法官在联邦最高法院占据多数有关。1930年代，随着查尔斯·休斯（Charles Hughes）取代塔夫脱，成为首席大法官，联邦最高法院转向开明，在1931年的两

---

① 莫顿·J·霍维茨：《沃伦法院对正义的追求》，信春鹰、张志铭译，北京：中国政法大学出版社，2003年，第164页。
② 莫顿·J·霍维茨：《沃伦法院对正义的追求》，第164—165页。
③ 如果将言论和出版自由一分为二，那么表达自由就包括四个方面。

起案件中，实现了吉特洛案提出的以正当程序保护言论和出版自由不受州侵犯的理论；推翻了两州压制言论、出版自由的相关法律。①

1932年、1937年，自由派的卡多佐和布莱克先后进入联邦最高法院，与此同时，联邦最高法院也实现了所谓的"革命性转变"，开始严格审查涉及公众权利与自由的案件。在德琼基案（De Jonge v. Oregon, 1937）中，联邦最高法院一致推翻俄勒冈州的《犯罪社团法》（Criminal Syndicalism Law），认为公众有权参加和平集会，发表政治见解，从而将（和平）集会纳入（第十四条修正案）正当程序。在两年后的另一起类似案件②中，联邦最高法院又推翻了泽西市（Jersey City）管制公共集会的法律。多数法官认为，在公共街道和公园请愿，自古以来就是公民自由权利的一部分，任何人都不得以涉及公共利益为由，施加干涉，从而将请愿自由也纳入正当程序的保护范畴。③

与表达自由紧密相连的是宗教自由。在美国，宗教自由又包括信仰自由（free exercise of religion）和政教分离（或不得立国教，establishment of religion）。在保护信仰自由问题上，联邦最高法院多借助于言论和出版自由条款，④但信仰自由除了表现在言论、出版上，还涉及各种形式的行动，要保障这方面的权利，还是要利用宗教自由条款。1940年，在审理耶和华见证会募捐案（Cantwell v. Connecticut）时，联邦最高法院一致推翻了康涅狄格州的禁止募捐法——禁止未经州批准的宗教组织募捐。法院认为康州的做法违反了（第十四条修正案）正当程序条款所保护的宗教自由，从而将宗教信仰自由纳入正当程序。

个人的自愿捐助，对于教会（尤其是像耶和华见证会这样的小教会）的发展，至关重要，所以法院应予以保护。但是，如果政府资助某一宗

---

① *Stromberg v. California*, 283 U. S. 359 (1931); *Near v. Minnesota*, 283 U. S. 697 (1931).
② Hague v. CIO, 1939.
③ 虽然欧文·罗伯茨（Owen Roberts）和布莱克两位大法官趋向于利用公民的特权与豁免权条款，但哈兰·斯通（Harlan Stone）、斯坦利·里德（Stanley Reed）、休斯三位大法官坚持正当程序条款。参见 Melvin I. Urofsky, Paul Finkelman. *A March of Liberty: a Constitutional History of the United States, Vol.II: From 1877 to the Present*, p. 720。
④ 比如在洛弗尔案（Lovell v. Griffin, 1938）和施奈德案（Schneider v. Irvington, 1938）中，保护耶和华见证会（Jehovah's Witnesses）教众散发传单和上门传教。

教，就是另一回事了，因为，来自联邦政府的资助直接违背了宪法第一条修正案所保障的政教分离原则。但是，如果资助来自州政府呢？虽然建国前托马斯·杰斐逊起草《弗吉尼亚宗教自由条例》(Virginia Statute for Religious Freedom)时，就已提出了政教分离原则，但并非所有的州都有类似的规定。对于州的资助行为，联邦最高法院也是鞭长莫及。直到1947年，联邦最高法院才在埃弗森案（Everson v. Board of Education）中，通过解释新泽西州的一项法律，将（第一条修正案）政教分离条款纳入（第十四条修正案）正当程序条款，统一约束各州。

从历史的角度看，将表达自由和宗教自由纳入正当程序，主要是休斯法院（1930—1941年）、斯通法院（1941—1946年）和文森法院（1946—1953年）的功劳。1953年，沃伦成为首席大法官后，联邦最高法院的注意力开始转向刑事被告的权利，将这些权利纳入正当程序的保护范畴。由于第四条、第五条、第六条修正案列举的权利众多，无法一一论述，[①] 这里仅以第四条修正案的证据排除规则（Exclusionary rule）、第五条修正案的不得自证其罪（Self-incrimination）、第六条修正案律师权为例，说明刑事正义的吸纳过程。

非法证据排除规则，主要是指通过非法途径获得的证据不能被法院采信。[②] 在威克斯案（Weeks v. United States，1914）中，联邦最高法院首先在联邦层面确立了这一原则。三十余年后，开始涉及州。[③] 1961年，在没有搜查证的情况下，俄亥俄州克利夫兰市的几名警察以搜捕爆炸案嫌疑人为由，突袭搜查多莉·马普（Dolly Mapp）私宅，发现了一些黄色读物和图片，并据此逮捕了她。马普不服州法院的有罪判决，认为警察无证非法搜查其住所，违反了宪法第四条修正案，并以此上诉联邦最高法院，是为马普案（Mapp v. Ohio）。此案中，联邦最高法院最终实现了正当

[①] 当然，《权利法案》中的其他修正案也可能涉及刑事问题，但都不如这三条修正案突出。
[②] 虽然证据排除规则也适用于民事诉讼，但其在刑事方面的作用更为突出。
[③] 指沃尔夫案。经过激烈的辩论，联邦最高法院虽然没能在沃尔夫案中实现将证据排除规则适用各州，却将宪法第四条修正案中的无理搜占（unreasonable search and seizure）条款纳入正当程序。

程序对证据排除规则的吸纳。①

如果说排除非法证据主要在刑侦阶段，不得自证其罪则属于审判阶段的审前程序。嫌犯认罪与否对于决定是否起诉、以何种罪名起诉，至关重要。不得自证其罪原则起初只适用于刑事案件，后来扩大至民事案件，②主要是反对通过身心上的威胁、强迫，取得嫌犯的认罪供词。至于何谓强迫，则由法院具体裁定。与《权利法案》中的其他权利一样，不得自证其罪最初只能约束联邦警察和司法系统，直到1964年，联邦最高法院才将其纳入（第十四条修正案）正当程序条款，以约束各州。③

同年，联邦最高法院审理了另一起涉及联邦侦探通过电话窃听获取证据，导致嫌疑人被判刑的案件。④按理说，在这种情形下，嫌疑人所说的一切都是出于真心自愿，不存在任何强迫威胁的问题。但联邦最高法院却认为，嫌疑人讲这番话时，其律师不在场，如果据此作出不利于嫌疑人的判决，有违第六条修正案所列举的获得律师帮助的权利。⑤

不过，窃听证据案涉及的是联邦系统，那么各州呢？上文曾提及，早在1932年鲍威尔案时，联邦最高法院就将律师权应用各州了。但10年后，联邦最高法院又退回原地，认为第十四条修正案没有吸纳第六条修正案的律师权，这项权利并不是构成公正审判所必不可少的基本权利。⑥尽管此后20年间，联邦最高法院通过个案裁决，一次又一次地为各州的被告提供了律师帮助，但却绝口不提"吸纳"一词；直到沃伦法院

---

① 将非法证据排除规则应用于各州，一方面固然抵制了专横警察的无理骚扰，但另一方面，无疑也让相当多的犯罪分子逍遥法外，非法获取的证据毕竟也是货真价实的证据。在紧急追捕中，警察的一举一动根本不可能事先得到法院的令状。联邦最高法院也意识到这一问题，并通过具体案例，规定了一系列的例外，比如善意例外（Good Faith Exception）、公共安全例外（Public Safety Exception）、必然发现例外（Inevitable Discovery Exception）、独立来源例外（Independent Source Exception）等等。参见刘晓丹主编：《美国证据规则》，北京：中国检察出版社，2003年，第200页。

② Counselman v. Hitchcock, 1892.

③ Malloy v. Hagan, 1964.

④ Massiah v. United States, 1964.

⑤ Melvin I. Urofsky, Paul Finkelman. *A March of Liberty: a Constitutional History of the United States, Vol.II: From 1877 to the Present*, p. 834.

⑥ Betts v. Brady, 1942.

的司法自由主义统治联邦最高法院,在吉迪恩案中,才将获得律师帮助的权利纳入正当程序条款。①但吉迪恩案仅仅适用于可能被判处重罪的嫌疑人。1972年,联邦最高法院将此项权利扩大至可能被判处监禁的轻罪被告(misdemeanors,监禁一般在一年以下)。②以后,这项权利几乎逐步延展至刑事审判的全过程。③

五、美国学者的争论

从第十四条修正案通过时起,美国学者对这一修正案的相关论述就"史不绝书",以至于格思里认为:如果将19世纪最后30年的宪法史看作解释、评论第十四条修正案的历史,真是一点都不过分。④当然,第一部全面论述第十四条修正案历史的著作还是弗拉克的《第十四条修正案的采用》⑤。弗拉克认为,修正案的起草者希望扩大联邦政府的权力,保障《权利法案》所列举的个人自由。在相当长的一段时间内,弗拉克的观点一直是学界的主流,并得到后来学者的继承与发展。⑥

但并非所有的学者都认同这种观点。费尔曼和亚历山大·比克尔(Alexander M. Bickel)就不认为第十四条修正案禁止在公立学校隔离黑人,也不认为《权利法案》适用于各州。⑦在所有反对吸纳的学者中,措

---

① 详见任东来、陈伟、白雪峰等:《美国宪政历程:影响美国的25个司法大案》,第253—270页。

② Argersinger v. Hamlin, 1972.

③ United States v. Wade, 1967; Mempa v. Rhay, 1967.

④ William D. Guthrie, *Lectures on the Fourteenth Article of Amendment to the Constitution of the United States*.

⑤ Horace Flack, *Adoption of the Fourteenth Amendment* (Baltimore: John Hopkins University Press, 1908).

⑥ 坦布鲁克在《第十四条修正案的反奴隶制起源》(*The Antislavery Origins of the Fourteenth Amendment*, Berkely: University of California Press, 1951)一书中强调,共和党立法者通过修正案实现他们追求的人权和平等理想。威廉·威尔赛克(William Wiecek)则在《美国宪政的反奴隶制根源(1760—1848)》(*The Sources of Antislavery Constitutionalism in America, 1760-1848*, Ithaca: Cornell University Press, 1977)一书中详细论述了坦布鲁克的观点。

⑦ Charles Fairman, "Dose the Fourteenth Amendment Incorporate Bill of Rights? The Original Understanding", 2 *Stanford Law Review* 5 (1949); Alexander M. Bickel, "The Original Understanding and the Segregation Decision", 69 *Harvard Law Review* 1 (1955).

辞最为激烈、影响也最大的要数伯杰。在《司法统治——第十四条修正案的转型》[①]一书中，他详细分析第39届国会中提出和支持第十四条修正案的几位主要议员的意图和思想，认为他们仅仅只是希望实现1866年民权法的要求，并没有扩大联邦公民权的考虑，更没有想到要吸纳《权利法案》。

当然，更多的学者依然坚持，第十四条修正案就是为了保障平等和自然权利；[②]取消种族隔离，赋予黑人投票权，禁止政府和私人的歧视行为。[③]在这些学者中，影响最大的是执业律师柯蒂斯和他的《任何州都不得侵犯——第十四条修正案与〈权利法案〉》。虽然从学理、文笔上讲，柯蒂斯的书远非最优，但在出版时间上却恰到好处。1980年代的美国，保守思潮风起云涌，法学界也不例外。就在柯蒂斯书出版的前一年（1985年），主张宪法原初解释（originalism）的司法部长埃德温·米斯（Edwin Meese），在美国法律人协会（ABA）的年会上发表演说，认为沃伦法院将《权利法案》应用于各州，完全不合理，也缺乏历史基础。[④]而柯蒂斯的书则针锋相对，认为第十四条修正案体现的正是1866年共和党的法律观念，这其中就包括用《权利法案》约束各州。在书中，柯蒂斯还分析了费尔曼的观点，认为费尔曼曲解了宾厄姆等议员的观点，而

[①] Raoul Berger, *Government by Judiciary: the Transformation of the Fourteenth Amendment* (Cambridge: Harvard University Press, 1977).

[②] Howard Jay Graham, *Everyman's Costitution: Historical Essays on the Fourteenth Amendment, the "Conspiracy Theory", and American Constitutionalism* (Madison: State Historical Society of Wisconsin, 1968); Chester J. Antieau, *The Original Understanding of the Fourteenth Amendment* (Tuscon: Mid-American Press, 1981); Judith A. Baer, *Equality Under the Constitution: Reclaiming the Fourteenth Amendment* (Ithaca: Cornell University Press, 1983); Michael Kent Curtis, *No State Shall Abridge: the Fourteenth Amendment and the Bill of Rights* (Durham: Duke University Press, 1986).

[③] Alfred H. Kelly, "The Fourteenth Amendment Reconsidered: the Segregation Decision", 54 *Michigan Law Review* 1049 (1956); William Van Alstyne, "The Fourteenth Amendment, the 'Right' to Vote, and the Understanding of the Thirty-nine Congress", *Supreme Court Review*, 1965; Robert J. Kaczorowski, "Revolutionary Constitutionalism in the Era of the Civil War and Reconstruction", 61 *New York University Law Review* 863 (1986).

[④] 威廉·范·阿尔斯泰（William Van Alstyne）教授为《任何州都不得侵犯——第十四条修正案与〈权利法案〉》一书所写的序言。

伯杰则深受费尔曼的影响，①更是对宾厄姆和霍华德等参议员进行人身攻击。②实际上，在这本书之前，柯蒂斯和伯杰之间的论战早已硝烟弥漫，③柯蒂斯书的出版只不过是这场争论的高潮。

柯蒂斯书出版后，年近九旬（1901年生）的荣休教授伯杰，奋起迎战，于1989年出版了反驳柯蒂斯书的论战性著作——《第十四条修正案与〈权利法案〉》，④坚持自己在《司法统治——第十四条修正案的转型》一书中，对修正案原意的理解，认为柯蒂斯误用了许多概念；联邦最高法院背离了先例，既损害了州权，又剥夺了本属于民众的决策权。

虽然争论激烈，但无论是赞成还是反对吸纳的学者，都是从第十四条修正案制定者的原意中找寻支持自己的证据。20世纪四五十年代，联邦最高法院开始广泛运用第十四条修正案扩大民权，这促使学者更加积极地探寻第十四条修正案原意，希望以历史根据抑制联邦最高法院的司法自由主义。费尔曼和比克尔就是其中的典型代表。但是第十四条修正案本身就是妥协的产物，且非出自某一人之笔，几乎每派学者都可以从当时的记录中找到支持自己的材料。费尔曼等人的研究自然也引发了不同的声音，其中最为激烈的是芝加哥大学的威廉·克罗斯基（William W. Crosskey）教授，他在针对费尔曼等人的观点的论著中认为，第十四

---

① Michael Kent Curtis, *No State Shall Abridge: the Fourteenth Amendment and the Bill of Rights*, pp. 94–96.

② Michael Kent Curtis, *No State Shall Abridge: the Fourteenth Amendment and the Bill of Rights*, pp.120–128.

③ Michael Kent Curtis, "The Bill of Rights as Limitation on State Authority: a Reply to Professor Berger", 16 *Wake Forest Law Review* 45 (1980); Raoul Berger, "Incorporation of the Bill of Rights in the Fourteenth Amendment", 42 *Ohio State Law Journal* 435 (1981); Michael Kent Curtis, "Further Adventure of the Nine-lived Cat: a Response to Mr. Berger on Incorporation of Bill of Rights", 43 *Ohio State Law Journal* 89 (1982); Raoul Berger, "Incorporation of the Bill of Rights in the Fourteenth Amendment: a Reply to Michael Curtis' Response", 44 *Ohio State Law Journal* 1 (1983).

④ Raoul Berger, *The Fourteenth Amendment and the Bill of Rights* (Norman: University of Oklahoma Press, 1989).

条修正案吸纳了《权利法案》，扩大了国会的权力。①

正如伯杰深受费尔曼影响一样，克罗斯基对柯蒂斯的影响同样不容忽视。柯蒂斯自己在《任何州都不得侵犯——第十四条修正案与〈权利法案〉》一书中坦承，对他思想影响最大的是克罗斯基批评费尔曼的文章。②因此，从某种程度上讲，伯杰—柯蒂斯的争论是费尔曼—克罗斯基争论的延续。在可以预见的未来，类似的学术争论还会继续下去。

六、对吸纳理论的反思

1789年，当第1届国会开会讨论给1787年宪法增加一个《权利法案》时，"宪法之父"麦迪逊提出了自己的修改意见，这些意见后来正式归结为十七条修正案提议。这十七条提案绝大部分针对的可能是来自于联邦政府的暴政，但麦迪逊也意识到，州同样可能滥用权力。因此，他在第十四条提案中特别倡议：州不得侵犯思想上的平等权（equal right of conscience）、出版自由，以及刑事案件中的陪审团审判。但是，当时新成立的、充斥着"地方主义"偏见的国会并没有采纳麦迪逊的这条提案。③

1791年通过的《权利法案》第一条开宗明义，"国会不得……"。显然，第1届国会的意思是希望以此来强调公众自由、权利的重要性，约束他们更为担心的中央政府（联邦政府）而非州政府的侵害。但是宪法正文第六条的"最高条款"又说，"本宪法和依据本宪法制定的合众国的法律，……都是全国的最高法律"。这两者之间无疑存在一定的矛盾。因此，在《权利法案》通过后，直到第十四条修正案制定前，并非所有的

---

① William W. Crosskey, *Politics and the Constitution in the History of the United States* (Chicago: University of Chicago Press, 1953); William W. Crosskey, "Charles Fairman, 'Legislative History,' and the Constitutional Limitation on State Authority", 22 *University of Chicago Law Review* 1 (1954). 同期刊登了费尔曼的回应文章，"A Reply to Professor Crosskey", 22 *University of Chicago Law Review* 144 (1954)。

② Michael Kent Curtis, *No State Shall Abridge: the Fourteenth Amendment and the Bill of Rights*, p. 8.

③ Lee Epstein & Thomas G. Walker, *Constitutional Law for a Changing America: Rights, Liberties, and Justice*, 3rd ed., p. 66. Raoul Berger, *Government by Judiciary: the Transformation of the Fourteenth Amendment* (Cambridge: Harvard University Press, 1977), pp. 134–135.

人都一致认定,《权利法案》只能约束联邦。①

1866年,重建国会讨论通过第十四条修正案时,最迫切的希望是以此作为1866年民权法的宪法基础,②保障刚刚获得解放的黑人民权。所以,修正案的第一句实质是承认黑人的公民身份,第二句则包括保障民权不受各州干预的三条原则:公民的特权与豁免权、法律上的正当程序、法律的平等保护。在这三条原则中,法律的正当程序和平等保护都是程序性的,适用于任何人,并不包含实质性内容。在制定者(激进共和党人)眼中,最重要的是特权与豁免权条款,此款针对的是新近获得公民身份的黑人,而且他们认为,借用宪法正文第四条第二款的"特权与豁免权"字样,更容易在派别纷争的第39届国会获得通过。至于何谓州公民的特权与豁免权,则由各州自行规定,国会无权插手;而联邦公民权在1866年民权法中已有列举,国会也不必在宪法修正案中详述。

1877年,联邦军队从南方撤出,内战前的南方政治精英重掌政权,黑人的地位一落千丈。保守的联邦最高法院根本没有按照激进共和党人的意愿,将特权与豁免权条款锻造成保护黑人公民权的除魔之剑,相反,它利用正当程序条款为私人公司撑起保护伞,奠定了美国镀金时代的法治基础,对宪法第十四条修正案的制定者开了一个莫大的历史玩笑!③

正当程序最初只具有程序上的意义,但联邦最高法院却在后来的判决中认为,正当程序所保障的生命、自由、财产具有实质性内涵,因此正当程序也具有实体上的意义,即所谓的"实体性正当程序"(substantive due process)。④此后,联邦最高法院不但能判断各州和联邦的调控性立法

---

① 在巴伦案(Barron v. Baltimore, 1833)中,联邦最高法院不得不解释说,宪法第五条修正案的公正补偿条款只针对联邦政府,州政府行为不在此列。

② Raoul Berger, *Government by Judiciary: the Transformation of the Fourteenth Amendment*, p.148.

③ 1873年,联邦最高法院判决的屠宰场案显现了法院的这种趋势。参见游恒:《美国第14条宪法修正案从保护黑人权利到维护公司法人地位的演变始末》,《美国研究参考资料》,1988年第3期。

④ 参见胡晓进、任东来:《保守理念与美国联邦最高法院——以1889—1937年的联邦最高法院为中心》,《美国研究》,2003年第2期。在1890年判决的芝加哥—密尔沃基—圣保罗铁路公司诉明尼苏达州案中,联邦最高法院正式以实质性正当程序为由,判定明尼苏达州的一项铁路管理法违宪。

是否合乎宪法程序，还能审查这些立法的内容是否影响了公司法人的自由和财产，最大限度地保护了企业主的权益。

既然联邦最高法院能将公司法人理解为第十四条修正案中的"人"，利用实体性正当程序来保障公司利益，那么，信奉司法自由主义的联邦最高法院也可以将第十四条修正案中的"自由"理解为个体民众的政治、社会权利，利用实体性正当程序来保障不同种族、族裔公民之间的权利平等。沃伦法院正是这种司法自由主义的典型代表。20世纪50—60年代，这个自由主义的、非民选的联邦最高法院，通过判决推翻了民选议会的众多立法，不但实现了正当程序对证据排除规则、不得自证其罪、律师权的吸纳，而且通过同样的途径，将与证人对质、诘问，[1] 迅速审判，[2] 证人的到庭作证义务，[3] 陪审团审判[4] 等一系列保障刑事司法正义的措施应用于各州。

学界对沃伦法院的看法大相径庭：有学者认为沃伦法院的这种做法存在着反多数、反民主的一面，也有学者认为沃伦法院所保障的是人的基本权利，即使是代表民意的议会也不能削弱、剥夺这些权利，沃伦法院实际上弥补了程序性民主的不足，体现了实质性民主的真谛。[5]

不管学者们如何评价联邦最高法院的司法能动主义[6]与"反多数难题"之间的紧张关系，可以肯定的是，大规模地吸纳那些原本只针对联邦的个人自由、权利的宪法保护，并将其用于约束各州，无论是对联邦制的政治架构，还是对联邦最高法院的功能，都产生了巨大而深远的影响。

从联邦制的角度看，传统的联邦主义观点——无论是二元联邦主义还是合作联邦主义，[7] 都十分强调州权和州在保障本州民众自由、权利中

---

[1] *Pointer v. Texas* (1965).

[2] *Klopfer v. North Carolina* (1967).

[3] *Washington v. Texas* (1967).

[4] *Duncan v. Louisiana* (1968).

[5] 任东来：《改变美国宪政历史的一个脚注》，《读书》，2005年第9期。

[6] 对司法能动主义概念的解释，参见克里斯托弗·沃尔夫：《司法能动主义——自由的保障还是安全的威胁？》，黄金荣译，北京：中国政法大学出版社，2004年。

[7] 关于"二元联邦主义"和"合作联邦主义"的解释，见胡晓进：《美国伦奎斯特法院保守性初探——以联邦主义问题的相关判决为中心》，《南京大学学报（哲学·人文科学·社会科学版）》，2004年第3期。

的主导作用。州一向被认为是"社会、经济试验的试验场,可以最大限度地规避风险"[1]。但在大规模吸纳之后,几乎所有的自由、权利都能与联邦挂上钩,联邦长驱直入,州的主导作用遭到破坏;州的试验作用日益丧失,这也正是保守派反对吸纳的重要理由。

对于联邦最高法院的功能,传统的观点认为,它既无军权又无财权,在三个部门中危害最小;它对于立法、执法部门的司法审查仅限于程序,而且应该尊重其他两个部门,因为国会代表民意,比法院更具有合法性,在具体法律的执行上,总统又较法院更有经验。但是,大规模的吸纳之后,联邦最高法院的司法审查全面触及立法的具体内容,大量推翻认为不合宪的立法,成为衡量立法者智慧的超级立法者。这显然不是美国制宪先贤的本意,也绝非一个民主社会的真谛。因此,进入21世纪后,越来越多的迹象表明,联邦最高法院开始重新考察美国联邦制的本质,有关判决的天平也开始向州倾斜。如果说20世纪下半叶联邦最高法院的关注点是个人权利与自由的保护,那么21世纪的联邦最高法院很可能会把关注点转向美国宪法的另一个主要内容——联邦制框架中联邦与州的权力划分。

---

[1] 冰块公司案(New State Ice Company v. Liebmann, 1932)中路易斯·布兰代斯(Louis Brandeis)大法官(1916—1939年在任)的意见。

第六章

联邦最高法院与
现代美国公司的成长

1820年代到1920年代是现代美国公司的成长、成型时期。[①]这一时期，公司属性从早期的特许状公司演变为普通公司、从"人造之物"转化为自然实体，实现了身份与法律地位的平民化、人格化；保护公司权益的宪法条款也相应地从以契约为主转换为以正当程序为主。身份、法律地位、宪法条款上的转化为公司的发展奠定了坚实基础。美国内战后，伴随着铁路公司迅猛发展，现代美国公司初步成型，获得独立地位；而由铁路公司引发的垄断与反垄断的较量，则为现代美国公司构造了适度的发展空间。由于美国是普通法国家，现代美国公司的这一成长、成型过程无不与法院，尤其是联邦最高法院的判决息息相关，因此，本章拟论述联邦最高法院在现代美国公司出现、发展过程中的作用。

第一节 早期的特许状公司

中文的"公司"一词在英语中有 corporation 和 company 两个对应词，虽然这两个词在实际生活中常常通用，但在法律含义上却有很大区别。根据《元照英美法词典》，company 指的是数人为了共同目标、特别是为营利而设立的一种联合组织；在美国泛指任何企业，不论是独资企

[①] 之所以选择1819年和1920年作为分界线，是因为联邦最高法院1819年判决的达特茅斯案（参见任东来、陈伟、白雪峰等：《美国宪政历程：影响美国的25个司法大案》，第45—57页），为美国公司的发展奠定了最初的基础；1920年判决的美国钢铁公司案则为现代美国公司的适度扩张埋下了伏笔。当然这种划分只是出于研究的方便，实际情况远比此复杂。

业（sole proprietorship）还是合伙企业（partnership）或公司（corporation）。因此，corporation 只是 company 的一种形式，指根据法律授权而独立于股东的人格实施行为，并可以永续存在的一个实体（通常是商业实体）。本章所称公司即 corporation。

英文 corporation 一词，本义是指许多人结为一体的任何组合，而所谓的"一体"即指任何具有共同宗旨、使用共同名称的团体；市区、行会、僧院、主教辖区等是公司形式在欧洲最早的体现。[①] 中世纪的英国以公司的形式建立大学、行会和村镇。进入近代以后，非公司性的合股企业开始出现，由于缺乏规范，合股常常成为诈骗钱财的代名词。1720 年，英国国会通过《泡沫法》（the Bubble Act），正式宣布未获王室特许状的合股公司非法。1741 年，《泡沫法》扩及英属北美殖民地。[②] 因此，与英国本土一样，英属北美殖民地的公司绝大多数是特许状公司，特许状的内容一般包括：公司经营范围、存续期间、投资额度、股东的表决权，以及支付利息的方式。[③] 不同的是，英国本土的公司一般是依据国王的特许状建立的[④]，而英属北美殖民地的公司则大多是由各殖民地总督或议会授权建立的。从一开始，美国的公司就具有地方色彩。

美国独立、特别是进入 19 世纪后，本国公司的数量和种类发展迅速。1800 年（当时美国只有 16 个州），由各州政府颁发的特许状就达 328 件。此后 30 年间，获得特许状的大部分是公共服务性公司，交通领域尤其突出。到了 1830 年代，获得特许状的制造业和采矿业公司数量大幅增长；1850 年代，伴随日益高涨的修筑铁路热潮，这一增长势头更加猛烈。从 1850 年到 1860 年，美国特许状公司的总数翻了近两番。[⑤] 与此同时，公司的性质（主要是身份和法律地位）也开始发生改变。公司性

[①] 艾伦·特拉登堡：《美国的公司化——镀金时代的文化与社会》，邵重、金莉译，北京：中国对外翻译出版公司，1990 年，序言。
[②] 韩铁：《试论美国公司法向民主化和自由化方向的历史性演变》，《美国研究》，2003 年第 4 期。
[③] 斯科特·R·鲍曼：《现代公司与美国的政治思想——法律、权力与意识形态》，李存捧译，重庆出版社，2001 年，第 46 页。
[④] 比如最先向北美移民的弗吉尼亚公司和普利茅斯公司。
[⑤] 斯科特·R·鲍曼：《现代公司与美国的政治思想——法律、权力与意识形态》，第 45 页。

质的改变与早期特许状公司的特点与弊端密切相关。

早期的特许状公司主要有以下三个特点：一是与公共服务有关，一般涉及市政、公路、桥梁、运河以及供水等公共事业；二是州政府参与，参与的主要形式是出资、贷款，这使特许状公司具有公私混合的色彩；三是拥有排他性和强制性特权，排他性体现在垄断公路、桥梁、运河的收费权（包括收费年限与费率）上，强制性则体现为公路、运河、铁路公司对沿路（河）土地的征用权上。

由此可见，早期的特许状公司与州政府联系紧密，履行了部分政府职能，虽然促进了经济发展，但不可避免地会产生许多弊端：一是给各州带来沉重的财政负担。不少州政府参与的公共事业负债累累，所发行的债券也很难按期偿还。在1837年的经济危机中，美国有5个州无力偿付债券利息，一个州甚至部分拒付本金。这次危机成了"美国现代商业公司发展史的一个分水岭"，此后，各州纷纷反对州政府投资商业公司或给予财政支持；有6个州在1842—1851年期间修改宪法，禁止州政府给交通运输企业以贷款。[①] 二是公私不分。既有公共服务职能，又有私人利润目标，经常假公济私，争议颇多，使反对公司和支持公司的论战成了19世纪前期"大众文字中最强大、最重复多见、最夸张的主题之一"。[②] 三是州议会经常随意更改乃至取消特许状的内容，使公司无所适从。

这三大弊端，说到底只有一个原因：特权。这种特权与美国共和、平等的立国精神格格不入，一直颇受诟病。内战结束后，随着美国机器制造业的发展，特许状公司的弊端更加突出，不但导致腐败丛生，而且妨碍竞争、扼杀技术革新，一场反对公司特权的运动由此而生。在此背景下，公司的身份和法律地位开始了革命性变化：从特许状公司向一般性公司演变，即所谓公司的平民化；从"人造之物"转化为自然实体，

---

① 韩铁：《美国公司的历史演变和现代大企业的崛起》，《南开大学学报》，2002年史学增刊。

② 韩铁：《美国公司的历史演变和现代大企业的崛起》，《南开大学学报》，2002年史学增刊。

即所谓公司的人格化。① 在这一过程中，联邦最高法院可谓功不可没。

第二节　公司身份与法律地位的演变

公司的平民化始于私人公司之说。1815 年，联邦最高法院大法官斯托里（1811—1845 年在任）在特雷特诉泰勒案② 中区别了公共公司（public corporation）和私人公司（private corporation）。他认为州立法机构可以取消或修改包括县、市、镇在内的公共公司的特许状；但私人公司应享有自然法和宪法的保护。特许状一经颁发，其财产和权利就不再受立法机构随意干预。③ 这意味着私人公司尽管仍是特许状公司，但州立法机构已经不能随意变更其地位，它开始慢慢脱离特权公司的性质。这一判决在当时并没有引起足够的注意，但它立下了一个可以援引的先例，打开了日后公司平民化的缺口。1817 年，新罕布什尔州高级法院在对达特茅斯学院案的判决中，沿用斯托里公共公司与私人公司之分的观点，认定达特茅斯学院是公共公司，应受州的调控。而马歇尔则在联邦最高法院的判决中认为达特茅斯学院是私人公司，公司的特许状就是应受联邦宪法保护的契约。④ 此后，在授予公司的特许状中，各州对公司权力（特权）开始作出种种限制和保留。在 1830 年的另外两起案件中，联邦最高法院进一步限制了公司的权力，认为应该详细列举特许状的内容，公司的权力不能超出特许状的明确授权范围。⑤

---

① 这里借鉴了韩铁教授的说法，他在《试论美国公司法向民主化和自由化方向的历史性演变》（《美国研究》，2003 年第 4 期）一文中认为，美国的公司法在这一时期开始向民主化和自由化演变，并明确指出公司法的自由化也就是公司的人格化。笔者在此基础上作了一点补充，将韩铁教授所谓的"公司法的民主化"相应地称为"公司的平民化"。

② *Terrett v. Taylor*, 13 U.S. 43 (1815).

③ Melvin I. Urofsky, Paul Finkelman, *A March of Liberty: a Constitutional History of the United States, Vol.I: From the Founding to 1890* (New York: Oxford University Press, Inc., 2002), pp. 240–241.

④ Melvin I. Urofsky, Paul Finkelman, *A March of Liberty: A Constitutional History of the United States, Vol.I: From the Founding to 1890*, p.242.

⑤ *Beaty v. Knowles' Lessee*, 4 Pet. 152 (1830); *Providence v. Billings*, 4 Pet. 514 (1830).

马歇尔去世后，坦尼继任并承袭1830年两案的思路，在1837年的查尔斯河桥案判决中，① 否决了查尔斯河桥公司特许状的垄断性："在特许状中并没有明确的条款说明给予查尔斯河桥公司的特许是唯一的，或者是禁止再建一座与查尔斯河桥相竞争的桥"，因此查尔斯河桥公司并没有默认的垄断权。②

查尔斯河桥案在清除公司的垄断烙印方面迈出了一大步，联邦最高法院的判决鼓励了新兴公司企业的发展，它们"不再受旧特许状中含混条款中隐藏的垄断权的约束"。③ 此后，公司特许状有名无实，特许状公司逐渐演变为一般性公司，申请组建公司不再需要议会专门立法，而只是一个行政手续和程序问题。在符合公司法的统一要求后，任何人均可申请许可证来组建公司。到1859年，美国38个州和领地中有24个通过了一般公司法。这一趋势在内战期间和战后以更快的速度发展。1875年，一般公司法在美国基本上普及，47个州和领地中有44个通过了一般公司法，达到90%以上。④ 公司进入平民化时代。

特许公司的身份一旦改换，其法律地位也不得不随之发生变化，这就是公司的人格化——从"人造之物"转化为自然实体。1804年，在普罗维登斯保险公司案⑤中，联邦最高法院第一次面对公司的法律地位问题，即它究竟是源于入股的个人还是来自授予其特许状的议会。在判决中，马歇尔明确指出公司的公共性，认为公司只是法令的创造物（the mere creature of the act）；它的权力仅限于议会的授予。⑥ 这一判决的部分原因是，当时的公司大多承担公共服务职能。不过，随着越来越多生产性和运输性公司的出现，单纯为私人谋利的公司也愈来愈多，公司的公共

---

① *Charles River Bridge Co. v. Warren Bridge Co.*, 36 U.S. 420 (1837).

② Bernard Schwartz, *A History of the Supreme Court* (New York: Oxford University Press, 1993), p. 76.

③ 理查德·霍夫施塔特：《美国政治传统及其缔造者》，崔永禄、王忠和译，周颖如校，北京：商务印书馆，1994年，第65—66页。

④ 韩铁：《试论美国公司法向民主化和自由化方向的历史性演变》，《美国研究》，2003年第4期。

⑤ *Head & Amory v. Providence Insurance Company*, 6 U.S. 127 (1804).

⑥ Melvin I. Urofsky, Paul Finkelman, *A March of Liberty: A Constitutional History of the United States, Vol.I: From the Founding to 1890*, p. 239.

性开始发生动摇。

1809 年，在合众国银行案①中，联邦最高法院承认，公司虽然是法律创造的不可见之人造物（an artificial and invisible creature of the law），但也是个人的联合（an association of individuals）。②在 1834 年的另一起案件③中，联邦最高法院进一步认为公司可以被看作它所在州的公民，甚至是自然人——尽管是拟制人（an artificial person）。④公司人格化由此初露端倪。

内战结束后，为了保障获得解放的黑人的权益，国会通过宪法第十四条修正案，其中第一款规定"任何州，不经正当法律程序，不得剥夺任何人（person）的生命、自由或财产"。但是，由于各州的规避以及联邦最高法院的保守解释，第十四条修正案的正当程序条款非但没有为黑人撑起保护伞，反倒成为保护公司利益的利器。1886 年，在南太平洋铁路公司案⑤中，联邦最高法院认为公司也是正当程序条款中所谓的人，享有和自然人一样的权利、特权和法律保护，从而将公司从人造之物转化为自然实体，最终实现了公司的人格化（也有学者认为公司人格化的最终实现是在 20 世纪初）。四年后（1890 年），国会制定的《谢尔曼反托拉斯法》（Sherman Antitrust Act，亦称《谢尔曼法》）也承认了公司的人格化：该法的最后一条特别说明，它所用的"人"（person 或 persons），也包括法律所认可的公司（corporations）与协会（associations）（《克莱顿反托拉斯法》的第一条中也有类似规定）。

事实上，公司的平民化和人格化的实现是一个相互交织的过程，并不能截然分开。总体而言，平民化是人格化的基础和铺垫，而人格化则是平民化的最终结果和表现形式。

---

① *Bank of the United States v. Devaux et al*，9 U.S. 61 (1809).
② Melvin I. Urofsky, Paul Finkelman, *A March of Liberty: a Constitutional History of the United States, Vol.I: From the Founding to 1890*, p.240.
③ *Louisville, C. & C. R. Co. v. Letson*, 43 U.S. 497 (1834).
④ Herbert Hovenkamp, *Enterprise and American Law, 1836-1937* (Cambridge: Harvard University Press, 1997), p. 14.
⑤ *Santa Clara County v. Southern P. R. Co.*, 118 U.S. 394 (1886).

第三节　从契约到正当程序

公司的发展离不开法律和法院的保护，公司的平民化与人格化，一方面带来公司身份与法律地位的改变，另一方面促使联邦最高法院的司法理念发生转换，即对公司权益的保护从主要利用契约条款转移到主要利用正当程序条款。

前面提到，早期美国公司几乎全是有特许状的垄断性公司，而宪法又明确规定"各州不得通过有损契约义务的法律"（宪法第一条第十款，即所谓的契约条款）。为了促进工商业的迅速发展，契约条款理所当然地成为联邦最高法院保障公司权益的首选。在达特茅斯案中，马歇尔明确表示特许状就是契约，一经订立，州政府便无权更改。因此，为了避免特许状公司滥用垄断特权，各州对新颁发的特许状大多作出了详细规定，并附有较多的保留。同时，联邦最高法院也对特许状进行了从严解释。特许状公司由此渐渐衰落。尽管如此，在美国历史进入镀金时代之前，契约条款仍是公司权益（或者说特权）的坚强后盾，以至于美国法律史学家詹姆斯·赫斯特（James Hurst）将1800—1875年称为"我们法律的契约年代"。[①]

公司平民化后，特许状（契约）渐渐消失，那么，用什么来保护一般公司的权益呢？由于美国宪法中并没有提到"公司"一词，与公司权益关系最为密切的是正当程序条款中的"财产"一词。美国宪法中有两个正当程序条款，第一个出现在第五修正案中，规定"任何人，不经过正当法律程序，不得被剥夺生命、自由或财产"，这是针对联邦政府而言的；第二个存在于第十四条修正案中，是针对各州的。由于公司立法传统上是各州的事，因此第五条修正案中的正当程序根本无法涵盖公司，这样，联邦最高法院只能从第十四条修正案入手。然而，该修正案保护的是"人"，而不是公司。要将第十四条修正案中的正当程序条款锻造成平民公司的除魔之剑，联邦最高法院必须首先实现公司从拟制人到自然

---

① 参见韩德培、韩铁：《美国资本主义经济发展中的契约自由与合同法》，《武汉大学学报（社会科学版）》，2003年第6期。

人的蜕变。而南太平洋铁路公司案正好达到了这一目的，其意义不仅在于最终使公司人格化，更重要的是，在保护公司权益问题上，联邦最高法院实现了司法理念的彻底转换，用正当程序条款取代契约条款作为平民化和人格化后公司的新守护神。

不过，联邦最高法院司法理念的这一转换也非一蹴而就。1873年，在审理屠宰场案[①]时，虽然联邦最高法院多数大法官认为第十四条修正案的目的是保护黑人的自由，而不是增加白人公民的权利，但菲尔德发表了自己的异议，认为生命权、自由权和财产权是联邦（也是各州）公民的基本权利（fundamental rights），任何法律都不能剥夺这些实体性权利（substantive rights）；正当程序条款不但保障程序，形成所谓的程序性正当程序（procedural due process），还保护基本权利，是为实体性正当程序。[②] 四年后，在芒恩案[③]中，菲尔德坚持己见，在异议中认为，伊利诺伊州针对谷物储运公司费率的相关立法违背了第十四条修正案。虽然菲尔德的意见并不是联邦最高法院的多数意见，但联邦最高法院却在判决中明确宣布，不经正当法律程序，联邦和州都不得剥夺个人或公司的财产。就这样，大法官悄悄地把"公司"塞进第十四条修正案的保护伞下。[④]

南太平洋铁路公司案后，1888年，富勒取代韦特成为首席大法官，一年后，极端保守的布鲁尔进入联邦最高法院，最终"一群急于用实体性正当程序来对抗经济调控的公司和铁路律师占据了联邦最高法院"。[⑤] 在明尼苏达州案[⑥]中，大法官们正式以违背实体性正当程序为由，判定明尼

---

① *The Slaughterhouse Cases*, 83 U. S. 36 (1873).

② 实体性正当程序包含了这样一种理论：尽管立法的程序可能是正当的合理的，但仍有可能会产生剥夺公民权利（生命、自由、财产等权利）的法律，在这种情况下，法院有必要对立法的内容（substance）进行审查（王希：《原则与妥协：美国宪法的精神与实践》，第323、325页）。实体性正当程序理论使联邦最高法院有权决定立法内容是否合理，也在一定程度上使联邦最高法院凌驾于立法部门之上。

③ *Munn v. Ill.*, 94 U.S. 113 (1877).

④ 游恒：《美国第14条宪法修正案从保护黑人权利到维护公司法人地位的演变始末》，《美国研究参考资料》，1988年第3期。

⑤ Craig R. Ducat, *Constitutional Interpretation, Volume I: Power of Government* (New York: West Publishing Company, 1996), p. 523.

⑥ *Chicago, M. & St. P. Ry. v. Minnesota*, 134 U.S. 418 (1890).

苏达州的一项铁路管理法侵犯了公司的财产权。在此后将近半个世纪里，菲尔德的异议成为联邦最高法院奉行的圭臬，在正当程序条款的护佑下，美国的公司迅速发展起来。

第四节 从束手无策到确定比例

在 1877 年的芒恩案中，联邦最高法院支持了州调控经济的立法，这意味着在国会尚未明确干预州际商务活动的情况下，各州有权控制本州铁路运输费率。在芒恩案的鼓励下，到 1870 年代末，至少有十个中西部州建立了专门的铁路管理委员会。

随着铁轨的不断延伸，跨越州界的大铁路公司越来越多，各州能否对这些跨州铁路公司进行调控呢？对此，联邦最高法院在 1886 年审理的沃巴什案[①]中给出了答案：各州不能管制仅仅属于过境性质的跨州铁路运输；它同时明确指出，像这样的跨州商务活动应由联邦政府根据美国宪法中的商务条款来进行调控。国会积极地接受了这一信息，并很快作出了反应。次年，它通过《州际商务法》(*Interstate Commerce Act*)，建立了美国联邦历史上第一个独立监管机构——州际商务委员会（Interstate Commerce Commission, ICC）。《州际商务法》禁止州际运输中的回扣、价格协议（同盟）及长、短途歧视，并要求运输费率合理公正（reasonable and just）；至于怎样才算合理公正则留待州际商务委员会决定；州际商务委员会的委员共五人，由总统提名并经参议院同意任命；州际商务委员会有权听取申诉、查阅公司档案、举行听证会、对违法的公司发出禁令（裁决）。该法同时规定，若运输公司拒绝接受裁决，州际商务委员会可以向联邦法院（巡回法院）提出控告。这一规定为联邦法院干预新兴的铁路运输公司打开了缺口。进入 1890 年代，随着新的联邦司法法的通过，以及布鲁尔等支持公司利益的大法官进入联邦最高法院，日益保守的联邦最高法院通过一系列的判决逐步缩小州际商务委员会的权限。

---

① *Wabash, St. Louis & Pac. Ry. v. Ill.*, 118 U.S. 557 (1886).

第六章　联邦最高法院与现代美国公司的成长

在1896年和1897年的两起辛辛那提、新奥尔良、得克萨斯太平洋铁路公司案①中，联邦最高法院认为《州际商务法》并未明示或暗含州际商务委员会有确定费率的权力；州际商务委员会判断"合理公正"的权力仅仅是指委员会可以就相关问题收集证据、展开调查；发现事实（fact-finding）与决定费率（rate-making）是完全不同的。1897年，在亚拉巴马州米德兰铁路公司案②中，联邦最高法院进一步限制了州际商务委员会的调查权：州际商务委员会的调查结果是否真实有效，必须由法院说了算。这样一来，在面对州际商务委员会调查时，许多铁路公司往往不交出全部材料，而将关键证据留到法庭上出示，以证明州际商务委员会的调查结果并不真实。在保守的联邦最高法院面前，铁路公司的这种策略十分有效。从1897年到1906年，在联邦最高法院审理的16个州际商务案件中，州际商务委员会只赢得了其中的1个。③ 结果，州际商务委员会成了一个不折不扣的信息收集部门。

不过，尽管州际商务委员会被剥夺了确定铁路公司运输费率的权力，但是，由于公司是某一州立法的产物，各州的铁路委员会依然有权裁定本州铁路费率是否合理。然而这种状况并没有持续多久。在明尼苏达州案中，联邦最高法院的多数意见认为州铁路委员会对费率的调控实际上是未经正当程序就剥夺了公司的财产，因而违宪。此后，联邦最高法院虽然也曾对由州议会通过的最高费率法表示过支持（理由是民选州议会的权威高于委任的委员会，因而有权决定费率），④但这只不过是昙花一现。在1894年农民信贷协会案⑤中，联邦最高法院一致判定，法院有权调查费率的合理性，无论设定此费率的是州立法机构还是州铁路委员会。两年后，联邦最高法院重申了这一立场。⑥

---

① *Cincinnati, N. O. & T. P. R. Co. v. Interstate Commerce Com.*, 162 U.S. 184 (1896); *Interstate Commerce Com. v. Cincinnati, N. O. & T. P. R. Co.*, 167 U.S. 479 (1897).

② *Interstate Commerce Com. v. Alabama M. R. Co.*, 168 U.S. 144 (1897).

③ Melvin I. Urofsky, Paul Finkelman, *A March of Liberty: a Constitutional History of the United States, Vol.I: from the Founding to 1890*, p.529.

④ *Budd v. New York*, 143 U.S. 517 (1892).

⑤ *Reagan v. Farmers' Loan & Trust Co.*, 154 U.S. 362 (1894).

⑥ *Covington and Lexington Turnpike Road Company v. Sandford* (1896).

联邦最高法院的这一系列判决使得联邦和各州在监管铁路公司方面束手无策。由此产生的自由放任,一方面刺激了铁路投资的增长(在很大程度上是过度增长),另一方面导致了铁路公司之间的恶性竞争。结果,多家铁路公司的利润不升反降,铁路公司的经理自己也意识到,"运输折扣的弊端已发展到如此严重的程度,有使铁路公司破产的危险",① 他们开始希望州际商务委员会真正起到协调作用。与此同时,以改革者著称的西奥多·罗斯福入主白宫,着手将其主政纽约州时的市政革新经验应用于铁路公司。

1903年,美国国会通过《埃尔金斯法》(Elkins Act),授权州际商务委员会裁定由各铁路公司共同协商提出联合费率(joint rates),背离这种费率就是违反州际商务委员会的规定。② 三年后,罗斯福领导的进步派乘胜追击,国会又通过《赫伯恩法》(Hepburn Act),全面恢复了州际商务委员会的定价权,授权该委员会调查申诉(但最终的决定权仍在法院手中);要求铁路公司实施统一的成本会计制度,消除原来各行其是的弊端。

《赫伯恩法》通过后,铁路公司起诉州际商务委员会的案件蜂拥而至,很快就淹没了联邦巡回法院。为此,国会不得不通过修正案,这就是1910年的《曼—埃尔金斯法》(Mann-Elkins Act),该法案决定设立专门的贸易法庭,审理针对州际商务委员会的控诉,并将电报、电话、电缆与无线电等行业规定为运输业,纳入州际商务委员会的管辖范围。③ 在此前后,联邦最高法院的人员构成也出现了变化,随着以霍姆斯和休斯为代表的开明派大法官进入,联邦最高法院肯定了国会的上述立法。④

1917年,美国参加第一次世界大战。为了统一调度军队、物资,政府成立了联邦铁路管理局,将全国的大多数铁路置于其管制之下。此举争议很大,但最终得到了联邦最高法院的支持。⑤ 1920年,国会通过《埃

---

① 阿瑟·林克、威廉·卡顿:《一九〇〇年以来的美国史》上册,刘绪贻、李世洞、韩铁、王受之译,刘绪贻校,北京:中国社会科学出版社,1983年,第121页。
② H.N. 沙伊贝、H.G. 瓦特、H.U. 福克纳:《近百年美国经济史》,彭松建、熊必俊、周维译,唐璞校,北京:中国社会科学出版社,1983年,第193页。
③ 阿瑟·林克、威廉·卡顿:《一九〇〇年以来的美国史》上册,第125页。
④ *Illinois Central Railroad Co. v. Interstates Commerce Commission*, 206 U.S. 411 (1907), *Interstates Commerce Commission v. Illinois Central Railroad Co.*, 215 U.S. 452 (1911).
⑤ *North Pacific Railway Co. v. North Dakota*, 250 U.S. 135 (1919).

施—卡明斯法》(*Esch-Cummins Act*，又称《运输法》)，将铁路归还私人管理；但同时授权州际商务委员会确定铁路公司投资者的合理回报（fair return）比例以及剩余利润的分配。由于州际商务委员会确定的回报比例合理且稳定，也由于铁路投资热潮趋于平息，从1920年代始，美国的铁路公司进入平稳发展时期。

第五节　从商务—制造两分原则到合理性原则

　　州际商务委员会调控的主要是铁路的运输费率，而费率问题只是当时铁路运输竞争的一个方面。另一个更重要的问题是联营，铁路公司通过价格协定或直接兼并的方式减少竞争对手。据统计，在1880年到1900年的兼并浪潮中，铁路公司从1500家减少到80家。[①] 铁路公司相互兼并的直接后果就是垄断。为了遏制垄断带来的不利后果，各州相继通过了一些反垄断性质的法律。1890年，国会通过了《谢尔曼法》（托拉斯为当时垄断的主要形式，反托拉斯法实际上就是反垄断法）。该法旨在保护贸易和商务（trade and commerce）不受非法的限制与垄断（restraints and monopolies）。法案全文共八条，其中第一条明确规定：任何托拉斯或其他形式的契约和联合（contract and combination）、秘密协定，如果限制了州际或对外贸易、商务，均属违法。

　　《谢尔曼法》虽然因铁路公司而生，但其适用范围却不限于铁路公司。该法实际上是将英美普通法中鼓励竞争、反对垄断的传统变成立法，并将各州早已存在的反垄断做法提升到联邦层面。由于公司依然是各州立法的产物，联邦的反垄断立法只能以抽象的语言界定公司的非法活动，这就给联邦最高法院留下了广泛的解释空间。

　　在1895年赖特公司案[②]中，首席大法官富勒在联邦最高法院的判决

　　[①] 谢帕德·B·克拉夫、西奥多·F·马伯格：《美国文化的经济基础》，仲子、叶苍译，北京：生活·读书·新知三联书店出版社，1989年，第268页。

　　[②] *United States v. E. C. Knight Co.*,156 U.S. 1 (1895).

意见中认为，制造（manufacturing）不同于商务（commerce），从而宣布占美国糖业生产能力95%的赖特公司不在《谢尔曼法》的管辖范围之内。这一判决，一方面给当时民众中出现的反托拉斯情绪浇了一瓢冷水，激起社会的相当不满；另一方面，这种商务—制造两分的判决在方法上也存在着局限：像赖特这样纯粹的生产型公司，固然可以将商务和生产区分开来，但是，在大公司产销一体化后，这样的区分便失去了意义。联邦最高法院不得不寻求新的解释工具。

1910年，怀特取代富勒成为联邦最高法院的首席大法官。他主张在垄断案件的判决中适用合理性原则（rule of reason）——视托拉斯的具体情形区别对待。在1911年两起重大反托拉斯案件[①]中，多数大法官支持了合理性原则。虽然这一原则因怀特而闻名，但最初想法却来自霍姆斯。早在1905年审理北方证券公司案[②]时，虽然多数大法官认定，北方证券公司合并两大铁路公司股票的行为构成了对州际商务的限制，应予以分拆，但霍姆斯提出异议。他认为任何公司都存在一定程度的垄断，《谢尔曼法》禁止的只是那些不合理地（unreasonably）限制州际商务的契约、联合与秘密协定。

合理性原则虽然比僵硬的商务—制造两分原则更灵活，但也面临着同样的问题：以联邦最高法院的意志代替立法机构（国会）的意志，使法院陷入司法能动主义。为了避免出现这种情况，在进步派的努力下，1914年秋国会先后通过了《联邦贸易委员会法》（*Federal Trade Commission Act*）和《克莱顿反托拉斯法》（亦称《克莱顿法》）。前者授权建立一个由5人组成、任期7年的独立监管机构——联邦贸易委员会。它有权监督《克莱顿法》所适用的公司，发布禁止托拉斯活动的命令，并将不服从禁令的公司提交联邦巡回上诉法院审理。法案第五条规定，商务活动中的不公平竞争方式（unfair methods of competition）违法。后者共26条，旨在补充现有的反垄断、反非法限制州际商务的立法。它详细

---

① *Standard Oil Co. v. United States*, 221 U.S. 1 (1911); United States v. *American Tobacco Co.*, 221 U.S. 106 (1911).

② *Northern Sec. Co. v. United States*, 193 U.S. 197 (1905).

列举了在商务链中会削弱竞争或导致垄断的非法活动：对不同的购买者实施价格歧视（第二条）；签订限制性契约，进行排他性交易或给予回扣（第三条）；直接或间接地取得其他公司的（部分）股票或股本（第七条）等等；并禁止资本总额超过 500 万美元的银行的董事兼任其他银行董事或高级职员，禁止在资本总额超过 100 万美元以上的相互竞争的公司之间实行交叉董事。

《克莱顿法》本是"政府投向反托拉斯战场的新式武器"，遗憾的是，它只是禁止公司之间购买股票和兼任董事，而没有涉及更为重要的购买资产问题。解决这一问题要等到 1950 年的《塞勒—基福弗法》(Celler-Kefauver Act)，"时间证明它是'光听枪声，不见人亡'"。[1]

《联邦贸易委员会法》试图以公平竞争原则取代合理性原则。事实上，这只不过是国会对合理性原则的另一种表达。（直到 1978 年，联邦最高法院还在一项判决中认为，合理性原则就是要确定，被指控的垄断性协定是促进了竞争还是抑制了竞争。[2]）况且，联邦贸易委员会的禁令能否生效，决定权仍在法院手中。反垄断的逻辑依然按照联邦最高法院的合理性原则运行着，以 1918 年和 1920 年的两个反托拉斯案件为例，在联合制鞋业公司案和美国钢铁公司案[3]中，联邦最高法院以两个 4∶3[4]，作出了对鞋业托拉斯和钢铁托拉斯有利的判决。在后一个案件中，联邦最高法院认为只要没有实际垄断行为，不论公司规模大小，也不论潜在的限制贸易的能力有多大，都不违反《谢尔曼法》。[5] 这两项判决为此后十年公司的合并浪潮铺平了道路。

一战后的经济繁荣使选民将一个又一个赞成放任自流的总统（哈定、柯立芝、胡佛）送进了白宫，而这些总统又将与自己见解相同的法律人

---

[1] 查理斯·R·吉斯特：《美国垄断史——帝国的缔造者和他们的敌人》，傅浩、钱刚、郭学堂、杨海燕、安萍萍译，北京：经济科学出版社，2004 年，第 59 页。
[2] National Society of Professional Engineers v. United States, 435 U.S. 679 (1978).
[3] United States v. United Shoe Machinery Co., 247 U.S. 32 (1918); United States v. United States Steel Corp., 251 U.S. 417 (1920).
[4] 詹姆斯·麦克雷诺兹（James McReynnds）和路易斯·布兰代斯（Louis Brandies）两位大法官因故回避。
[5] H.N. 沙伊贝、H.G. 瓦特、H.U. 福克纳：《近百年美国经济史》，第 327 页。

任命到司法部和联邦最高法院。一位经济学家感慨道:"自从麦金利当选总统以来,公司扩张的道路从来没有像现在这样平坦过。"①

英国法学家亨利·梅因(Henry Maine)曾认为,达特茅斯案的判决是"许多美国大铁路公司信誉的基础",②的确如此,达特茅斯案开启了美国公司的平民化与人格化进程,南太平洋铁路公司案则最终实现了公司的人格化。这一进程到19世纪后期的镀金时代最终完成。这不仅意味着每个公民可以依法注册成立公司,而且意味着公司的权利受到前所未有的保护,特别是这一时期国会通过的宪法第十四条修正案中的平等法律保护条款,有力推动了这一进程。如果考虑当时联邦最高法院尚没有把《权利法案》中的"权利"纳入联邦管辖的情况,那么联邦最高法院对法人的保护就超过了对自然人的保护。正是在这样的超前保护下,美国的铁路公司的发展突飞猛进,这一发展对后来美国大公司的形成有着重要的示范意义。由于铁路是资本密集型行业,因而资本需求量大;同时,它又是高风险行业,迫切需要分散资金以减少危险;此外,它的投资回报周期长。以上这些特点,决定了股份制成为铁路领域投资的首选途径。股份制的发展又带来了股票交易的繁荣和经理阶层的出现。1792年成立的纽约证券交易所,其最初的交易品种主要是各级政府的公债,铁路公司勃兴后,它的股票开始取代政府公债;而职业经理阶层的出现又使铁路公司的日常运作与股东分离,铁路公司真正获得了独立地位。③铁路公司造就了便捷的铁路网,为制造业公司提供全国性的原材料产地和销售市场,而大规模生产和大规模销售的结合恰恰是现代工业公司出现的原因。④全国性公司的出现又要求联邦政府在全国范围内监管公司营运,以成立州际商务委员会和通过反托拉斯法为标志,美国政府开始了规制与监管大公司的漫长历程,并在1930年代罗斯福新政中达到高潮。

---

① 查理斯·R·吉斯特:《美国垄断史——帝国的缔造者和他们的敌人》,第65页。
② 伯纳德·施瓦茨:《美国法律史》,王军、洪德、杨静辉译,潘华仿校,北京:中国政法大学出版社,1990年,第74页。
③ 谢帕德·B·克拉夫、西奥多·F·马伯格:《美国文化的经济基础》,北京:生活·读书·新知三联书店出版社,1989年,第263页。
④ 小艾尔弗雷德·D·钱德勒:《看得见的手——美国企业的管理革命》,重武译,王铁生校,北京:商务印书馆,1987年,第330页。

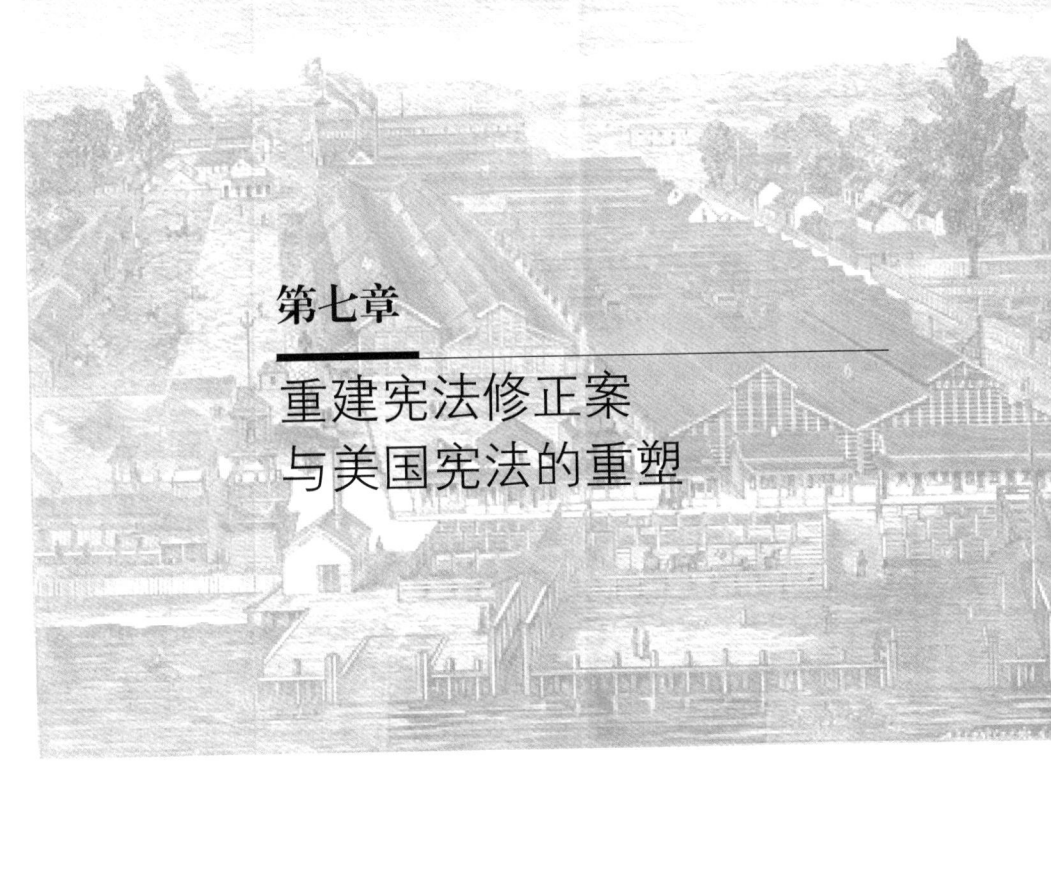

第七章

重建宪法修正案与美国宪法的重塑

在美国历史上,革命建国与内战重建是两个至关重要的分水岭,几乎所有的美国史教科书都将其作为历史叙事的分界线;相关的研究成果也形成了美国史学界遥相呼应的两大高峰。如果说革命建国塑造了美国的政府框架与权利观念,内战重建则重塑了美国的宪法结构和平等观念。

由争取独立自主引发的美国革命,最终为美国赢得了独立,独立之后的立宪建国,则进一步塑造和确立美国的制度框架与美国人的权利观念。由奴隶制引发的内战,最终导致美国废除了奴隶制,很多学者将内战称为美国的第二次革命。[①] 相应地,随内战而来的重建,则被称为美国的第二次建国。[②] 重建时期出现的第十三条、第十四条和第十五条修正案,改变了美国的宪法结构,进一步扩展了自由和平等的宪法观念。

美国历史学家埃里克·方纳新著《第二次建国:内战与重建如何重铸了美国宪法》[③] 便以这种视角,探讨内战和重建如何重塑美国宪法。方纳以研究美国重建闻名学界,他在极具代表性的著作中提出,美国重建是一场尚未完成的革命;[④] 如果借用这一说法,内战与重建时期宪法修正案

[①] 以研究林肯与美国内战著称的历史学家詹姆斯·麦克弗森(James M. McPherson)就将内战称为美国的第二次革命,参见 James M. McPherson, *Abraham Lincoln and the Second American Revolution* (Oxford University Press, 1992)。

[②] 比如,美国耶鲁大学教授阿克曼便称重建为美国的重新建国,参见布鲁斯·阿克曼:《我们人民:转型》,田雷译,北京:中国政法大学出版社,2014年,第239页。

[③] 埃里克·方纳:《第二次建国:内战与重建如何重铸了美国宪法》,于留振译,北京:商务印书馆,2020年。该书英文名为 *The Second Founding: How the Civil War and Reconstruction Remade the Constitution*,2019 年由美国诺顿公司(W. W. Norton & Company)出版,系方纳教授的最新专著。

[④] Eric Foner, *Reconstruction: America's Unfinished Revolution, 1863-1877*.

所带来的冲击，则是一场尚未完成的宪法重塑。

内战与重建时期通过的三条宪法修正案影响至今，其使命尚未完成，因为奴隶制的烙印依然存在，联邦最高法院的判决曲解了修正案的主旨，重建宪法修正案[①]令美国女性非常失望，美国华人至今也深受其影响。这三条修正案并不符合民众对于重建的期待，偏离了所谓的大众宪法观。

第一节 奴隶制的烙印依然存在

废奴是一个过程，而非单一事件。在这个过程中，出现了两个标志性事件，同时也产生了两份历史性文件：一个是发布《解放奴隶宣言》，另一个是制定宪法第十三条修正案；这两者都发生于美国内战期间，也基本上是在林肯任上完成的。所以，几乎所有的历史叙述都将林肯与废奴紧密联系在一起，称其为"伟大的解放者"。但是林肯并非废奴主义者，林肯"从来没有声称自己是废奴主义者；他不赞同废奴主义者要求立即废除奴隶制的主张，也不赞同他们认为黑人和被解放的奴隶应该成为美国社会平等成员的信念"。[②]

在内战的大部分时间里，以宪法修正案的形式来废除奴隶制，并不是最受欢迎的途径，而且内战一开始也并不是一场废除奴隶制的革命运动[③]，《解放奴隶宣言》只是一种争取战争胜利的军事手段，属于权宜之计，其合宪性备受争议。宪法第十三条修正案解决了《解放奴隶宣言》的合宪性问题，也将内战的遗产固定下来，升华了美国内战的历史意义。1865年2月1日，林肯在第十三条修正案草案上签字（不属于必要的宪法程序）。1948年，国会通过联合决议，由总统杜鲁门签字，将2月1日命名为"全国自由日"，内战废奴的自由话语从此进入美国人的历史记忆和日常纪念。

---

　　① 重建宪法修正案的英文原名为 Reconstruction Amendments，是美国内战与重建时期通过的第十三条、第十四条、第十五条宪法修正案的合称。
　　② 埃里克·方纳：《第二次建国：内战与重建如何重铸了美国宪法》，第31页。
　　③ 埃里克·方纳：《第二次建国：内战与重建如何重铸了美国宪法》，第33页。

宪法第十三条修正案最终解放了黑人奴隶，改变了美国的经济体制，此为内战的最大历史功绩。然而奴隶制虽然被废除，但它的历史烙印却久久不散。以往的历史叙事普遍认为，这是南方种族主义者的顽固抵抗与南方各州的不平等立法所致，似乎与第十三条修正案关系不大。方纳注意到美国学界近年的最新研究成果，敏锐地提出，第十三条修正案在禁止奴隶制、奴役劳动的同时，增加了强制服刑囚犯劳动除外的"但书"[1]，为后来黑人长期遭受压制，提供了宪法上的依据，遗留了长久无法抹去的奴隶制烙印。

这种将奴隶制与服刑犯并举的措辞方式，在美国立法史上由来已久，几乎形成传统。早在1787年宪法之前的邦联时期，邦联国会于1784年制定如何处分西部土地的法令时，来自弗吉尼亚州的杰斐逊就曾提议，要在1800年之后禁止在西部土地上实行奴隶制或者强制劳役（involuntary servitude）——除非是为了惩罚罪犯（otherwise than in punishment of crimes）——但是杰斐逊的提议遭到了支持蓄奴的国会代表抵制，未能写入1784年的土地法令；直到1787年才最终进入《西北土地法令》（Northwest Ordinance）。

美国立法史上的这种措辞传统，将禁止奴隶制与允许强制服刑囚犯劳动并列，归纳为内战前的"样板"语言——在此前的国会立法和内战前加入联邦的自由州宪法中，都可以找到；就连众议院中负责起草第十三条修正案的激进派议员撒迪厄斯·史蒂文斯（Thaddeus Stevens）也在自己的草稿中加入了同样的字句。国会中的另一位废奴主义者、激进共和党参议员萨姆纳倒是意识到，这样的措辞可能会给黑人带来不利，他本来主张取消宪法修正案草案中允许强制服刑囚犯劳动的"但书"——可惜当时参与制定该条款的议员们急着"去吃晚饭"，未能成功。[2]

---

[1] 方纳在《第二次建国：内战与重建如何重铸了美国宪法》一书正文之前全文收录了第十三条、第十四条、第十五条宪法修正案（即重建宪法修正案）。其中，第十三条修正案第一款文字为："在合众国境内受合众国管辖的任何地方，奴隶制和强制劳役都不得存在，但作为对于依法判罪的人的犯罪的惩罚除外"。

[2] 埃里克·方纳：《第二次建国：内战与重建如何重铸了美国宪法》，第54—55页。

后来的历史发展证明，萨姆纳的担忧很有道理，第十三条修正案的这种表述方式，未能阻止南方各州通过司法机构给大量黑人定罪，将其收监强制劳动。从重建结束之后的"黑人法典"（Black Codes）到今天美国的"大规模监禁"（Mass Incarceration），就是最好的证明。"黑人法典"以州法的形式限制南方黑人的各种权利，黑人动辄违法，而且无法出任陪审员，没有资格出庭作证，陷入法律之下的种族隔离和监狱管制。而所谓的"大规模监禁"则是指1960年代以来，美国政府通过几轮打击犯罪行动，将大量的人口关进监狱，强制劳动，其中黑人的比例极高。"大规模监禁"是当今美国犯罪学领域研究的热门话题，追根溯源，就不能不提第十三条修正案，正是这条解放黑人奴隶的修正案，将奴隶制与惩罚犯罪的强制劳动并列——禁止前者，而允许后者，才酿成今天的恶果，留下奴隶制的烙印。最近一些年，美国历史学界探讨"大规模监禁"起源的著述不断涌现，其中最具代表性的是伊丽莎白·辛顿（Elizabeth Hinton）根据自己的博士论文修改出版的专著①。

按照辛顿教授和相关学者的研究，"大规模监禁"可谓美国奴隶制烙印的当代体现；②对此，2016年好莱坞还专门推出了一部名为《宪法第十三条修正案》（the 13th）的专题纪录片，方纳在书中也有提及。但是方纳没有提及的是，这部纪录片中展现的身陷囹圄的大量黑人，有些是蒙冤错判入狱的，他们承受着不该承受的刑罚。毕业于哈佛大学法学院的民权律师布莱恩·史蒂文森（Bryan Stevenson）曾为这些人奔走翻案，近年来，他和他们的故事已经写入畅销书、拍成传记性电影，在美国广为流传。③

---

① Elizabeth Hinton, *From the War on Poverty to the War on Crime: the Making of Mass Incarceration in America* (Boston: Harvard University Press, 2017).
② 比如著名民权律师兼法律学者米歇尔·亚历山大（Michelle Alexander）就在其成名作《新吉姆·克劳法：色盲时代的大规模监禁》（*The New Jim Crow: Mass Incarceration in the Age of Colorblindness,* New York: The New Press, 2010）将"大规模监禁"视为新形式的种族等级制度。
③ 布莱恩·史蒂文森：《正义的慈悲：美国司法中的苦难与救赎》，于霄译，上海三联书店，2015年，以及2019年上映的同名电影 *Just Mercy*。

第十三条修正案中这句"但书"遗留的另一个奴隶制烙印——被关押于监狱的大量黑人囚犯，不但失去了人身自由，而且被剥夺了政治选举权。① 即便刑满出狱（或者假释）之后，也长期无法恢复行使选举权。据统计，截至 2020 年，美国仍有 11 个州严格限制刑满释放人员恢复选举权。② 在 2016 年的大选中，全美有 600 万选民因为犯罪而丧失选举资格，其中绝大多数是黑人。③ 在 2020 年的美国大选中，共和、民主两党也曾就此问题展开激烈争论，新闻报道直接将这种现象追溯到美国内战结束后南方各州制定的"黑人法典"，将其视为奴隶制和种族隔离的残留印记。④

美国各州之所以能够限制监狱囚犯和刑满释放人员的投票权，一方面固然与美国的联邦体制和各州传统有关，另一方面也离不开联邦最高法院的认可。2020 年 7 月，联邦最高法院在雷泽案（Raysor v. DeSantis）中拒绝干涉联邦下级法院的禁令，导致佛罗里达州的相关立法继续有效，该州刑满获释人员要求恢复行使选举权的希望再次落空。⑤ 这是联邦最高法院通过解释宪法，间接影响黑人权利的最新例证。

实际上，联邦最高法院对重建宪法修正案的解释，从一开始便偏离和曲解了它的原意。

---

① 美国绝大多数州都禁止或者限制服刑囚犯投票，只有缅因和佛蒙特两州完全不限制监狱囚犯参与政治投票。

② 各州严格限制刑满释放人员恢复选举权的情况，详见 https://www.thoughtco.com/where-felons-can-and-cannot-vote-3367689。

③ 在其中几个州，黑人因为犯罪丧失选举权的比例超过了本州黑人选民的五分之一，参见 https://www.sentencingproject.org/publications/6-million-lost-voters-state-level-estimates-felony-disenfranchisement-2016。

④ 相关新闻报道，参见 https://www.vox.com/voting-rights/21440014/prisoner-felon-voting-rights-2020-election。

⑤ 传统上，佛罗里达州法律一直严禁获释的前刑事犯罪分子参与政治投票，但是在大量获释者的质疑和呼吁之下，该州于 2018 年修改州宪法，并通过相应立法，允许这类获释者在缴清各种罚款、赔款之后，参与政治选举。但是很多获释的黑人本来就穷困，根本没有能力缴清罚款、赔款，他们申请联邦地区法院下达禁令，禁止执行这种不公平的法律，联邦地区法院支持了他们的请求，但是联邦上诉法院后来又暂停了地区法院的禁令。当时已经临近选民登记的最后期限，受其影响的获释者请求联邦最高法院取消联邦上诉法院的暂停令，维持联邦地区法院的禁止令，但是联邦最高法院多数大法官拒绝了这些人的申请，导致佛罗里达州的法律继续有效，这些无力缴清罚款、赔款的获释者仍然无法行使政治选举权。详见美国联邦最高法院的判决意见，https://www.supremecourt.gov/opinions/19pdf/19a1071_4h25.pdf，2021 年 2 月 20 日。

第二节　联邦最高法院曲解了重建宪法修正案

从立法意图上讲，宪法第十三条修正案旨在从根本上废除奴隶制，第十四条修正案则是为了促使获得自由的黑人平等享有美国公民的所有权利，无论是在《第二次建国：内战与重建如何重铸了美国宪法》中，还是在其他研究美国重建的经典著作中[1]，美国历史学家方纳都明确表示，宪法第十四条修正案的目的在于贯彻法律面前人人平等原则。历史学界的其他教授，也有类似观点。[2]

除了历史学界的几位教授外，在美国政治学界和宪法学界，同样有很多学者认可宪法第十四条修正案与平等之间的紧密关系。[3]第十四条修正案第一次将"平等"一词写入了美国宪法，其首倡者便是后来被誉为"美国宪法第十四条修正案缔造者"的宾厄姆；鉴于宾厄姆在制定和通过重建宪法修正案过程中的重要历史贡献，有学者将其与18世纪末争取独立、制定宪法的"建国之父"（Founding Fathers）类比，称宾厄姆为"建国之子"（Founding Son）。[4]

不过，宾厄姆最初提出的宪法第十四条修正案草案中，并没有最终通过修正案中的第一句："所有在合众国出生或归化合众国并受其管辖的

---

[1]　Eric Foner, *Reconstruction: America's Unfinished Revolution, 1863-1877*.

[2]　比如专门研究美国宪法史的哈罗德·海曼（Harold Hyman）与威尔赛克合著的《法律下的平等正义：1835—1875年的宪制发展》（*Equal Justice Under Law: Constitutional Development, 1835-1875,* New York: Alfred A. Knopf, 1982），以及海曼教授1973年出版的《更完善的联邦：内战和重建对宪法的影响》（*A More Perfect Union: the Impact of the Civil War and Reconstruction on the Constitution,* New York: Alfred A.Knopf, 1973）。在历史学界，关于重建宪法修正案与平等关系的最新研究，可以参见颇受争议的迈克尔·贝尔西莱斯（Michael Bellesiles）2020年出版的新著《创造平等：内战后的宪法重建》（*Inventing Equality: Reconstructing the Constitution in the Aftermath of the Civil War,* New York: St. Martin's Press）。

[3]　政治学界的代表性著作首推朱迪思·贝尔（Judith Baer）的《宪法下的平等：重申宪法第十四条修正案》（*Equality Under the Constitution: Reclaiming the Fourteenth Amendment,* Ithaca: Cornell University Press, 1983）；法学界最近30年的代表性著作则当数加勒特·埃普斯（Garrett Epps）的《民主的重生：第十四条修正案与内战后美国争取平等权利的斗争》（*Democracy Reborn: the Fourteenth Amendment and the Fight for Equal Rights in Post-Civil War America,* New York: Holt Paperbacks, 2007）。

[4]　Gerard N. Magliocca, *American Founding Son: John Bingham and the Invention of the Fourteenth Amendment* (New York: New York University Press, 2016).

人，都是合众国和他们居住州的公民"。这句定义出生地公民身份的话，是在参议院讨论修正案草案时临时添加上去的。这句话明确地解决了黑人的公民身份问题，也使先前黑人奴隶的孩子能成为与白人身份平等的公民。

但是，这句看似清晰的表述，却在确认出生地公民身份的同时，将公民身份一分为二：合众国公民和各州公民，为后来联邦最高法院判决案件时留下了解释空间。1873年，宪法第十四条修正案通过不到五年，联邦最高法院在屠宰场案中首次运用并解释这条修正案。多数大法官在判决意见中写道，重建宪法修正案的目的和初衷并不是要彻底改变美国的联邦体制；①第十四条修正案确立的州公民身份依然是美国人的基本身份；其中所包含的权利依然是美国人的基本权利；联邦公民身份的意义和权利非常有限，也不得凌驾和超越州公民身份。也就是说，联邦政府不得依据宪法第十四条修正案，制定立法干涉属于各州掌握的公民权利。

联邦最高法院的这种解释，"显然偏离了1866年大多数国会议员认为他们正在实现的目标。他们认为，他们正在对各州建立广泛的联邦监督，并认为该修正案的措辞适用于所有美国人。第十四条修正案宣布所有在美国出生的人都是他们这个国家和他们所居住的州的公民，这两种公民资格本应该相互转化"②。

写作屠宰场案法院意见的主笔大法官，也是美国内战和重建的见证者，对宪法第十四条修正案的历史记忆鲜活如新，他在判决意见中这样解释，不仅仅是偏离，更是曲解了重建宪法修正案，实质上是希望美国南方各州尽快回归传统的白人统治。对于这样的司法意见，一同参与屠宰场案审判的另外四位大法官提出了不同意见，他们驳斥说，宪法第十四条修正案通过之后，公民资格所包含的根本权利（特权与豁免权）来自联邦，而非各州；"由于第二次建国，全国性公民资格现在是首要的，

---

① 王希：《原则与妥协：美国宪法的精神与实践》，第309页。
② 埃里克·方纳：《第二次建国：内战与重建如何重铸了美国宪法》，第134页。

州公民资格是次要的,战前的联邦制度从根本上得到了改变"。①

屠宰场案判决是联邦最高法院第一次解释宪法第十四条修正案,给联邦公民身份及其所包含的特权与豁免权穿上了紧身衣,虽然后来有学者提出批评意见,② 联邦最高法院也有大法官表示不同看法,③ 但这份判决意见一直有效,影响至今。2010 年,联邦最高法院在判决持枪权是个人基本权利的麦克唐纳案(McDonald v. City of Chicago)中,多次引用屠宰场案判决意见,继续沿用 1873 年联邦最高法院关于州公民身份与联邦公民身份的区分,认为不应改变当年的判决。④ 之所以如此,主要的原因在于,一百多年来,联邦最高法院的大量判决已经绕过了第十四条修正案中的公民身份条款(以及与之相应的特权与豁免权),选择了该修正案中的正当法律程序条款,以此作为保障公民权利的首要宪法依据;并通过司法解释,将《权利法案》中的个人权利也吸纳进来,实现了个人基本权利的全国化,从而打破了州公民身份与联邦公民身份的藩篱。

联邦最高法院在 1873 年屠宰场案中对宪法第十四条修正案公民身份条款及相应权利的曲解,背离了重建宪法修正案的原意,极大地削弱了重建宪法修正案应有的历史贡献。十年后,联邦最高法院在 1883 年的民权案判决中,同样曲解宪法第十四条修正案,判定南方各州私人经营的公共场所(剧院、旅馆、饭店等)歧视黑人不违反宪法第十四条修正案。因为该修正案只是禁止各州政府制定或者执行任何限制合众国公民特权与豁免权的法律,而私营业主的歧视行为,不属于州政府行为,不属于宪法修正案的禁止范围。联邦最高法院在民权案判决中确立的州政府行为原则,同样曲解了这条修正案的用意,进一步削弱了该修正案的历史作用。

联邦最高法院在屠宰场案和民权案中的判决,严重束缚了国会的

---

① 埃里克·方纳:《第二次建国:内战与重建如何重铸了美国宪法》,第135页。
② Charles L. Black, Jr., *A New Birth of Freedom: Human Rights, Named and Unnamed* (New York: Grosset/Putnam, 1997), pp. 70–75; Akhil Reed Amar, "Substance and Method in the Year 2000", 28 *Pepperdine Law Review* 631, n.178 (2001).
③ 比如克拉伦斯·托马斯(Clarence Thomas)大法官在萨恩兹案中写下的不同意见,参见 *Saenz v. Roe*, 526 U.S. 522, 527 (1999)。
④ 判决意见书全文,详见 https://www.supremecourt.gov/opinions/09pdf/08-1521.pdf。

手脚。按照宪法第十四条修正案的原意，国会本来可以在创设联邦公民身份之后，通过立法直接保护公民的各项权利，不受各州干预。宪法第十四条修正案最后一款，也授权国会制定适当的立法实施该修正案。1875年，重建时期的国会曾经制定过一部比较完备的民权法，推行和保护联邦公民权，包括公民的社会性权利；但是联邦最高法院在1883年判决的民权案中推翻了这部民权法，19世纪美国的民权立法因此功败垂成。

联邦最高法院在民权案的判决中曲解重建宪法修正案，也直接导致在1960年代的民权运动中，国会无法继续依据重建宪法修正案的相关规定制定新的民权性立法。所以，1964年民权法不得不利用宪法正文中的州际贸易条款，凭借国会管理州际商务的权力，来立法推行种族、肤色、宗教、性别、族裔方面的平等保护。

但是在19世纪后半期，大多数美国白人男性并不赞成种族和性别方面的完全平等，尤其是不支持社会领域的种族与性别平等，自然也不支持国会通过立法推行这方面的平等。1883年民权案判决意见书的主笔大法官布拉德利就认为，重建宪法修正案并没有授权国会调整不同种族之间的社会权利；他也不支持白人内部的性别平等。就在1873年屠宰场案判决的第二天，布拉德利还在一件拒绝白人女性申请成为律师的案件中表示，女性天然是属于家庭的，这是家庭组织结构的自然与神圣法则。①

两年后，在另外一件关于女性要求登记为选民的案件中，联邦最高法院明确裁定，重建宪法修正案所确定的联邦公民身份，只是规定各州不得因为种族因素否认黑人男性的选举权，并不必然带来女性的投票权；女性要求选举权还得通过各州议会的立法来实现。② 这令曾经为重建宪法修正案积极奔走的女性大为失望。

---

① *Bradwell v. The State*, 83 U.S. 141–142 (1873).
② *Minor v. Happersett*, 88 U.S. 162–165 (1875).

第三节　女性对重建宪法修正案深表失望

　　1776年的《独立宣言》高呼人人平等，1787年宪法开篇便以"我们人民"自许，均未明确将女性排斥在政治生活之外。在传统的美国式联邦体制之下，女性的政治参与权（尤其是选举权），完全掌握在各州手中。根据美国宪法第一条第四款，各州选举国会议员的时间、地点和方式，由各州议会自行规定；直到今天，哪些人有资格（或者没有资格）参与选举，依然由各州议会自行掌握。比如，刑满释放人员以及在监狱服刑的囚犯是否拥有选举权，各州的法律规定便不尽相同。

　　黑人获得自由和政治权利，与女性的支持密不可分，方纳在书中援引了学界的最新研究，高度评价了女性对重建宪法修正案的巨大贡献。废除奴隶制的宪法第十三条修正案最初便是由一群倡导女性权利的白人废奴主义者发起，"她们希望该修正案能为美国妇女争取更大的权利铺平道路"[①]。1863年5月，美国争取女性权利的代表人物斯坦顿和苏珊·安东尼（Susan Anthony）组织了全国妇女忠诚联盟（Women's National Loyal League），她们广泛发动会员，散发了数千张请愿书，征集了数十万份签名，呼吁国会通过宪法修正案来废除奴隶制。如果没有这批女性主义者的敦促，国会也许很难如此顺利地以宪法修正案的形式废除奴隶制。

　　废除奴隶制的宪法第十三条修正案并没有提到性别，对黑人男性和黑人女性同等适用，使他们同获自由。但是，该修正案却给他们带来了不同的影响。获得自由的黑人女性回归了家庭生活，在家庭内部承担了更多的无偿劳动，对此，当时有人提出，家庭内部丈夫对妻子的控制，以及妻子的从属地位，也是一种强制奴役，应该禁止。不过，参与制定重建宪法修正案的大部分国会议员并不这么看，他们认为，丈夫对于妻子所拥有的权利，是一种自然性权利，根据普通法原则和传统，已婚妇女的某些法律权利可以由其丈夫代行（coverture）；宪法第十三条修正案是要恢复而非破坏黑人家庭内部的这种权利关系。[②]

---

①　埃里克·方纳：《第二次建国：内战与重建如何重铸了美国宪法》，第52—53页。
②　埃里克·方纳：《第二次建国：内战与重建如何重铸了美国宪法》，第53页。

宪法第十三条修正案通过之后，斯坦顿、安东尼等主张女性获得选举权的女性主义者，延续了废奴主义者所使用的平等话语，要求继续以宪法修正案的形式，确立女性的平等政治权利。她们已经明确地意识到，"重建是一个罕见的修宪时刻，如果浪费了这次机会，妇女权利的事业将倒退几十年"①。

1865年底，当第39届国会开始讨论宪法第十四条修正案草案问题时，全国妇女忠诚联盟发起了一场新的运动，要求国会禁止各州"以性别为由"剥夺女性选举权。为此，斯坦顿、安东尼等女性主义者成立了美国平等权利协会（American Equal Rights Association），为黑人和所有女性争取选举权。

但是，曾经并肩战斗的废奴主义者和女性主义者此时已经出现了裂痕。斯坦顿认为，黑人男性和白人男性一样，都是性别歧视者，"黑人男性一旦获得选举权，就会成为牵制我们的额外力量"。而身为黑人废奴主义领袖的道格拉斯则希望美国平等权利协会推迟要求女性选举权，因为这样的修正案很难得到国会的通过和各州的批准。②

道格拉斯一语成谶，无论是宪法第十四条修正案，还是随后的宪法第十五条修正案，都没有加入任何关于女性选举权的文字。非但如此，重建宪法修正案还将男性选举权第一次明确写进了宪法。第十四条修正案第二款规定，各州不得拒绝或限制本州成年男性公民的选举权（参加叛乱或者犯罪者除外）。宪法第十五条修正案在保障合众国公民的选举权时，也只是规定不能因为种族、肤色或者以前的奴隶身份，拒绝或者限制其行使选举权，并未加入当时女性主义者所企盼的"性别"字样。

当时国会中主持通过这两条修正案的参议员公开表示，宪法中的"人民"一词指的是男性公民；如果赋予女性投票权，将会颠覆家庭管理（family government）方式的基本原则，在人和神的所有惯例和法律上，丈夫都是一家之主。③

---

① 埃里克·方纳：《第二次建国：内战与重建如何重铸了美国宪法》，第86页。
② 埃里克·方纳：《第二次建国：内战与重建如何重铸了美国宪法》，第87页。
③ 埃里克·方纳：《第二次建国：内战与重建如何重铸了美国宪法》，第118页。

对于这两条修正案,女性主义者的反应并不一致,甚至出现了致命的分裂。有些女性活动家认为,宪法第十五条修正案虽然没有要求各州不得因性别原因,拒绝某一类选举人,但是也没有阻止各州赋予女性选举权,因此可以视为是向普选权又迈进了一步。但是多数女性活动家认为,这两条修正案为女性获得选举权设置了新的障碍。1869年5月,成立刚满三年的美国平等权利协会在激烈的争论中解散,两派女性分别组建新的权利组织,一派与共和党联手,支持宪法第十五条修正案,另一派则积极争取女性选举权。斯坦顿、安东尼站在后者一边,激烈批评宪法第十五条修正案,认为该修正案对女性是一种羞辱,在此之后,女性将成为各州除因犯和精神病人之外,唯一不具备投票能力的人;这样的修正案将使"每个女性都比任何男性低贱"。斯坦顿更是用带有种族、族裔偏见的语言表示,就连"无知的中国佬、让妻子套上挽具与牛马一起耕地的德国佬,以及南方的黑人,都能成为我们这些有教养女性的统治者"。①

斯坦顿的这番话充斥着对华裔移民的偏见,在19世纪末受过良好教育的美国白人中间,这并不鲜见,重建宪法修正案对华人的影响也伴随着各种各样的成见与偏见,持续至今。

第四节 重建宪法修正案对美国华人的影响持续至今

谈到重建宪法修正案对美国华人的影响,几乎所有了解美国宪法历史的人都会想到益和案(Yick Wo v. Hopkins),联邦最高法院1886年判决的这个里程碑性案件,已经写入了美国宪法教科书,成为其宪法传统的一部分。

益和是旧金山一家华人洗衣店的牌号,从1850年代开始经营。在美国排华运动的浪潮中,旧金山市政府以洗衣业的健康发展和公共安全为由,于1880年接连发布条例,要求所有的洗衣店都必须开在砖石结构

---

① 埃里克·方纳:《第二次建国:内战与重建如何重铸了美国宪法》,第116页。

（而非木结构）的房屋之内；在获得市政监管委员会批准之前，不得在屋顶竖杆拉绳晾晒。这样的市政命令，表面一视同仁，实际上完全是针对华人而来，为的是打压和排挤华人，因为华人洗衣店多开在木屋之内，多在屋顶竖杆晾晒。当地的华人洗衣店联手聘请律师，将市政当局一直告到了联邦最高法院。联邦最高法院依据宪法第十四条修正案第一款的法律平等保护条款，判定华人洗衣店店主虽然不是美国公民，但是既然长期生活在美国，也同样应该受到法律的平等保护；旧金山市的相关管理条例形式上不偏不倚，实际上授予市政当局过多的自由裁量权，使得市政当局在执行条例过程中可以专门针对某一特定人群，给这一特定人群带来了法律之下的不平等。① 后来，在黑人等少数族裔争取平等权利的宪法诉讼中，民权律师和联邦最高法院的大法官曾一百多次引用益和案的判决意见，极大地推进了美国宪法的平等化进程，这也是华人对美国重建宪法修正案的一大贡献。

　　华人对重建宪法修正案的另一大贡献体现在出生地公民身份问题上。正如前文所言，出生地公民身份问题是重建宪法修正案的核心问题之一，获得自由的黑人极希望通过公民身份获得政治权利，但是联邦最高法院的解释，曲解了宪法第十四条修正案中的公民身份条款，虚化了自由黑人的政治权利——但并未否认黑人的联邦公民身份。而华人就没有这么幸运了，在1880年代美国排华运动中，华人被"打入另册"，美国政府通过条约和立法的形式，禁止华工入境。其中有代表性的是1882年国会通过的"排华法"（Chinese Exclusion）。一位出生于美国的名叫黄金德（Wong Kim Ark）的华人，回中国探亲后于1895年返美，被入境港口官员拒之门外，还根据"排华法"否认其美国公民身份。黄金德愤而起诉美国联邦政府，官司打到联邦最高法院，1898年联邦最高法院在判决意见书中肯定了宪法第十四条修正案的出生地公民身份原则，保住了美国土生华人的公民身份。

　　宪法第十四条修正案和黄金德案的判决意见也成为20世纪以来美国继续吸引世界各地移民，以及新移民获得公民身份的宪法依据。因为非

---

① 任东来、陈伟、白雪峰等：《美国宪政历程：影响美国的25个司法大案》，第131—132页。

第七章 重建宪法修正案与美国宪法的重塑

法移民问题争议日趋激烈，美国总统特朗普在任期内曾表示要废除出生地公民身份这一宪法原则，此举引发学界和政界对于宪法第十四条修正案和黄金德案的关注。

因为出生地公民身份原则是宪法第十四条修正案第一款的明确规定，无法更改，除非修宪，总统、国会和联邦最高法院都奈何不得。黄金德案只是特殊时期的特殊群体所引发的一场确认公民身份和宪法权利的诉讼，宪法第十四条修正案第一款的本意就是要赋予自由黑人公民身份和相关权益，而华人通过不屈的抗争，扩大了重建宪法修正案的保护范围。

当然，重建宪法修正案给美国华人带来的除出生地公民身份原则和法律的平等保护之外，还有意想不到的影响。比如，宪法第十三条修正案禁止奴隶制和强制奴役，当时很多人便将无法自由签订劳动合同的华工（苦力）视为受到强制奴役，应该在该修正案的禁止之列。他们主张利用这条新的宪法修正案，为美国的排华立法寻求宪法依据。以往研究美国排华的学术著作，一般从美国国内政治、种族意识、经济竞争和中美关系角度出发，极少有人涉及宪法第十三条修正案。方纳在书中注意到了美国学界的最新研究成果：将华工定义为"非自由的苦力"，属于奴役劳动，在宪法第十三条修正案禁止之列。①

而且，重建宪法修正案遭遇排华运动后，还给美国内政带来了另一个意想不到的后果——美国排华最盛的加利福尼亚州因此减少了一名联邦众议员。②根据美国宪法，各州选举的联邦众议员人数与本州的选民人数成正比。重建时期，为了防止各州剥夺黑人男性选举权，宪法第十四条修正案第二款规定，各州不得拒绝或限制本州成年男性公民选举权（参加叛乱或者犯罪者除外），如果各州有类似行为，则相应削减该州在国会的代表权。当时加州并无太多黑人，但是华人不少，排华立法之后，华人无法登记为选民，加州的选民基数因此减少，选举的联邦众议员也

---

① 埃里克·方纳：《第二次建国：内战与重建如何重铸了美国宪法》，第51页。
② 埃里克·方纳：《第二次建国：内战与重建如何重铸了美国宪法》，第68页。

随之比宪法第十四条修正案通过之前少了一名。

对于重建宪法修正案给华人带来的冲击，方纳还特意提及了一名彪炳美国宪政史册的大法官——哈伦。在19世纪的美国，哈伦以支持黑人获得平等的宪法地位而著称，他在写入宪法和历史教科书的普莱西案判决书（不同意见）中，写下了流传至今的名言："美国宪法是色盲的宪法"，美国并不存在占据统治地位的种族。但是这份宪法平等主义宣言的背后，却隐藏着哈伦的反华偏见，他在普莱西案中之所以反对路州的《乘车隔离法》，主要是因为这部法律竟然允许该州的华人与白人同时乘坐一个车厢，却禁止黑人与白人同乘一个车厢（在排华法律之下，华人已经无法归化为美国公民，而经历内战的黑人曾为维护联邦浴血奋战）。两年后，在黄金德案中，面对多数大法官所认可的出生地公民身份原则，哈伦再次写下了不同意见，反对授予美国土生华人出生地公民身份。①

内战结束、横贯北美大陆的铁路建成之后，在美国西部的排华大潮之下，西部地区的很多华人被迫继续内迁，其中有很大一部分定居在密西西比河三角洲（Mississippi Delta）地区，在种族杂处的南方地区，形成了极具特色的华人社区和文化传统。② 夹杂在黑人白人之间的华人，从肤色上不太容易分类，有些州将华人与白人同等对待，有些州则将华人与黑人归入一类。为此，这一地区的华人还曾发起宪法诉讼，争取自身的平等地位。但是联邦最高法院在判决中坚持普莱西案判决确立的种族隔离原则，明确表示，华人虽然没有黑人血统，不是传统语义上的有色人种，但也不是白人；不同种族的孩子上不同的学校，并不违反宪法第十四条修正案所确立的平等保护原则。③

尽管华人通过司法抗争，依据重建宪法修正案，获得了法律上的平等保护和出生地公民身份，但在现实的政治和社会生活领域，基本被排

---

① 埃里克·方纳：《第二次建国：内战与重建如何重铸了美国宪法》，第161页。

② 参见 James W. Loewen, *The Mississippi Chinese: Between Black and White* (Long Grove: Waveland Press Inc., 1988), 此书1972年初版于哈佛大学出版社，至今仍是该领域首选参考著作。

③ *Gong Lum v. Rice*, 275 U.S. 86–87 (1927).

挤在美国主流之外。与女性一样，重建宪法修正案也没能满足华人的期待。对此，方纳直言不讳，虽然"我们今天所处的法律时代与十九世纪晚期大不相同，但是，从重建中撤退的阴影依然笼罩着当代司法判决"。①

第五节　美国民众对重建宪法修正案一直充满期待

美国司法判决从重建中撤退的起点始于1883年的民权案判决，联邦最高法院的这项判决推翻了国会制定的1875年民权法。1875年民权法依据宪法第十三条与第十四条修正案的授权，在所有公民一律平等的基础之上，要求各州保障黑人与白人共享公共场所、共同乘坐公共交通工具、共同担任陪审员。联邦最高法院的多数大法官认为，国会这样的立法不仅超越了重建宪法修正案的授权，将联邦政府的权限延伸到了保留给各州的社会权利领域，而且违背了重建宪法修正案所确立的州政府行为原则，给各州增加了超越宪法和联邦结构的义务负担。

在联邦最高法院关于重建的所有判决中，民权案引发了最广泛的舆论关注，出现了大量的报纸评论文章和公众评述。从北部的缅因州到南方的佛罗里达州，美国黑人召开了大规模的抗议性集会，批评联邦最高法院的判决。在首都华盛顿召开的一次两千多人的集会上，废奴主义者道格拉斯称，这一判决是一场严重的灾难，"它对宪法的解释公然挑衅国会的意图"，让黑人"无力抵御（来自白人的）粗俗无情的偏见"②。

数年后，美国黑人组织甚至还出版了专门批评联邦最高法院这项判决意见的著作《正义与司法》(Justice and Jurisprudence)，这部匿名的著作传递出的信息很清楚：联邦最高法院的司法解释威胁到了重建宪法修正案关于权利平等的承诺；重建宪法修正案赋予国会广泛的权力，以此

---

①　埃里克·方纳：《第二次建国：内战与重建如何重铸了美国宪法》，第171页。
②　埃里克·方纳：《第二次建国：内战与重建如何重铸了美国宪法》，第154页。

在各州推行人人平等;联邦最高法院的判决错误地回到了内战前区分公民权利、政治权利和社会权利的老路。该书还表示,美国社会和工业的进步呼唤真正契合重建宪法修正案精神的新司法判决[1]。

---

[1] 埃里克·方纳:《第二次建国:内战与重建如何重铸了美国宪法》,第127页。

参考文献

一、文本与资料汇编

（一）法院判决书（均来自 Lexis Nexis 数据库）

1. 州最高法院：

［1］ *Chicago v. Rumpff*, 45 Ill. 90 (1867).

［2］ *Crescent City Live Stock Landing and Slaughter-House Company v. City of New Orleans*, 33 La.Ann. 934 (1881).

［3］ *Ex parte Shrader*, 33 Cal. 279 (1867).

［4］ *Metropolitan Board of Health v. Heister*, 37 N.Y. 661 (1868).

［5］ *State ex rel. Belden v. Fagan*, 22 La. Ann. 545 (1870).

［6］ *State, ex rel. William Durbridge v. F. J. Pratt, President, et al.*, 23 La. Ann. 730 (1871).

2. 联邦上诉法院：

［7］ *Butchers' Ass'n v. Slaughter House Co.*, 4 F. Cas. 891 (1870).

［8］ *Live-Stock Dealers' & Butchers' Ass'n v. Crescent City Live-Stock Landing & Slaughter-House Co. et al.*, 15 F. Cas. 649 (1870).

3. 联邦最高法院：

［9］ *Bradwell v. The State*, 83 U.S. 141-142 (1873).

［10］ *Butchers' Union Live Stock Landing and Slaughter-House Co. v. Crescent City Live Stock Landing and Slaughter-House Company*, 111 U.S. 746 (1884).

［11］ *Dred Scott v. Sanford*, 60 U.S. 393 (1857).

［12］ *Gong Lum v. Rice*, 275 U.S.78 (1927).

［13］ *Minor v. Happersett*, 88 U.S. 162 (1875).

［14］ *Permoli v. New Orleans*, 44 U.S. 589 (1845).

[15] *Slaughter-House Cases*, 77 U.S. 273 (1870).

[16] *Slaughter-House Cases*, 83 U.S. 36 (1873).

[17] *Saenz v. Roe*, 526 U.S. 489 (1999).

[18] *United States v. E. C. Knight Co.*, 156 U.S. 1 (1895).

（二）法律文本（来自 EBSCO Academic Source Premier 与 Hein Online 数据库）

[1] *Civil Rights Act of 1866*, United States Statutes at Large, 39th Cong. Sess. I, Chp. 31.

[2] *Judiciary Act of 1789*, United States Statutes at Large, 1789, 1st Cong., Sess. I, Chps. 20-21.

[3] *Reconstruction Act of 1867*, United States Statutes at Large, 40th Cong., Sess. I, Chp. 6.

[4] *Civil Rights Act of 1875*, United States Statutes at Large, 43rd Cong. Sess II. Chp. 114.

（三）资料汇编与辞书

[1] Kurland, Philip B. & Casper, Gerhard, eds. *Landmark Briefs and Arguments of the Supreme Court of the United States: Constitutional Law, Vol. 6*, Arlington, Virginia: University Publications of America, Inc., 1975.

[2] Thorpe, Francis Newton, ed. The Federal and State Constitutions, Colonial Charters, and Other Organic Laws of the State, Territories, and Colonies Now or Heretofore Forming the United States of America, Washington, D.C.: GPO., 1909.

[3] 巴斯勒编：《林肯集：演说、信件、杂文、总统咨文和公告》（1859—1865），黄雨石等译，北京：生活·读书·新知三联书店，1993年。

[4] 彼得·G·伦斯特洛姆编：《美国法律辞典》，贺卫方等译，北京：中国政法大学出版社，1998年。

[5] 薛波主编，潘汉典总审订：《元照英美法词典》，北京：法律出版社，2003年。

二、既有研究成果

（一）外国学者专书

[1] Alexander, Michelle. *The New Jim Crow: Mass Incarceration in the Age of Colorblindness,* New York: The New Press, 2010.

[2] Baer, Judith A. *Equality Under the Constitution: Reclaiming the Fourteenth Amendment*, Ithaca: Cornell University Press, 1983.

[3] Berger, Raoul. *Government by Judiciary: the Transformation of the Fourteenth

Amendment, Cambridge: Harvard University Press, 1977.

［4］Bellesiles, Michael. *Inventing Equality: Reconstructing the Constitution in the Aftermath of the Civil War,* New York: St. Martin's Press, 2020.

［5］Berger, Raoul. *The Fourteenth Amendment and the Bill of Rights,* Norman: University of Oklahoma Press, 1989.

［6］Black, Jr., Charles L., *A New Birth of Freedom: Human Rights, Named and Unnamed*, New York: Grosset/Putnam, 1997.

［7］Blassingame, John W. *The Slave Community: Plantation Life in the Antebellum South*, New York: Oxford University Press, 1972/1979.

［8］Blassingame, John W. *Black New Orleans, 1860-1880*, Chicago: University of Chicago Press, 2008.

［9］Barnett, Randy E. *Restoring the Lost Constitution: the Presumption of Liberty*, Princeton:Princeton University Press, 2005/2014.

［10］Bodenhamer, David J. & Ely, James W. Jr.*The Bill of Rights in Modern America* (Third Edition, Revised and Expanded), Bloomington: Indiana University Press, 2022.

［11］Bond,James E. *No Easy Walk to Freedom: Reconstruction and the Ratification of the Fourteenth Amendment*, Westport, Conn.: Praeger, 1997.

［12］Bradley, Charles.Miscellaneous Writings of the Late Hon. Joseph P. Bradley, Associate Justice of the Supreme Court of the United States, N.J. : L.J. Hardham, 1901.

［13］Brandwein, Pamela. *Reconstructing Reconstruction: the Supreme Court and the Production of Historical Truth*, Durham, N.C.: Duke University Press, 1999.

［14］Brandwein, Pamela. *Rethinking the Judicial Settlement of Reconstruction*, New York: Cambridge University Press, 2011.

［15］Brannon, Henry.A Treatise on the Rights and Privileges Guaranteed by the Fourteenth Amendment to the Constitution of the United States, Cincinnati: W. H. Anderson & Co., 1901.

［16］Thompson, Edwin Bruce.Matthew Hale Carpenter, Webster of the West,Madison: State Historical Society of Wisconsin, 1954.

［17］Castel, Albert. *The Presidency of Andrew Johnson*, Lawrence: The Regents Press of Kansas, 1979.

［18］Charles, Patrick J. *Historicism, Originalism and the Constitution: the Use and Abuse of the Past in American Jurisprudence*, Jefferson, N.C.: McFarland, 2014.

[19] Collins, Charles Wallace. *The Fourteenth Amendment and the States: a Study of the Operation of the Restraint Clauses of Section One of the Fourteenth Amendment to the Constitution of the United States*, Boston: Little, Brown & company, 1912, New York: Da Capo Press, 1974.

[20] Connor, Henry G. *John Archibald Campbell, Associate Justice of the United States Supreme Court, 1853-1861*, Boston: Houghton Mifflin, 1920.

[21] Cooley, Thomas M. *A Treatise on the Constitutional Limitations Which Rest upon the Legislative Power of the States of the American Union*, Boston: Little, Brown, and Company, 1883.

[22] Cortner, Richard C. *The Supreme Court and the Second Bill of Rights: the Fourteenth Amendment and the Nationalization of Civil Liberties*, Madison, Wisconsin: The University of Wisconsin Press, 1981.

[23] Cowan, Walter G. et al. *New Orleans Yesterday and Today: a Guide to the City*, Baton Rouge: Louisiana State University Press, 2001.

[24] Curtis, Michael Kent. *No State Shall Abridge: the Fourteenth Amendment and the Bill of Rights*, Durham: Duke University Press, 1986.

[25] Dary, David. *Cowboy Culture: a Saga of Five Centuries*, Lawrence: University Press of Kansas, 1989.

[26] Delaporte, François. *The History of Yellow Fever: an Essay on the Birth of Tropical Medicine*, Cambridge: The MIT Press, 1991.

[27] Ducat, Craig R. *Constitutional Interpretation, Volume I: Power of Government*, New York: West Publishing Company, 1996.

[28] Epps, Garrett. *Democracy Reborn: the Fourteenth Amendment and the Fight for Equal Rights in Post-Civil War America*, New York: H. Holt, 2006.

[29] Epstein, Lee & Walker, Thomas G. *Constitutional Law for a Changing America: Institutional Power & Constraints*, Washington D. C.: Congressional Quarterly Press, 3rd Ed., 1998.

[30] Epstein, Lee & Walker, Thomas G. *Constitutional Law for a Changing America: Rights, Liberties, and Justice*, Washington D. C.: Congressional Quarterly Press, 3rd Ed., 1998.

[31] Fairman, Charles. *Mr. Justice Miller and the Supreme Court, 1862-1890*, Cambridge: Harvard University Press, 1939.

［32］Fairman, Charles. *Reconstruction and Reunion, 1864-1888, part one*, New York: Macmillan Publishing Co., 1971.

［33］Flack, Horace E. *The Adoption of the Fourteenth Amendment*, Baltimore: Johns Hopkins Press, 1908; Buffalo: W.S. Hein, 2003.

［34］Foner, Eric. *Free Soil, Free Labor, Free Men: the Ideology of the Republican Party Before the Civil War*, New York: Oxford University Press, 1970.

［35］Foner, Eric. *Reconstruction: America's Unfinished Revolution, 1863-1877*, New York: Harper & Row, 1988.

［36］Gillette, William. *Retreat from Reconstruction, 1869-1879*, Baton Rouge: Louisiana State University Press, 1979.

［37］Green, Christopher R. *Equal Citizenship, Civil Rights, and the Constitution: the Original Sense of the Privileges or Immunities Clause*, New York: Routledge, 2015.

［38］Gregory, Charles Noble. *Samuel Freeman Miller*, Iowa: The State Historical Society of Iowa, 1907.

［39］Guthrie, William D. *Lectures on the Fourteenth Article of Amendment to the Constitution of the United States*, Boston: Little, Brown & company, 1898.

［40］Harris, William C. *With Charity for All: Lincoln and the Restoration of the Union*, Lexington, Ky.: University Press of Kentucky, 1997.

［41］Hinton, Elizabeth. *From the War on Poverty to the War on Crime: the Making of Mass Incarceration in America*, Boston: Harvard University Press, 2017.

［42］Hoar, George F. *Letter to the Boston Herald*, Worcester, Mass.: C. Hamilton, 1896.

［43］Hollandsworth, James G. Jr. *An Absolute Massacre: the New Orleans Race Riot of July 30, 1866*, Baton Rouge: Louisiana State University Press, 2001.

［44］Hovenkamp, Herbert. *Enterprise and American Law, 1836-1937*, Cambridge: Harvard University Press, 1991.

［45］Hyman, Harold M. & Wiecek, William M. *Equal Justice Under Law: Constitutional Development, 1835-1875*, New York: Harper & Row, 1982.

［46］James, Joseph B. *The Framing of the Fourteenth Amendment*, Urbana: University of Illinois Press, 1956.

［47］James, Joseph B. *The Ratification of the Fourteenth Amendment*, Macon, Ga.: Mercer University Press, 1984.

［48］Kens, Paul. *Justice Stephen Field: Shaping Liberty from the Gold Rush to the Gilded*

Age, Lawrence: University Press of Kansas, 1997.

[49] Kettner, James H. *The Development of American Citizenship, 1608-1870*, The University of North Carolina Press, 1978.

[50] Labbe, Ronald M. & Lurie, Jonathan. *The Slaughterhouse Cases: Regulation, Reconstruction, and the Fourteenth Amendment*, Lawrence: University Press of Kansas, 2003.

[51] Langley, Winston E. & Fox, Vivian C. eds.*Women's Rights in the United States: a Documentary History*, Westport: Greenwood Press, 1994.

[52] Lash, Kurt T. *The Fourteenth Amendment and the Privileges and Immunities of American Citizenship*, New York: Cambridge University Press, 2014.

[53] Loewen, James W. *The Mississippi Chinese: Between Black and White*, Long Grove: Waveland Press Inc., 1988.

[54] Lonn, Ella. *Reconstruction in Louisiana After 1868*, New York: G. P. Putnam's Sons, 1918.

[55] Magliocca, Gerard N. *American Founding Son: John Bingham and the Invention of the Fourteenth Amendment*, New York: New York University Press, 2016.

[56] Maltz, Earl M. *Civil Rights, the Constitution and Congress, 1863-1869*, Lawrence: University Press of Kansas, 1990.

[57] Maltz, Earl M. *The Fourteenth Amendment and the Law of the Constitution*, Durham: Carolina Academic Press, 2003.

[58] McCrary, Peyton. *Abraham Lincoln and Reconstruction: the Louisiana Experiment*, Princeton: Princeton University Press, 1978.

[59] McPherson, Edward. *The Political History of the United States of America, During the Great Rebellion, from November 6, 1860, to July 4, 1864*, Washington, D.C.: Philp & Solomons, 1864.

[60] Nelson,William E. *The Fourteenth Amendment: from Political Principle to Judicial Doctrine*, Cambridge: Harvard University Press, 1988.

[61] Olsen, Otto H. ed. *Reconstruction and Redemption in the South*, Baton Rouge: Louisiana State University Press, 1980.

[62] Paddock, Lisa. *Facts About the Supreme Court of the United States*, New York: the H. W. Wilson Company, 1996.

[63] Perry, Michael J. *We the People: the Fourteenth Amendment and the Supreme Court*,

New York: Oxford University Press, 2001.

［64］Ross, Michael A. *Justice of Shattered Dreams: Samuel Freeman Miller and the Supreme Court During the Civil War Era*, Baton Rouge: Louisiana State University Press, 2003.

［65］Saunders, Robert, Jr. *John Archibald Campbell, Southern Moderate, 1811-1889*, Tuscaloosa: University of Alabama Press, 1997.

［66］Scaturro, Frank J. *The Supreme Court's Retreat from Reconstruction: a Distortion of Constitutional Jurisprudence*, Westport, Conn.: Greenwood Press, 2000.

［67］Silver, David M. *Lincoln's Supreme Court*, Urbana, Ill.: University of Illinois Press, 1957.

［68］Swisher, Carl Brent. *Stephen J. Field, Craftsman of the Law*, Chicago: The University of Chicago Press, 1969.

［69］Taylor, Joe Gray. *Louisiana Reconstructed, 1863-1877*, Baton Rouge: Louisiana State University Press, 1974.

［70］tenBroek, Jacobs. *The Antislavery Origins of the Fourteenth Amendment*, Berkely: University of California Press, 1951.

［71］Tunnel, Ted. *Crucible of Reconstruction: War, Radicalism and Race in Louisiana*, Baton Rouge: Louisiana State University Press, 1984.

［72］Twiss, Benjamin R. *Lawyers and the Constitution: How Laissez Faire Came to the Supreme Court*, New York: Russell & Russell, Inc., 1962.

［73］Urofsky, Melvin I. & Finkelman, Paul. *A March of Liberty: a Constitutional History of the United States, Vol.II: from 1877 to the Present*, New York: Oxford University Press, Inc., 2002.

［74］Vincent, Charles. *Black Legislators in Louisiana During Reconstruction*, Baton Rouge: Louisiana State University Press, 1976.

［75］Warmoth, Henry Clay. *War, Politics and Reconstruction: Stormy Days in Louisiana*, New York: Macmillan Publishing Co., 1930.

［76］Warren, Charles A. *The Supreme Court in United States History*, Boston: Little, Brown & company, 1922.

［77］Woloch, Nancy. *Women and the American Experience*, Boston: The McGraw-Hill Companies, Inc., 2000.

［78］Wurman, Ilan. *The Second Founding: an Introduction to the Fourteenth Amendment*,

New York: Cambridge University Press, 2020.

[79] 布鲁斯·阿克曼:《我们人民：宪法变革的原动力》(《我们人民：宪法的变革》)，孙文恺译，北京：法律出版社，2003年/2009年。

[80] 索蒂里奥斯·巴伯、詹姆斯·弗莱明:《宪法解释的基本问题》，徐爽、宦盛奎译，北京大学出版社，2016年。

[81] 杰克·M·巴尔金:《活的原旨主义》，刘连泰、刘玉姿译，厦门大学出版社，2015年。

[82] 斯科特·R·鲍曼:《现代公司与美国的政治思想——法律、权力与意识形态》，李存捧译，重庆出版社，2001年。

[83] 罗伊·波特编著:《剑桥医学史》，张大庆、李志平、刘学礼等译，长春：吉林人民出版社，2000年。

[84] 保罗·布莱斯特、桑福·列文森、杰克·巴尔金、阿基尔·阿玛编著:《宪法决策的过程：案例与材料》(第4版)，张千帆、范亚峰、孙雯译，北京：中国政法大学出版社，2002年。

[85] 拉尔夫·亨·布朗:《美国历史地理》，秦士勉译，北京：商务印书馆，1973年。

[86] 皮特·布鲁克史密斯:《未来的灾难——瘟疫复活与人类的生存之战》，马永波译，海口：海南出版社，1999年。

[87] 迈克尔·C·道夫主编:《宪法故事》，李志强、牟效波译，张千帆审校，北京：中国人民大学出版社，2012年。

[88] 埃里克·方纳:《第二次建国：内战与重建如何重铸了美国宪法》，于留振译，北京：商务印书馆，2020年。

[89] 埃里克·方纳:《烈火中的考验：亚伯拉罕·林肯与美国奴隶制》，于留振译，北京：商务印书馆，2017年。

[90] 埃里克·方纳:《19世纪美国的政治遗产》，王希编译，北京大学出版社，2020年。

[91] 劳伦斯·弗里德曼:《美国法律史》，周大伟译，北京大学出版社，2021年。

[92] 纪念美国宪法颁布200周年委员会编:《美国公民与宪法》，劳娃、许旭译，傅郁林审校，北京：清华大学出版社，2006年。

[93] 乔安妮·格兰特:《美国黑人斗争史》，郭瀛等译，北京：中国社会科学出版社，1987年。

[94] 托马斯·格雷:《美国法的形式主义与实用主义》，黄宗智、田雷选编，北京：法律出版社，2014年。

[95] 琳达·格林豪斯:《美国最高法院通识读本》，何帆译，南京：译林出版社，

2013年。

[96] 基斯·威廷顿：《司法至上的政治基础——美国历史上的总统、最高法院及宪政领导权》，牛悦译，北京大学出版社，2010年。

[97] 基思·E·惠廷顿：《宪法解释：文本含义，原初意图与司法审查》，杜强强、刘国、柳建龙译，北京：中国人民大学出版社，2006年。

[98] 理查德·霍夫施塔特：《美国政治传统及其缔造者》，崔永禄、王忠和译，周颖如校，北京：商务印书馆，1994年。

[99] 莫顿·J·霍维茨：《沃伦法院对正义的追求》，信春鹰、张志铭译，北京：中国政法大学出版社，2003年。

[100] 克米特·L·霍尔：《牛津美国联邦最高法院指南》，许明月、夏登峻等译，北京大学出版社，2009年。

[101] 格兰特·吉尔莫：《美国法的时代》，董春华译，潘汉典校注，北京：法律出版社，2009年。

[102] 查理斯·R·吉斯特：《美国垄断史——帝国的缔造者和他们的敌人》，傅浩、钱钢、郭学堂、杨海燕、安萍萍译，北京：经济科学出版社，2004年。

[103] 斯蒂芬·卡拉布雷西编：《美国宪法的原旨主义：廿五年的争论》，李松锋译，北京：当代中国出版社，2014年。

[104] 弗雷德里克·F·卡特赖特、迈克尔·比迪斯：《疾病改变历史》，陈仲丹、周晓政译，济南：山东画报出版社，2004年。

[105] 谢帕德·B·克拉夫、西奥多·F·马伯格：《美国文化的经济基础》，仲子、叶苍译，北京：生活·读书·新知三联书店出版社，1989年。

[106] 阿瑟·林克、威廉·卡顿：《一九〇〇年以来的美国史》，刘绪贻、李世洞、刘西等译，刘绪贻校，北京：中国社会科学出版社，1983年。

[107] 伦纳德·W·利维：《半片面包：美国权利法案争议始末》，李松锋译，北京：东方出版社，2021年。

[108] 桑福德·列文森：《美国不民主的宪法：宪法哪儿出毛病了（我们人民该怎样矫正它）》，时飞译，北京大学出版社，2010年。

[109] 洛克：《政府论·下篇》，叶启、瞿菊农译，商务印书馆，1964年。

[110] 霍华德·马凯尔：《瘟疫的故事》，罗尘译，上海社会科学院出版社，2003年。

[111] 詹姆斯·M·麦克弗森：《火的考验：美国南北战争及重建南部》（上册，陈文娟、卢艳丽、郑扩梅等译，白自然校；下册，刘世龙、李杏贵、任小波等译，白自然、冷杉校），北京：商务印书馆，1993年/1994年。

［112］罗伯特·麦克洛斯基著，桑福德·列文森增订：《美国最高法院》第3版，任东来、孙雯、胡晓进译，任东来、陈伟校，北京：中国政法大学出版社，2005年。

［113］梅里亚姆：《美国政治思想（1865—1917）》，朱曾汶译，北京：商务印书馆，1984年。

［114］尼·R·彼尔斯、杰里·哈格斯特洛姆：《美国志——五十州现状》，中国社会科学院美国研究所编译室译，董乐山校，北京：中国社会科学出版社，1987年。

［115］小艾尔弗雷德·D·钱德勒：《看得见的手——美国企业的管理革命》，重武译，王铁生校，北京：商务印书馆，1987年。

［116］H.N.沙伊贝、H.G.瓦特、H.U.福克纳：《近百年美国经济史》，彭松建、熊必俊、周维译，唐璞校，北京：中国社会科学出版社，1983年。

［117］布莱恩·史蒂文森：《正义的慈悲：美国司法中的苦难与救赎》，于霄译，上海三联书店，2015年。

［118］伯纳德·施瓦茨：《美国法律史》，王军等译，北京：中国政法大学出版社，1990年；王军、洪德、杨静辉译，潘华仿校，北京：法律出版社2007年。

［119］伯纳德·施瓦茨：《美国最高法院史》，毕洪海、柯翀、石明磊译，北京：中国政法大学出版社，2005年。

［120］艾伦·特拉登堡：《美国的公司化——镀金时代的文化与社会》，邵重、金莉译，北京：中国对外翻译出版公司，1990年。

［121］杰弗里·图宾：《九人：美国最高法院风云》，何帆译，上海三联书店，2010年；南京：译林出版社，2020年。

［122］托克维尔：《论美国的民主》，董果良译，北京：商务印书馆，1988年。

［123］亚当·温克勒：《宪法里的生意经》，舍其译，上海译文出版社，2022年。

［124］克里斯托弗·沃尔夫：《司法能动主义——自由的保障还是安全的威胁？》修订版，黄金荣译，北京：中国政法大学出版社，2004年。

［125］理查德·C·西诺波利：《美国公民身份的基础：自由主义、宪法与公民美德》，张晓燕译，上海：复旦大学出版社，2019年。

［126］亚里士多德：《政治学》，吴寿彭译，北京：商务印书馆，1965年。

（二）外国学者论文

[1] Amar, Akhil Reed. "The Bill of Rights and the Fourteenth Amendment," *The Yale Law Journal*, Vol. 101, No. 6 (Apr., 1992).

[2] Aynes, Richard L. "Constricting the Law of Freedom: Justice Miller, The Fourteenth Amendment, and the Slaughter-House Cases," *Chicago-Kent Law Review*, Vol. 70,

No. 2 (1994).

[3] Aynes, Richard L. "On Misreading John Bingham and the Fourteenth Amendment,"*The Yale Law Journal*, Vol. 103, No. 1 (Oct., 1993).

[4] Barnett, Randy E."The Three Narratives of the Slaughter-House Cases,"*Journal of Supreme Court History*, Vol. 41, Issue 3 (November 2016).

[5] Beauregard, Erving E. "John A. Bingham and the Fourteenth Amendment," *The Historian*, Vol. 50, No. 1 (Nov., 1987).

[6] Beermann, Jack M. "The Supreme Court's Narrow View on Civil Rights,"*The Supreme Court Review*, Vol. 1993 (1993).

[7] Benedict, Michael Les. "Preserving Federalism: Reconstruction and the Waite Court,"*The Supreme Court Review*, Vol. 1978 (1978).

[8] Benedict, Michael Les. "Preserving the Constitution: the Conservative Basis of Radical Reconstruction,"*The Journal of American History*, Vol. 61, No. 1 (Jun., 1974).

[9] Benedict, Michael Les. "Constitutional History and Constitutional Theory: Reflections on Ackerman, Reconstruction, and the Transformation of the American Constitution,"*The Yale Law Journal*, Vol. 108, No. 8, Symposium: Moments of Change: Transformation in American Constitutionalism (Jun., 1999).

[10] Berger, Raoul. "Incorporation of the Bill of Rights in the Fourteenth Amendment: a Nine-Lived Cat,"*Ohio State Law Journal*, Vol. 42, No. 2 (1981).

[11] Berger, Raoul. "Incorporation of the Bill of Rights in the Fourteenth Amendment: a Reply to Michael Curtis' Response,"*Ohio State Law Journal*, Vol. 44, No. 1 (1983).

[12] Beth, Loren P. "The Slaughter-House Cases Revisited," *Louisiana Law Review*, Vol. 23, No. 3 (Apr., 1963).

[13] Bickel, Alexander M. "The Original Understanding and the Segregation Decision," *Harvard Law Review*,Vol. 69, No. 1 (Nov., 1955).

[14] Bogen, David S."Rebuilding the Slaughter-House: the Cases Support for Civil Rights,"*Akron Law Review*, Vol. 42, Issue 4 (2009).

[15] Bogen, David S."Slaughter-House Five: Views of the Case,"*Hastings Law Journal*, Vol. 55, Issue 2 (December 2003).

[16] Brandwein, Pamela. "Dueling Histories: Charles Fairman and William Crosskey Reconstruct 'Original Understanding',"*Law & Society Review*, Vol. 30, No. 2 (1996).

[17] Burdett, Bill. "At the Slaughterhouse Door: the Supreme Court's Narrow View of

Federal Authority," *Michigan Bar Journal*, Vol. 79, Issue 9 (September 2000).

[18] Capers, Gerald M. Jr. "Yellow Fever in Memphis in the 1870's," *The Mississippi Valley Historical Review*, Vol. 24, No. 4 (Mar., 1938).

[19] Carrigan, Jo Ann. "Privilege, Prejudice, and the Strangers' Disease in Nineteenth-Century New Orleans," *The Journal of Southern History*, Vol. 36, No. 4 (Nov., 1970).

[20] Carrigan, Jo Ann. "Yellow Fever in New Orleans, 1853: Abstractions and Realities," *The Journal of Southern History*, Vol. 25, No. 3 (Aug., 1959).

[21] Chandler, Walter. "Nathan Clifford: a Triumph of Untiring Effort," *American Bar Association Journal*, Vol. 11, Issue 1 (1925).

[22] Collins, Charles Wallace. "Federal Intervention Under the Fourteenth Amendment," *The Yale Law Journal*, Vol. 21, No. 6 (Apr., 1912).

[23] Conant, Michael. "Antimonopoly Tradition Under the Ninth and Fourteenth Amendments: Slaughter-House Cases Re-Examined," *Emory Law Journal*, Vol. 31, No. 4 (Fall, 1982).

[24] Crosskey, William Winslow. "Charles Fairman, 'Legislative History,' and the Constitutional Limitation on State Authority," *University of Chicago Law Review*, Vol. 22, No. 1 (Autumu, 1954).

[25] Curtis, Michael Kent. "Further Adventure of the Nine-lived Cat: a Response to Mr. Berger on Incorporation of the Bill of Rights," *Ohio State Law Journal*, Vol. 43, No. 1 (1982).

[26] Curtis, Michael Kent. "Resurrecting the Privileges or Immunities Clause and Revising the Slaughter-House Cases without Exhuming Lochner: Individual Rights and the Fourteenth Amendment," *Boston College Law Review*, Vol. 38, No. 1 (Dec., 1996).

[27] Curtis,Michael Kent. "Still Further Adventures of the Nine-Lived Cat, a Rebuttal to Raoul Bergers Reply on Application of the Bill of Rights to the States," *North Carolina Law Review*, Vol. 62, No. 3 (Mar., 1984).

[28] Curtis, Michael Kent. "The Bill of Rights as Limitation on State Authority: a Reply to Professor Berger," *Wake Forest Law Review* Vol. 16, No. 45 (Feb., 1980).

[29] Dent,Thomas, "David Davis of Illinois—A Sketch," *American Law Review*, Vol. 53, No. 4 (July-August, 1919).

[30] Dorf, Michael C. "Equal Protection Incorporation," *Virginia Law Review*, Vol. 88, No. 5 (Sep., 2002).

[31] DuBois, Ellen Carol. "Outgrowing the Compact of the Fathers: Equal Rights, Woman Suffrage, and the United States Constitution, 1820-1878," *The Journal of American History*, Vol. 74, No. 3, The Constitution and American Life: a Special Issue (Dec., 1987).

[32] Epps, Garrett. "The Antebellum Political Background of the Fourteenth Amendment," *Law and Contemporary Problems*, Vol. 67, No. 3, Conservative and Progressive Legal Orders (Summer, 2004).

[33] Fairman, Charles. "Dose the Fourteenth Amendment Incorporate Bill of Rights? The Original Understanding," *Stanford Law Review*, Vol. 2, No. 1. (Dec., 1949).

[34] Fairman, Charles. "Justice Samuel F. Miller," *Political Science Quarterly*, Vol. 50, No. 1 (Mar., 1935).

[35] Fairman, Charles. "Justice Samuel F. Miller and the Barbourville Debating Society," *The Mississippi Valley Historical Review*, Vol. 17, No. 4 (Mar., 1931).

[36] Fairman, Charles. "Mr. Justice Bradley's Appointment to the Supreme Court and the Legal Tender Cases," *Harvard Law Review*, Vol. 54, No. 6-No. 7. (Apr. & May, 1941).

[37] Fairman, Charles. "The Education of a Justice: Justice Bradley and Some of His Colleagues," *Stanford Law Review*, Vol. 1, No. 2. (Jan., 1949).

[38] Finkelman, Paul. "John Bingham and the Background to the Fourteenth Amendment," *Akron Law Review*, Vol. 36 (2003), Iss. 4.

[39] Foner, Eric., "The Supreme Court and the History of Reconstruction—and Vice-Versa," *Columbia Law Review*, Vol. 112, No. 7, Symposium: The Thirteenth Amendment: Meaning, Enforcement, and Contemporary Implications,(Nov., 2012).

[40] Foner, Eric., "The Strange Career of the Reconstruction Amendments," *The Yale Law Journal*, Vol. 108, No. 8, Symposium: Moments of Change: Transformation in American Constitutionalism (Jun., 1999).

[41] Fox, James W. Jr. "Re-readings and Misreadings: Slaughter-House, Privileges or Immunities, and Section Five Enforcement Powers," *Kentucky Law Journal*, Vol. 91, Issue 1 (2002-2003).

[42] Franklin, Mitchell. "Foundations and Meaning of the Slaughterhouse Cases," *Tulane Law Review*, Vol. 18, No. 1 (Oct. 1943), No.2 (Dec. 1943).

[43] Gerhardt, Michael J. "The Ripple Effects of Slaughter-House: a Critique of a Negative Rights View of the Constitution," *Vanderbilt Law Review*, Vol. 43, Issue 2 (March,

1990).

[44] Gingras, Lambert. "Congressional Misunderstandings and the Ratifiers' Understanding: the Case of the Fourteenth Amendment,"*The American Journal of Legal History*, Vol. 40, No. 1 (Jan., 1996).

[45] Giocoli, Nicola. "The Classical Limits to Police Power and the Economic Foundations of the Slaughterhouse Dissents,"*Constitutional Political Economy*, Vol. 30, Issue 4 (December 2019).

[46] Glass, Maeve. "Killing Precedent: the Slaughter-House Constitution,"*Columbia Law Review*, Vol. 123, Issue 4 (May 2023).

[47] Glennon, Robert J. Jr.& Nowak, John E. "A Functional Analysis of the Fourteenth Amendment 'State Action' Requirement,"*The Supreme Court Review*, Vol. 1976 (1976).

[48] Goedecke, Robert. "Justice Field and Inherent Rights,"*The Review of Politics*, Vol. 27, No. 2 (Apr., 1965).

[49] Goldstein, Leslie Friedman. "The Second Amendment, the Slaughter-House Cases (1873), and United States v. Cruikshank (1876)," A Symposium on Firearms, the Militia and Safe Cities: Merging History, Constitutional Law and Public Policy: Constitutional Approach, *Albany Government Law Review*, Vol. 1, Issue 2 (2008).

[50] Graham, Howard Jay. "Justice Field and the Fourteenth Amendment,"*The Yale Law Journal*, Vol. 52, No. 4 (Sep., 1943).

[51] Graham, Howard Jay. "Our 'Declaratory' Fourteenth Amendment,"*Stanford Law Review*, Vol. 7, No. 1 (Dec., 1954).

[52] Graham, Howard Jay. "The 'Conspiracy Theory' of the Fourteenth Amendment,"*Yale Law Journal*, Vol. 47, No. 3 (Jan., 1938), Vol. 48, No. 2 (Dec., 1938).

[53] Gregory, Charles Noble, "Samuel Freeman Miller", *Yale Law Journal*, Vol. 17 (1907-1908).

[54] Griffin, Robert P. "Constitutional Law: Corporations: Artificial 'Persons' and the Fourteenth Amendment,"*Michigan Law Review*, Vol. 48, No. 7 (May, 1950).

[55] Hegreness, Matthew J. "An Organic Law Theory of the Fourteenth Amendment: the Northwest Ordinance as the Source of Rights, Privileges, and Immunities," *The Yale Law Journal*, Vol. 120, No. 7 (May, 2011).

[56] Heiny, Louisa M. A. "Radical Abolitionist Influence on Federalism and the Fourteenth Amendment,"*The American Journal of Legal History*, Vol. 49, No. 2 (Apr., 2007).

[57] Henkin, Louis. "'Selective Incorporation'in the Fourteenth Amendment,"*The Yale Law Journal*, Vol. 73, No. 1 (Nov., 1963).

[58] Heyman, Steven J. "The First Duty of Government: Protection, Liberty and the Fourteenth Amendment,"*Duke Law Journal*, Vol. 41, No. 3, Constitutional Perspectives (Dec., 1991).

[59] Huhn, Wilson R."The Legacy of Slaughterhouse, Bradwell, and Cruikshank in Constitutional Interpretation,"*Akron Law Review*, Vol. 42, Issue 4 (2009).

[60] James, Joseph B. "The Immediate Purpose of the Fourteenth Amendment,"*Indiana Magazine of History*, Vol. 39, No. 4 (Dec., 1943).

[61] Kaczorowski, Robert J. "To Begin the Nation Anew: Congress, Citizenship, and Civil Rights After the Civil War,"*The American Historical Review*, Vol. 92, No. 1 (Feb., 1987).

[62] Katz, Stanley N. "The Strange Birth and Unlikely History of Constitutional Equality,"*The Journal of American History*, Vol. 75, No. 3 (Dec., 1988).

[63] Kelly, Alfred H. "The Fourteenth Amendment Reconsidered: the Segregation Decision,"*Michigan Law Review* Vol. 54, No. 8 (Jun., 1956).

[64] Kousser, J. Morgan. "Separate but not Equal: the Supreme Court's First Decision on Racial Discrimination in Schools,"*The Journal of Southern History*, Vol. 46, No. 1 (Feb., 1980).

[65] Lawrence, Michael Anthony. "Rescuing the Fourteenth Amendment Privileges or Immunities Clause: How Attrition of Parliamentary Processes Begat Accidental Ambiguity; How Ambiguity Begat Slaughter-House,"*William & Mary Bill of Rights Journal*, Vol. 18, Issue 2 (December 2009).

[66] Lurie, Jonathan. "One Hundred and Twenty-Five Years After Slaughterhouse: Where's the Beef," *Journal of Supreme Court History*, Vol. 24, Issue 3 (1999).

[67] Lurie, Jonathan. "Reflections on Justice Samuel F. Miller and the Slaughter-House Cases: still a Meaty Subject," *NYU Journal of Law & Liberty*, Vol. 1, No. 1 (2005).

[68] Luthin, Reinhard H. "Salmon P. Chase's Political Career Before the Civil War,"*The Mississippi Valley Historical Review*, Vol. 29, No. 4 (Mar., 1943).

[69] Maltz, Earl M. "Fourteenth Amendment Concepts in the Antebellum Era,"*The American Journal of Legal History*, Vol. 32, No. 4 (Oct., 1988).

[70] McCluskey, Martha T. "Facing the Ghost of Cruikshank in Constitutional

Law," *Journal of Legal Education*, Vol. 65, No. 2 (November 2015).

[71] Mendelson, Wallace. "A Note on the Cause and Cure of the Fourteenth Amendment," *The Journal of Politics*, Vol. 43, No. 1 (Feb., 1981).

[72] McCurdy, Charles W. "Justice Field and the Jurisprudence of Government-Business Relations: Some Parameters of Laissez-Faire Constitutionalism, 1863-1897," *The Journal of American History*, Vol. 61, No. 4 (Mar., 1975).

[73] Morrison, Stanley. "Does the Fourteenth Amendment Incorporate the Bill of Rights? The Judicial Interpretation," *Stanford Law Review*, Vol. 2, No. 1 (Dec., 1949),

[74] Murphy, Walter F. "Slaughter-House, Civil Rights, and Limits on Constitutional Change," *American Journal of Jurisprudence*, Vol. 32 (1987).

[75] Newsom, Kevin Christopher. "Setting Incorporationism Straight: a Reinterpretation of the Slaughter-House Cases", *The Yale Law Journal*, Vol. 109, No. 4 (Jan., 2000).

[76] Nowak, John E. "The Scope of Congressional Power to Create Causes of Action against State Governments and the History of the Eleventh and Fourteenth Amendments," *Columbia Law Review*, Vol. 75, No. 8 (Dec., 1975).

[77] Palmer, Robert C. "The Parameters of Constitutional Reconstruction: Slaughter-house, Cruikshank, and the Fourteenth Amendment," *University of Illinois Law Review*, Vol. 1984, No. 3(1984).

[78] Parmet, Wendy E. "From Slaughter-House to Lochner: the Rise and Fall of the Constitutionalization of Public Health," *The American Journal of Legal History*, Vol. 40, No. 4 (Oct., 1996).

[79] Roosevelt, Kermit III. "What if Slaughter-House Had Been Decided Differently," *Indiana Law Review*, Vol. 45, Issue 1 (2011).

[80] Roseboom, Eugene H. "Salmon P. Chase and the Know Nothings," *The Mississippi Valley Historical Review*, Vol. 25, No. 3 (Dec., 1938).

[81] Ross, Michael A. "Justice for Iowa: Samuel Freeman Miller's Appointment to the United States Supreme Court During the Civil War," *The Annals of Iowa*, 60 (Spring 2001).

[82] Ross, Michael A. "Justice Miller's Reconstruction: the Slaughter-House Cases, Health Codes, and Civil Rights in New Orleans, 1861-1873," *The Journal of Southern History*, Vol. 64, No. 4 (Nov., 1998).

[83] Ross, Michael A. "Obstructing Reconstruction: John Archibald Campbell and the

Legal Campaign Against Louisiana's Republican Government, 1868-1873,"*Civil War History*, Vol. 49, No.3 (2003).

[84] Ross, Michael A. "The Supreme Court, Reconstruction, and the Meaning of the Civil War," *Journal of Supreme Court History*, Volume 41, Issue 3 (Oct., 2016).

[85] Royall, William L. "The Fourteenth Amendment: the SlaughterHouse Cases," *Southern Law Review* (New Series), Vol. 4, No.4 (Oct., 1878).

[86] Scarborough, Jane L. "What if the Butchers in the Slaughter-House Cases Had Won: an Exercise in Counterfactual Doctrine," *Maine Law Review*, Vol. 50, No. 2 (1998).

[87] Scott, John Anthony. "Justice Bradley's Evolving Concept of the Fourteenth Amendment from the Slaughterhouse Cases to the Civil Rights Cases," *Rutgers Law Review*, Vol. 25, No. 4 (Summer, 1971).

[88] Seaman, John N. "Constitutional Law: Fourteenth Amendment: Privileges and Immunities Clause: Civil Liberties: the Hague Case,"*Michigan Law Review*, Vol. 38, No. 1 (Nov., 1939).

[89] Shaffer, Derek. "Answering Justice Thomas in Saenz: Granting the Privileges or Immunities Clause Full Citizenship within the Fourteenth Amendment,"*Stanford Law Review*, Vol. 52, No. 3 (Feb., 2000).

[90] Swayze, Francis J. "Judicial Construction of the Fourteenth Amendment,"*Harvard Law Review*, Vol. 26, No. 1 (Nov., 1912).

[91] Swidorski, Carl. "The Supreme Court's Legal (Mis)construction of Race, Gender and Class, 1865-2000,"*Race, Gender & Class*, Vol. 10, No. 1, *Race, Gender, and Class in American Politics* (2003).

[92] Tregle, Joseph G. Jr.Thomas J. Durant, "Utopian Socialism, and the Failure of Presidential Reconstruction in Louisiana,"*The Journal of Southern History*, Vol. 45, No. 4 (Nov., 1979).

[93] Van Alstyne, William. "The Fourteenth Amendment, the 'Right' to Vote, and the Understanding of the Thirty-nine Congress,"*Supreme Court Review*, Vol. 1965 (1965).

[94] Warren, Charles. "The New 'Liberty' Under the Fourteenth Amendment,"*Harvard Law Review*, Vol. 39, No. 4 (Feb., 1926).

[95] Wildenthal, Bryan H. "How I Learned to Stop Worrying and Love the Slaughter-House Cases: an Essay in Constitutional-Historical Revisionism," *Thomas Jefferson Law Review*, Vol. 23, No. 2 (Spring, 2001).

［96］Williams, Lou Faulkner. "Federal Enforcement of African American Voting Rights in the Post-Redemption South: Louisiana and the Election of 1878," *Louisiana History: The Journal of the Louisiana Historical Association*, Vol. 55, No. 3 (Summer 2014).

［97］Williams, T. Harry. "The Louisiana Unification Movement of 1873," *The Journal of Southern History* Vol. 11, No. 3 (Aug., 1945).

［98］Williams, Ryan C. "The One and Only Substantive Due Process Clause," *The Yale Law Journal*, Vol. 120, No. 3 (Dec., 2010).

［99］Zuckert, Michael P. "Completing the Constitution: the Fourteenth Amendment and Constitutional Rights," *Publius*, Vol. 22, No. 2, Rights in America's Constitutional Traditions (Spring, 1992).

（三）未刊学位论文

［1］Adams, Eva Doris. "The Slaughterhouse Cases: the First Interpretation of the Fourteenth Amendment." Ph. D. Dissertation, Miami University, 1992.

［2］Brantz, Dorothee. "Slaughter in the City: the Establishment of Public Abattoirs in Paris and Berlin, 1780-1914." Ph.D. Dissertation, University of Chicago, 2003.

（四）中国学者专书

［1］Xi Wang, *The Trial of Democracy: Black Suffrage and Northern Republicans, 1860-1910*, Athens: University of Georgia Press, 1997.

［2］崔雪丽：《美国宪法解释研究》，济南：山东人民出版社，2011年。

［3］丁晓东：《美国宪法中的德先生与赛先生》，北京大学出版社，2016年。

［4］丁则民、黄仁伟、王旭等：《美国内战与镀金时代：1861—19世纪末》，北京：人民出版社，1990年/2005年。

［5］杜华：《美国内战前反奴隶制政治的兴起》，北京：社会科学文献出版社，2023年。

［6］范进学：《法律原意主义解释方法论》，北京：法律出版社，2018年。

［7］范进学：《美国宪法解释方法论》，北京：法律出版社，2010年。

［8］范进学、施嵩：《美国宪法原意主义方法论》，北京：法律出版社，2012年。

［9］韩铁：《美国宪政民主下的司法与资本主义经济发展》，上海三联书店，2009年。

［10］何顺果：《美国文明三部曲：制度"创设"—经济"合理"—社会"平等"》，北京：人民出版社，2011年。

［11］黄虚峰：《美国南方转型时期社会生活研究（1877—1920）》，上海人民出版社，2007年。

［12］高春常：《文化的断裂——美国黑人问题与南方重建》，北京：中国社会科学出

版社，2000年。

[13] 高全喜：《法律秩序与自由正义——哈耶克的法律与宪政思想》，北京大学出版社，2003年/2006年。

[14] 姜峰：《立宪选择中的自由与权威：联邦党人的政治与宪法思想》，北京：法律出版社，2011年。

[15] 姜峰、毕竞悦编译：《联邦党人与反联邦党人：在宪法批准中的辩论（1787—1788）》，北京：中国政法大学出版社，2012年。

[16] 柯岚、毕竞悦等编译：《美国建国时期法政文献选编》，北京：清华大学出版社，2016年。

[17] 李剑鸣：《历史学家的修养和技艺》，上海三联书店，2007年；北京：商务印书馆，2023年（修订本）。

[18] 李剑鸣：《美国社会和政治史管窥》，广州：广东高等教育出版社，2021年。

[19] 李剑鸣：《文化的边疆：美国印第安人与白人文化关系史论》，天津人民出版社，1994年。

[20] 梁茂信、欧阳贞诚主编：《一位戍边者的学术足迹：丁则民欧美史论》，北京：人民日报出版社，2019年。

[21] 刘晗：《合众为一：美国宪法的深层结构》，北京：中国政法大学出版社，2018年。

[22] 刘晓丹主编：《美国证据规则》，北京：中国检察出版社，2003年。

[23] 刘祚昌：《美国内战史》，北京：人民出版社，1978年。

[24] 马玉丽：《美国宪法的正当法律程序研究——从程序到实质的演变》，济南：山东人民出版社，2016年。

[25] 钱满素主编：《自由的刻度：缔造美国文明的40篇经典文献》，北京：东方出版社，2016年。

[26] 邱小平：《法律的平等保护——美国宪法第十四修正案第一款研究》，北京大学出版社，2005年。

[27] 任东来、陈伟、白雪峰等：《美国宪政历程：影响美国的25个司法大案》，北京：中国法制出版社，2004年。

[28] 任东来、胡晓进、白雪峰等：《在宪政舞台上——美国最高法院的历史轨迹》，北京：中国法制出版社，2007年。

[29] 王恩铭：《20世纪美国妇女研究》，上海外语教育出版社，2002年。

[30] 王希：《原则与妥协：美国宪法的精神与实践》，北京大学出版社，2000年/2005年（修订本）/2014年（增订版）。

[31] 王雅琴：《选举及其相关权利研究——美国选举个案分析》，济南：山东人民出版社，2004年。

[32] 杨玉圣主编：《美国早期史新论》，北京：社会科学文献出版社，2019年。

[33] 杨玉圣：《美国历史散论》，沈阳：辽宁大学出版社，1994年。

[34] 余凤高：《瘟疫的文化史》，北京：新星出版社，2005年。

[35] 原祖杰：《进步与公正：美国早期的共和实验及其在工业化时代遭遇的挑战》，北京：中国社会科学出版社，2020年。

[36] 原祖杰：《美国工业化转型时期农民状况研究》，北京：商务印书馆，2023年。

[37] 张友伦：《美国西进运动探要》，北京：人民出版社，2005年。

[38] 周钢：《牧畜王国的兴衰——美国西部开放牧区发展研究》，北京：人民出版社，2006年。

（五）中国学者论文

[1] 敖海静：《美国法律解释方法再研究——以意图主义与新文本主义之争为中心》，《交大法学》，2022年第4期。

[2] 崔之元：《"二元联邦主义"的消亡——关于美国第十四修正案》，《读书》，1996年第9期。

[3] 崔之元：《关于美国宪法第十四条修正案的三个理论问题》，《美国研究》，1997年第3期。

[4] 代素娟：《不可撤销的修正案：内战前夕美国国会制定的〈科文宪法修正案〉》，《史学月刊》，2023年第4期。

[5] 邓蜀生：《美国历史上的州权》，《世界历史》，1982年第5期。

[6] 丁晓东：《探寻反歧视与平等保护的法律标准——从"差别性影响标准"切入》，《中外法学》，2014年第3期。

[7] 丁晓东：《自然法抑或实证法——理性与意志视野下的美国宪法》，《法制与社会发展》，2012年第1期。

[8] 丁晓东：《宗教视野下的美国宪法解释——评巴尔金的〈活原旨主义〉》，《政法论坛》，2015年第5期。

[9] 杜强强：《宪法修改与司法审查——以美国的宪政实践为中心》，《中外法学》，2007年第4期。

[10] 杜强强：《修宪权的隐含界限问题——美国宪法学理论关于宪法修改界限的争论》，《环球法律评论》，2006年第4期。

[11] 方涧：《美国宪法征收条款中的"公共用途"——一页美国法的考察（1787—

2017）》，《公法研究》，2020 年第 1 期。

［12］方流芳：《罗伊判例：关于司法和政治分界的争辩——堕胎和美国宪法第 14 修正案的司法解释》，《比较法研究》，1998 年第 1 期。

［13］高全喜：《卡尔霍恩的州人民主权论以及美国宪制结构的历史变革》，《学术月刊》，2016 年第 9 期。

［14］高全喜：《移民、归化与宪法——论美国移民法中的"归化"问题》，《法学评论》，2017 年第 6 期。

［15］郭春镇：《从"限制权力"到"未列举权利"——时代变迁中的〈美国联邦宪法第九修正案〉》，《环球法律评论》，2010 年第 2 期。

［16］郭巧华：《美国政界和学界有关洛克纳诉纽约州案的研究述评》，《历史教学》，2023 年第 8 期。

［17］郭巧华：《约翰·马歇尔有关宪法契约条款的理念——以美国联邦最高法院的案例为中心》，《史学月刊》，2019 年第 7 期。

［18］郭巧华：《在法律共识与人民主权之间：约翰·马歇尔的美国宪法观》，《历史研究》，2021 年第 2 期。

［19］韩德培、韩铁：《美国资本主义经济发展中的契约自由与合同法》，《武汉大学学报（社会科学版）》，2003 年第 6 期。

［20］韩铁：《美国公司的历史演变和现代大企业的崛起》，《南开大学学报》2002 年史学增刊。

［21］韩铁：《试论美国公司法向民主化和自由化方向的历史性演变》，《美国研究》，2003 年第 4 期。

［22］何顺果：《一种积累型文明发展模式——试论美利坚文明的一个重要特点》，《美国研究》，2006 年第 3 期。

［23］胡晓进：《每个人的权利——美国宪法第十四条修正案与美国民权的历史演变》，《法制现代化研究》第 10 卷，南京师范大学出版社，2006 年。

［24］胡晓进：《美国伦奎斯特法院保守性初探——以联邦主义问题的相关判决为中心》，《南京大学学报（哲学·人文科学·社会科学版）》，2004 年第 3 期。

［25］胡晓进、任东来：《保守理念与美国联邦最高法院——以 1889-1937 年的联邦最高法院为中心》，《美国研究》，2003 年第 2 期。

［26］梁茂信：《何谓"最高级别的历史书写"——读〈自由，战场的呼唤——美国的内战时代〉》，《史学月刊》，2018 第 10 期。

［27］刘辉：《美国转型期的国家治理能力——"镀金时代"治理能力的缺失与重建》，

《当代世界》，2014年第7期。

［28］罗超、高春常：《美国史学界关于内战记忆研究述评》，《世界历史》，2020年第2期。

［29］马玉丽：《论美国联邦最高法院对正当程序的阐释——以自然法为视角》，《时代法学》，2015年第1期。

［30］梅祖蓉：《公民权与政治权利的伸张与妥协——兼论美国第13—15条宪法修正案的相互关系》，《史学月刊》，2014年第8期。

［31］彭亚楠：《谁才有资格违宪——美国宪法的"政府行为"理论》，《宪法与公民》，上海人民出版社，2004年。

［32］任东来：《改变美国宪政历史的一个脚注》，《读书》，2005年第9期。

［33］任东来：《美国早期宪政史上的联邦法令废止权》，《美国研究》，2001年第2期。

［34］石庆环、方瑞华：《论美国法律平等保护的局限性——从黑人争取基本权利的视角观察》，《求是学刊》，2017年第1期。

［35］石庆环、黄兴华：《美国黑人获得基本公民权司法阻碍的历史渊源——以重建时期最高法院的态度为观察视角》，《求是学刊》，2018年第1期。

［36］宋华琳：《恩斯特·弗罗因德与美国早期行政法学》，《华东政法大学学报》，2012年第5期。

［37］田雷：《短意见的长历史——重读霍姆斯大法官在洛克纳诉纽约州案中的反对意见》，《师大法学》，2017年第2期。

［38］田锡国：《关于美国南部重建时期的历史评价问题》，《世界历史》，1982年第5期。

［39］涂云新：《教育公平视域下美国高校招生配额制的合宪性审查——以"公平录取学生组织诉哈佛大学案"为核心的分析》，《南大法学》，2021年第5期。

［40］王淑霞：《安德鲁·约翰逊总统南方重建政策的特点》，《济南大学学报（社会科学版）》，2011年第2期。

［41］王淑霞：《从宪法的角度看美国南方重建时期的军事管制》，《河南师范大学学报（哲学社会科学版）》，2009年第1期。

［42］王淑霞：《试论美国南方重建时期的"屠崽子"》，《中南大学学报（社会科学版）》，2012年第4期。

［43］王希：《德雷德·司各特案：一个美国奴隶争取自由的故事》，《美国法通讯》第1辑，法律出版社，2003年。

［44］王希：《黑人普选权与美国内战宪法修正案的制定（1860—1870）》，《世界历史》，1990年第6期。

[45] 王希:《方纳:一个伟大美国学术时代的写照——为〈19 世纪美国的政治遗产〉而作》,《美国研究》,2020 年第 1 期。

[46] 王希:《美国公民权利的历史演变》,《读书》,2003 年第 4 期。

[47] 王希:《"伟大解放者"的迷思与真实——读埃里克·方纳的〈烈火中的考验:亚伯拉罕·林肯与美国奴隶制〉》,《美国研究》,2017 年第 1 期。

[48] 谢国荣、徐跃龙:《南方黑人自由民教师与美国重建》,《历史教学问题》,2021 年第 2 期。

[49] 谢晖:《论权利推定的类型和方法》,《政法论坛》,2023 年第 4 期。

[50] 谢立斌:《论财产权的过度限制及其缓和措施——兼评管制性征收制度的借鉴》,《行政法学研究》,2023 年第 6 期。

[51] 徐扬、田雷:《从"弱国家的神话"到"社会中的国家":美国早期国家研究的新趋势》,《史学理论研究》,2017 年第 6 期。

[52] 徐跃龙:《北方自由民教师与美国南方重建》,《历史教学问题》,2019 年第 4 期。

[53] 杨洪斌:《洛克纳案、实体性正当程序与"明显违宪"标准的衰落》,《交大法学》,2023 年第 1 期。

[54] 杨洪斌:《屠宰场案新论——重建政治下的美国联邦最高法院》,《法律和政治科学》,2021 年第 1 辑。

[55] 游恒:《美国第 14 条宪法修正案从保护黑人权利到维护公司法人地位的演变始末》,《美国研究参考资料》,1988 年第 3 期。

[56] 原祖杰:《试析 19 世纪美国劳工运动中的"例外论"》,《世界历史》,2019 第 6 期。

[57] 张陆昱文、梁茂信:《内战前"美国人类学派"对黑人种族形象的塑造——美国早期种族主义的理论与实践》,《世界民族》,2023 年第 3 期。

[58] 张业亮:《美国宪法第十三条修正案"漏洞"为"强迫劳役"提供法律依据》,《世界知识》,2022 年第 21 期。

[59] 赵娟:《美国宪法吸收原理的新展开——以 Timbs 案为中心》,《南大法学》,2020 年第 1 期。

[60] 左亦鲁:《"两大阵营"的划分及其变迁——政体视角下的美国宪法与最高法院》,《探索与争鸣》,2021 年第 10 期。